1.云南师范大学学术文库

2.本项研究得到教育部人文社会科学研究重大攻关项目“非物质文化遗产与文化生态建设”（项目批准号：06JZD0006）支持、系中国博士后基金项目“非物质文化遗产、知识生产与村落：一项反思性研究”（项目批准号：20080440266）成果

在学者与村民之间的文化遗产

村落知识生产的经验研究、话语分析与反思

李　立◎著

人民出版社

目　　录

前　言

我的叙述源于一项非物质文化遗产的研究任务。我来到贵州安顺一个村落，观察“地戏”，进而观察“屯堡文化”以及该文化的持有者——“屯堡人”。与许多村落研究者不同，我的田野是“跨越边界”的，既在村民那里，也在学者这里。学者与村民都是我的田野调查对象。我在学者的文献中“阅读”村落，也在村落“阅读”学者的文献。在村里与村民“遥望”城里的学者，在城里与学者“遥望”村民。在城、乡两地，循着某种学者与村民编织的知识生产网络，我接触了不少人。我在九溪村渐渐扎下根来，深入村民宋应成所说的村落“腹地”。这段时间九溪村发生了不少事情：村际篮球赛，屯堡山庄上梁仪式，七月半的河灯节，黄果树艺术团的篝火晚会，电视台拍摄地戏表演，青山文学社 20 年聚会，正月的“抬亭子”迎春会，村委换届选举，几个村民去世，几户人家娶亲……有的事情如期而至，有的事情不期而遇。

“地戏”和“屯堡文化”被认为与明初“调北征南”后的屯军史有关，它们不断被回溯到 600 年前的大明王朝，从中汲取表述的灵感和养分。无论事实上“600 年前”与“600 年后”有无直接联系，在村民粗朴的想象和学者考究的求证中，二者都被联系在一起。作为事实的历史与作为表述的“历史”虽不同，但有关。前者究竟如何，非我所能求证，也非我关注的重点。我关注的是后者：人们利用曾经有过的前者来建构后者，也可能通过反驳曾经有过的前者来解构某一种后者，从而建构另一种后者。

任何文本的产生、任何知识的生产，实际都是一个漫长的过程。它不可能是横空出世的独立制作，必然是因缘际会、循环往复的产物。其间有来自个人现实与阅读的体验与思考，也有与他人分享、交流自己体验和思考的启发。任何文本都是合作性的，任何知识生产都是在某个共同体中展开的。有必要在一定限度内将这一事实呈现出来。我希望把自己的这个文本、这一次的知识生产也当做一个案例，将反思贯彻下去。这样，我在正文中没有实现的目标、我的种种欠缺也就暴露出来，为读者以批判的眼光审视我的研究提供思路。它们既是文本的缺口，也是出口，使它具有更多的“可重写性”。文本是静态的，但研究、文本的书写与阅读实际上都是动态的。适当地营造一种透露、交流文本背后的研究故事的路径，不仅在私下或公开的场合诉说自己的研究故事，也以文本的形式公开这一切，将是一种更为持久的学术交流方式。学术交流的主题不仅是某种对象和观点，也应该包含研究和书写方法。比起研究对象和观点，研究方法更具有公共性和可协商性。

就像每个起初在认识对象上雄心勃勃的研究者那样，我最终也只得无奈地承认自己的局限性——人类的认识有“地平线”（视域 horizon），也就有局限性。任何描述都是不完全的，任何真理都是部分的——也许，把它看做一种特定的表达更恰当些。我们无法穷尽对象的认识，我们的认识也总是选择性的，看到这里，就遗漏了那里，往前看，就无法同时向后看。看到的恰恰遮蔽了看不到的，正是我们的“看”使某些东西成为不可见的。一旦我们睁眼看世界，就有欠缺、遗漏和遮蔽。其实，我们自己（观者）也在这个世界之中。看世界的同时也是在看自己。令人苦恼的是，看自己比看其他更困难。我们习惯于去看自己之外的东西。不过，分出一部分视线来回望自己可能有助于我们更好地看其他，因为我们自己毕竟是透视和反射其他的镜片。时时拂拭这块镜片，可能会让我们看到的东西更清晰。

结识高丙中老师是我一生中的幸事。正是他对研究与书写智慧的强调，跳荡然而充满灵性甚至禅机的点拨，坚定了我虽不安分却又优柔寡断的学术想象和信念，也使我有信心放下面对学术禁区时怯懦与无用的内心斗争。2005 年我发表了一篇关于民族志理论的文章，高老师是那家刊物民族志经验栏目的主持人。他严谨的治学态度令我感动，我向他表达了想到北京大学社会学系博士后流动站研习民族志理论与方法的意愿。蒙他接纳，从2007年下半年开始，我在他门下进行非物质文化遗产与民族志的探索。高老师告诉我，学问的至高境界是“化繁复为简约”。他使我明白应该去“做”人类学而不是“学”人类学。看到别人没有看到的东西，想到别人没有细想的问题，这种时刻才有意思。正是在这样的指引下，我才得以完成自己的出站报告，并将它完善成这本专著。

在北京大学期间，我曾向朱晓阳老师讨教当代哲学与人类学方法论的关系，深受启发。社会学系的于慧芳老师多次组织博士后研讨会，待人亲切，对我关怀备至。与流动站的祁进玉、昝涛、张金岭、刘嵘、敖俊梅、高志英、杨威、苏尚锋等同仁交流，既促使我思考，又是一种思考之余的慰藉。作为出站报告的答辩委员，中央民族大学张海洋老师、北京师范大学色音老师、中国农业大学赵旭东老师以及北京大学周云老师细心审读我的文字，提出中肯而宝贵的意见，最终给予了“优秀”的等级评价，这对我既是鼓励，又是鞭策。

我攻读博士学位期间的导师施惟达教授一直关心、督促着弟子在学术上的进展，就像当年，与他的讨论总是能带给我启示的光芒。云南大学民族研究院的何明老师曾经考察过九溪村，在百忙之中为我答疑解惑。如果没有他的悉心推荐、牵线搭桥，我就不会到九溪村去，也不会如此顺利地完成调查。

本项研究得到安顺各方学者的支持，他们是：一次次不厌其烦地接待我的安顺学院吴羽、张定贵、吕燕平、吕善长诸位老师，我永远尊敬的杨友维、吴之俊两位老师和帅学剑、宋茨林、邓克贤诸位老师，充满活力的青年摄影家李立洪，人格境界和思想深度令我仰止的杜应国、罗布农老师。贵阳学者孙兆霞、沈福馨老师在百忙之中接受我的访问，答疑解惑。美国学者卢百可、西南民族大学张原博士是我的田野同行，先后为我提供思考和研究的线索。

我也得到九溪村朋友们的支持，他们是：我先后借住的房东顾海江大哥、刘继文老伯，我多次求教过的顾之炎、王厚福、朱正权、朱正学、张文顺、黄国忠、宋先胜、张文德和陈永才等叔伯，经常帮助我的朱发猛、宋应成两位兄长。还有许多朋友，恕不一一列举，我的谢意同样是给他们的。这些师长和朋友帮我进入九溪，也帮我完成加入这个知识生产共同体的“入会仪式”。回首与他们相处的点点滴滴，不能抹去的只有“感动”二字。我想引用英国社会学家鲍曼的话来传达自己的心迹：“共同体是一个‘温馨’的地方，一个温暖而又舒适的场所。它就像是一个家，在它的下面，可以遮风避雨；它又像是一个壁炉，在严寒的日子里，靠近它，可以暖和我们的手。”

衷心感谢人民出版社的陈光耀老师和责任编辑易建鹏为书稿编辑、校对、出版付出的努力。一直未曾谋面，书稿上他们留下的一道道校改痕迹让我既汗颜又感动。令我吃惊的是，他们几乎查遍我引用过的所有原文，苛刻地指出我的疏漏错讹。我钦佩比自己认真的人，与他们的交流让我再次懂得治学的严谨与规范。感谢云南师范大学的校领导和科研处领导充分肯定我的研究，并从学校学术著作出版基金中拨款进行重点资助，同样感谢艺术学院领导多年来对我的关心和支持，希望此书的出版能够成为我对他们的答谢。

妻子娥满一如既往地为我梳理思想、校对文稿，懂事的女儿阿诺从来没有打扰过我的工作，总是问我“什么时候写完你的书”，也陪我在九溪度过一个寒冷的春节。我相信她长大后会写出比我更好的东西。

李　立

2010 年 3 月

第一部分

在学者与村民之间的文化遗产

导　论

我在"学者与村民之间"展开自己的田野研究，也站在这样的位置看学者与村民之间的知识生产互动。

一、问题的缘起

为研究一项非物质文化遗产"安顺地戏"，我来到贵州安顺的一个村落进行田野作业。来之前，我查阅了一些关于地戏和该村落的论著。来之后，我发现在文字中读到的地戏与现实中了解到的地戏不一样，文字美化了它的传统性，将它固定在过去。另外，村民实际上更愿意用"跳神"而不是地戏来表述自己的这项活动。学者理解的地戏与村民理解的跳神成了两套平行的话语表述，与此同时，村民也学会用地戏的话语来对外表述，这反映了学者对他们的影响。我开始关注村民如何表述地戏，而不是地戏这件事本身。我也发现，村民对田野调查并不陌生，有的村民甚至透露出要教我怎样做田野。有的村民对自己被外来的学者称为老师表现得很自然，作为地戏传承人的村民甚至有"地戏教授"的称号。那个自认为有能力教我做田野的村民，他的这种自信和能力从何而来？我开始从这个角度认真审视这个村落。

我逐渐意识到，这个村落除了以地戏闻名，更大的特点是20多年来与各类学者建立的互动。学者与村落围绕知识生产而来的互动是这个村落真正的研究意义，地戏只是这种互动的一方面。这种互动培养出一批擅长与学者打交道的村落精英，也影响到村落地方知识的再生产，比如地戏知识、村落历史知识的再生产。也就是说,学者的知识生产既与村落的地方知识生产,也与村落内部各种关系的生产交织在一起。不断有学者到村落做田野,村落也在学者的田野作业中不断被改变。后来进村的学者面对的不再是一个传统人类学意义上的、只需要以村民为对象的单纯的田野,而是一个在某些方面学者参与构造的复杂的田野。

长久以来,我们看到的村落研究都只告诉我们村落怎样,而没有告诉我们学者在村落是怎样的,以及学者的在场怎样影响到村落本身。这似乎假定了一个前提:学者的研究在现实层面不会对村落构成任何影响,学者研究他的,村民生活他的,两不相干。无论村落本身如何复杂,无论学者对村落的理解如何复杂,学者与村落的关系是单纯的。然而,在村落注意到的那些细节告诉我上述假定并不成立。

像我这样的后来研究者,对于研究学者的知识生产在村落引起的效验具有某种优势。我可以观察先于我而来的学者们给村落留下什么"印记",也可以倾听村民如何表述这些"印记",分析这些"印记"对他们有何意义,最终得以叙述学者的知识生产故事。这种优势是我曾经做过田野的另一个村落所没有赋予我的,因为我是那个村落唯一的田野作业者。两个村落这方面的反差也是促使我选择学者与村民知识生产互动这一角度观察、理解现在这个村落的原因之一。

学者与村民之间的互动是如何开始的?其间有些什么故事?互动对村落的影响又表征在哪些方面?带着这些疑问,我开始了自己的研究。一方面,我分析了学者和村民对包括地戏在内的地方知识的表述。另一方面,我对学者过往20多年来与村落的知识生产互动进行案例式的叙述。

呈现学者与村民的知识生产互动是本研究最主要的工作。在相应的地方,尝试探讨这种互动的动力、机制和意义。此外,也希望基于田野经验对自己的知识生产作出适度反思。

二、文献背景

研究的文献背景主要有两方面。一方面关于知识生产与田野经验反思，既包括理论文献，也包括可资借鉴的村落研究案例，另一方面是关于田野点村落和地域文化的研究。

1. 知识社会学

把知识生产当作对象，这是知识社会学的基本立场。韦伯①、曼海姆②从意识形态的角度指出知识生产的动力、机制来源于不同社会的意识形态环境；华勒斯坦考察社会科学的修辞策略③；兹纳涅茨基④对不同时代知识生产者的社会角色、类型进行了梳理；默顿⑤、科塞⑥、马尔凯⑦、比彻和特罗勒尔⑧等人要么致力于研究科学家和实验室的知识生产过程，要么研究作为特殊社会群体的人文社会学者。这些作为研究对象的学者大多以书斋、实验室和大学为其知识生产环境。知识社会学为理解我们的知识生产提供一种新的方向，使它从封闭、自足的系统回到社会生活，成为社会学一种新的研究对象。认识对象不是一个单向的，而是建立在对于这种认识本身的认识基础之上。

从知识与权力相互关联的角度，哲学家福柯的相关研究涉及知识生产。通过讨论权力、知识与身体三者的关系，他向我们说明"知识生产"所生产的不仅是知识话语，也是被权力规训的对象。"词与物"的关系并非人们以为的那样从"物"（对象）到"词"（知识话语），而是从"词"到"物"。

2. 田野的知识生产互动研究

人类学者的知识生产环境，除了书斋、学园，还包括通常所说的"田

① 韦伯：《学术与政治》，冯克利译，三联书店 1998 年版。
② 曼海姆：《意识形态与乌托邦》，黎鸣译，商务印书馆 2000 年版。
③ 华勒斯坦：《开放社会科学》，刘锋译，三联书店 1997 年版。
④ 兹纳涅茨基：《知识人的社会角色》，郏斌祥译，译林出版社 2000 年版。
⑤ 默顿：《科学社会学散忆》，鲁旭东译，商务印书馆 2004 年版。
⑥ 科塞：《理念人》，郭方等译，中央编译出版社 2001 年版。
⑦ 马尔凯：《词语与世界——社会分析形式的探索》，李永梅译，商务印书馆 2007 年版。
⑧ 比彻、特罗勒尔：《学术部落及其领地：知识探索与学科文化》，唐跃勤、蒲茂华、陈洪捷译，北京大学出版社 2008 年版。

野”。在这里，研究者与被研究者面对面地互动，这显然不同于实验室中的人与物，也不同于书斋中的人与观念之间的关系。如果要研究这种知识生产，仅靠前述知识社会学和知识—权力理论是不够的。

田野的知识生产建立在研究者与被研究者的关系之上，要反思这种关系，就得把这种关系加以对象化。在这方面，拉比诺的研究是一个很好的例子①。虽然年轻气盛的拉比诺显得像个气急败坏的愤青，但毕竟为我们观察田野探索了一种新的角度。与拉比诺相仿，英国人类学者巴利对自己在喀麦隆的田野遭遇进行了妙趣横生的记录，显示田野中的人类学者的种种困扰②。

在给《摩洛哥田野作业反思》的跋中，布迪厄既赞扬了拉比诺与学科正统决裂的勇气，又表达了对拉比诺反思方式的遗憾。在他看来，与对象在田野互动的经历不仅或不应该仅仅成为从到达到告别的无可奈何的叙事，而且应该从可能被人指责为文人自恋的呻吟或感伤中超拔出来，抽象出学理化的结构、关系、概念，唯有如此决裂，批判和反思才更有深度和力度，提出和回答的才是学科基础性的问题而不是经验性的个案。比较起来，拉比诺以“志”的方式记录自己的反思经验，布迪厄则以“论”的方式阐释这种关系，不屑于将反思停留在民族志的层面，否则他会以切身的民族志来呈现这种关系。布迪厄自己的民族志，比如《实践感》仍然指向对象，而不是他与对象的关系③。当他的研究对象从阿尔及利亚的“田野”转入到法国社会和社会学界“场域”时，仍然没有以民族志的方式呈现研究者与被研究者的关系。尽管提出“对象的对象化”这一扭转乾坤的方向，他的理论抱负没有为我们提供生动呈现这一方向的多种方式，他对拉比诺的褒中之贬也正是指出拉比诺没有将田野经验的反思结构化为理论。在他看来，理性反思的成果是对关系实在中感性、私人化反思的反思，或说将双向建构的反思加以

① 参见保罗·拉比诺:《摩洛哥田野作业反思》，高丙中、康敏译，商务印书馆 2008 年版。

② 参见奈杰尔·巴利:《天真的人类学家——小泥屋笔记》，何颖怡译，上海人民出版社 2003 年版。

③ 参见布迪厄:《实践感》，蒋梓骅译，译林出版社 2003 年版。

对象化，揭示这种反思的机制和根源，以概念化的术语、范畴工具使私人性的反思公共化。①

身处田野的人类学者要处理与对象的关系，在处理这种关系时也会涉及自身的身份认同这样更为内在的问题。科菲认为这是一个“被忽略的话题”，“研究者的自我确实存在，但因受到忽视而被边缘化了”。② 在田野作业中，民族志作者的身份认同状态有何变化？变化的指标和标记有哪些？田野中民族志作者的自我与日常生活或者说从前生活中民族志作者的自我是协调的还是冲突的？民族志或者田野经历有没有改变研究者对自我的看法，有没有改变他的自我？简言之，在进行民族志田野研究过程中，研究者的自我状态是什么？这种状态对于研究者离开田野后的自我本身又意味着什么？如果没有个人经历的回顾，没有对个人经历的记录，用什么材料来进行反思呢？一个事实是对象与研究者的相互影响，以及这种影响对研究本身的影响。如果承认这个事实，是把它作为一种局限去克服，还是以这个事实为背景去研究？无视民族志自我，专注于研究对象，或将民族志自我从研究对象中剥离出来，专注于研究民族志自我，是两种不同的取向。

萨林斯研究的一个问题是当“我们”与“他们”遭遇时发生了什么。他重点解读的案例是1778—1779年间英国航海家詹姆斯·库克船长在夏威夷岛如何被当地人奉为神明“罗诺”，纳入当地年度仪式“玛卡希基”，最终死于当地人之手，并在死后继续作为神明，成为夏威夷文化再生产的元素。在具体情境的对象化或不同文化秩序的再生产这一前提下，萨林斯提出自己的术语“搬演性结构”、“惯例性结构”，发现这两种结构间的可逆性，某些行为习惯（搬演性结构）能够凝聚出社会形式（惯例

① 参见布迪厄、华康德：《实践与反思——反思社会学导引》，李猛、李康译，中央编译出版社1998年版；布迪厄：《科学之科学与反观性》，陈圣生、涂释文等译，广西师范大学出版社2006年版。

② 科菲：《人种学研究者剖析：实地研究与研究者身份》，任东升、王振平译，中国海洋大学出版社2007年版，第3页。

性结构)。[1] 他的思考可以概括为"我们"如何可能通过"事件"进入或被纳入"他们"的文化结构与历史进程中,这对理解进入田野的人类学者在当地的意义不无启发。

芝加哥学派社会学家怀特的研究揭示出这样的问题:研究者与对象是如何相处的,知识生产如何作用于对象,在个人与社区中留下自己的印记。这不仅涉及学术伦理,也涉及研究者与对象如何形成一种知识生产上的关联。该书再版时还附有报道人对与怀特合作研究的经历带给自己何种影响的回顾,说明怀特的研究确实改变了对象的生活[2]。

哲学家米德提出"主我"与"客我"这对范畴,解决自我与他人、自我与社会环境的相互转换的问题[3]。从符号互动论的角度,戈夫曼探讨日常生活中的自我表演,涉及角色距离、角色冲突,日常表达的"前台"与"后台",也涉及田野作业中研究者与对象的"第一次接触"的意义[4]。符号互动论说明研究者与对象不只存在认识论上的"主位"与"客位"关系,也具有相互嵌入、转化和建构的关系。

克兰迪宁和康纳利从叙事的角度探究"质的研究"中研究、研究者与对象三者互动的关系。我们研究的空间不仅包括对象,而且还包括我们自己。在这个空间中研究意味着我们把自己经历和讲述过的故事显现出来。这意味着我们自己没有说出的或许是秘密的故事,将像我们的对象一样被曝光。这种与我们自己过去的对抗使我们作为研究者很容易受到攻击,因为秘密故事被公开了。我们不仅仅是客观的研究者,居高临下,用我们认为应有的道德情感去研究下层的人。相反,我们是所研究的这个世界的"同谋"。作

---

① 参见马歇尔·萨林斯:《"土著"如何思考——以库克船长为例》,张宏明译,上海人民出版社2003年版;《历史之岛》,蓝达居、张宏明、黄向春、刘永华译,上海人民出版社2003年版。

② 参见怀特:《街角社会:一个意大利贫民区的社会结构》,黄育馥译,商务印书馆2005年版,第436—472页。

③ 参见米德:《心灵、自我与社会》,赵月瑟译,上海译文出版社1992年版。

④ 参见戈夫曼:《日常生活中的自我表演》,徐江敏译,云南人民出版社1988年版;《日常接触》,丁晖、徐江敏译,华夏出版社1990年版。戈夫曼的研究建立在设德兰岛的人类学调查上。

为研究者，我们进入每一个新的研究现场都会经历自己的故事，我们的对象进入研究现场后也会经历他们的故事。开始一个研究，就开始了一个新的故事，在经历生活故事、讲述生活故事、重述生活故事和重新体验生活故事之间有一种反身关系。我们作为研究者已经投入到经历和讲述我们的故事当中。“当研究者到达的时候，研究者生活和工作的地点、教室、学校和社区也处在其中。所以研究者的机构和社区，在更广阔意义上的情境也处在故事中”，“我们作为研究者带来的故事也嵌入在我们工作的机构中，我们生活环境的一部分，我们是其中社会叙事的一部分”。人类学家总是在“幕间休息”时抵达，进入研究现场会带着并且遇到前叙事①。

3. 中国村落的知识生产互动研究

对于知识生产与田野经验，一些以中国村落为研究对象的学者进行了自己深入的思考和尝试。朱苏力②、胡玉坤③探讨田野调查的权力关系和身份认同，郝志东④分析不同类型知识分子对于村落发展的不同作用。在有的民族志文本中，也能寻找到研究者在田野活动的描述和他与对象互动的故事，比如黄树民⑤、刘新⑥、应星⑦、项飚⑧、赵刚⑨、吴毅⑩等人的研究。

台湾学者王明珂研究汉文化对羌族的建构时，谈到学者与当地人的接

① 参见克兰迪宁、康纳利：《叙事探究：质的研究中的经验和故事》，张园译，北京大学出版社2008年版，第65—76页。

② 朱苏力：《法律社会学调查中的权力资源——一个社会学调查过程的反思》，《社会学研究》1998年第6期。

③ 胡玉坤：《政治、身份认同与知识生产——嵌入权力之中的乡村田野研究》，《清华大学学报》（哲学社会科学版）2007年第3期。

④ 郝志东：《知识分子和农村发展：以山西省平州县为例》，载黄宗智主编：《中国乡村研究》（第五辑），福建教育出版社2007年版，第128—156页。

⑤ 黄树民：《林村的故事》，素兰、纳日碧力译，三联书店2002年版。

⑥ 流心（刘新）：《自我的他性——当代中国的自我系谱》，常姝译，世纪出版集团、上海人民出版社2005年版。

⑦ 应星：《大河移民上访的故事——从“讨个说法”到“摆平理顺”》，三联书店2001年版。

⑧ 项飚：《跨越边界的社区——北京“浙江村”的生活史》，三联书店2000年版。

⑨ 赵刚：《头目哈古》，三联书店2006年版。

⑩ 吴毅：《小镇喧嚣：一个乡镇政治运作的演绎和阐释》，三联书店2007年版。

触。学者或其所代表的政治或文化主体，挟其知识与政治、经济优势与“土著”接触时，他们所带来的外来知识对于“土著知识分子”而言有相当的说服力。这些本地人也因此常成为外来学者的报告人、助手和好友，或成为外来政治文化机构的本地代表。与外在世界从接触所带入的外来“物”与“知识”，提高了他们的社会地位，也因此使他们对本土事物有优越的诠释权，使他们成为“土著知识分子”①。

学者对范庄龙牌会的研究特别有意义，高丙中、赵旭东分别反思知识分子在场对于村落知识生产的意义。前者指出以什么方式谈论，站在什么角度审视“他们”、“我们”以及“他们—我们”成为我们迫切需要面对的问题。“我们”和“他们”的互动，促使学者意识到“要把民俗学者自己，把民俗学者自己的学术活动纳入学科的对象”②。后者识别出龙牌会场域众声喧哗中的不同声音，剖析了“喧嚣的少数人”（发现者、喝彩者）和“沉默的大多数”的谱系、角色与定位③。他们的洞见在于对龙牌会知识生产过程中多种行动者之间的“互动”采取“政治学”或“政治艺术”的研究角度，尤其是强调对知识生产的“反思”。增加这一角度，学者对龙牌会的认识就更全面，更切合实际。

从社会学、哲学和人类学的角度，具有反思取向的学者探究知识本身如何形成，研究对象不再是传统意义上的对象，而是知识生产者本身、知识生产过程和知识生产关系（知识生产者之间的关系、知识生产者与对象的关系）。他们的探究包括理论的思考，也包括具体的个案，有的探究直接针对这一主题，有的则是间接提示出来。然而，总体上说，国内的村落研究仍然缺乏对知识生产与村落互动的足够关注。随着人类学、社会学等学科对村落研究规范的田野作业的强调，像范庄和九溪这样学者在场也明显受学者

---

① 王明珂：《羌在汉藏之间——川西羌族的历史人类学研究》，中华书局2008年版，第283—284页。

② 高丙中：《知识分子、民间与一个寺庙博物馆的诞生——对民俗学的学术实践的新探索》，《民间文化论坛》2004年第3期。该文不仅明确提出民俗学者自我研究的思路，也对知识分子在龙牌会“生产”过程中的行动，龙牌会外“走廊”意义上的言论进行了观察、访谈和分析。其中也有自身心态的流露和反思，体现了从“参与观察”到“观察参与”的研究视角转移。

③ 参见赵旭东：《龙牌与中华民族认同的乡村建构——以华北一村落庙会为例》，第七届中国人类学高级论坛（贵阳）论文，2008年。

知识生产影响的村落具有了典型性，而以知识生产互动为主题来重新审视这样的村落也就有了必要。

4. 地戏与屯堡文化研究

正如一位学者指出的，"屯堡研究者的视野先是进入地戏，而后脱离地戏，直接进入以屯堡村寨丰富的文化事象为主要研究对象的题目。再后来，研究的触觉从狭义的屯堡文化进入到了屯堡村寨的经济、社会领域"①。1983年，第一篇地戏论文发表②，伴随着1986年开始的地戏频频出国演出，地戏研究在20世纪90年代达到一个高峰，其代表是《安顺地戏论文集》③。1994年在台湾出版的《贵州安顺地戏调查报告集》④是地戏研究在此阶段最重要的成果。大约从该年开始，地方文化研究的格局发生变化，重点从地戏过渡到屯堡文化，许多研究地戏的学者转向研究屯堡文化。此后地戏论文数量减少，在质上也没有新的突破。2005、2006年，受非物质文化遗产申报的影响，地戏研究短暂升温，但定位从纯学术研究转向对"遗产"和旅游对象的介绍，发表文章的刊物也有相应改变。直到2008年《建构与生成——屯堡文化及地戏形态研究》⑤出版前，再没有足够分量的论著问世。政府需要、时代潮流直接影响地戏的研究。

1983年关于屯堡文化的第一篇文章见诸报端⑥。此后有零星的论文问世，大多集中在探讨"屯堡人"这个概念，涉及民族识别、族群认同等问题。1993年，日本学者塚田诚之开始考察当年鸟居龙藏走过的屯堡地区，从族群关系流变的角度，指出屯堡人摇摆于汉、苗之间的动态过程，"在历史的演变中，'屯堡人'有可能形成了人们共同体的雏形。估计，可能被选择为

① 孙兆霞等：《屯堡乡民社会》，社会科学文献出版社2005年版（下同），第27页。

② 参见何平：《贵州安顺地戏》，《戏剧艺术》1983年第3期。

③ 参见沈福馨、帅学剑等：《安顺地戏论文集》，文化艺术出版社1990年版（下同）。

④ 参见王秋桂、沈福馨：《贵州安顺地戏调查报告集》，台北：施合郑民俗文化基金会1994年版（下同）。

⑤ 参见朱伟华等：《建构与生成——屯堡文化及地戏形态研究》，广西师范大学出版社2008年版（下同）。

⑥ 参见唐莫尧：《穿明代古装的妇女》，《贵州日报》1983年5月2日。

在近现代中具有人们共同体特征的处于同一性动态过程的汉族下位集团”①。1994年,安顺市政协组织地方学者编辑《安顺屯堡文化专辑》,“屯堡文化”成为关键词。从1999年开始,屯堡文化研究的论文与日俱增,这与政府倡导旅游业和文化产业有关。人们不再争论什么是屯堡人这样的学理性问题,而把屯堡文化作为一个既定的事实和无可争辩的概念接受下来。研究重点是屯堡文化包括哪些事象、如何开发屯堡文化,学术质量高的文章并不多。与此同时,“屯堡人”、“戍边者后裔”、“明王朝遗民部落”、“古屯堡”、“六百年”这类充满硝烟感与历史想象的词引出许多地方野史和值得商榷的话题。

2007年出版的《屯堡重塑》对于学者与村落的互动给予关注,地方学者与村民同为被研究对象。我们听到了更多村民的声音(虽然这些村民都属于所谓的“村落精英”),也看到地方学者的研究经历回顾。书中引用一位地方学者的话,指出“屯堡概念是学者们创造出来的,它对我们学者很重要,但在村民那里却没有什么大的意义”②,充分体现了该书不同于以往研究的独特视角。

通过对20多年来学者(主要是地方学者)的文献梳理,可以发现地戏和屯堡文化的研究从模糊到清晰(或者说达成某种共识)、学术与村落的关联从相对单纯的认识到复杂而紧张的利益博弈的变化③。无论地戏还是屯堡文化研究都与国家政策、地方政府对外宣传和发展地方经济的需要保持

---

① 塚田诚之:《贵州省西部民族关系的动态——关于“屯堡后裔”的调查研究》,黄才贵译,《贵州民族研究》1999年第3期;《对民族集团应该怎样研究——以贵州“屯堡人”为例》,黄才贵译,《贵州民族研究》2000年第1期。

② Tim Oakes、吴晓萍:《屯堡重塑——贵州省的文化旅游与社会变迁》,贵州民族出版社2007年版(下同),第33页。

③ 蒋立松、徐杰舜、孙兆霞、杜应国、吴羽等学者对“屯堡文化研究”的知识生产谱系进行了细致的梳理。这种梳理本身也是一种知识生产。参见蒋立松:《田野视角中的屯堡人研究》,《贵州民族研究》2002年第3期;徐杰舜:《屯堡人研究创新漫论》,“贵州黄果树瀑布节屯堡文化研讨会”论文,2005年;孙兆霞:《地方专家学者与屯堡村的发展》,载Tim Oakes、吴晓萍:《屯堡重塑——贵州省的文化旅游与社会变迁》;杜应国:《屯堡文化研究的现状及问题》,“魅力安顺网”http://www.china-anshun.com/astp/tunpuwenhua/200711/20071120150852_2.html,2007—11—20;吴羽、龚文静、张定贵:《屯堡文化研究现状及趋势分析(初稿)》,安顺学院科研项目结题报告,2008年。

着密切的联系。它们的研究具有很大的非自律性，往往仰仗于学术之外的因素，因而无法避免某种偶然性和脆弱性。由于相关史料本身的匮乏、研究力量的薄弱，成果数量虽然不菲，但真正有影响力的却不多。尽管也有例外，研究者大多缺乏反思意识，沉浸于弗里德曼说的“尚古论”①中，只关注田野的历史叙述。许多研究将地戏和屯堡文化从村落情境与时代烙印中剥离出来，只见“俗”，不见“民”。

围绕几个关键词和几个学者形成的认识，对于“什么是地戏”、“地戏是否傩戏”、“什么是屯堡”，多年来地方学界争论不休，却没有实质性地推进研究。为何出现这样的分歧？分歧的深层含义是什么？这种分歧对村落的发展又意味着什么？探究这些问题不能局限于纸上，也不能局限于学术界内部，必须进入学术观点所指涉的对象，在村落与学界之间才有望获得真正的答案，这就涉及知识生产互动的问题。

5. 关于九溪村的研究

最早提到九溪的学术著作是1989年出版的《安顺地戏》②一书，该书作者在1983年，也就是地戏研究刚开始的时候考察过九溪，记录了当时九溪地戏和其他民俗的情况。1994年的《贵州安顺地戏调查报告集》用一章的篇幅对九溪小堡地戏进行较为细致的实录，并附了一份1992年学者与村民讨论地戏起源的座谈记录。这些早期研究留下的资料对于了解过去的九溪以及过去学者与村民知识生产互动的情况意义极大。

2005年出版的以九溪为社会调查对象的《屯堡乡民社会》③尽管在民俗研究方面没有完全摆脱“尚古论”的影响，但毕竟使我们看到现实的九溪是怎样的，包括曾经发生的事件、真名实姓的人物，甚至某些村民的个性，使后来进村的研究者有按图索骥的线索。它也透露出自己研究故事的某些信

① 弗里德曼：《文化认同与全球性过程》，郭建如译，商务印书馆2003年版，第13页。

② 参见沈福馨：《安顺地戏》，贵州人民出版社1989年版。

③ 参见孙兆霞等：《屯堡乡民社会》。该书是“中国百村经济社会调查·九溪村”课题的研究成果。关于该书的研究定位，钱理群先生专门进行了评价。参见钱理群：《学术研究与乡村建设的有机结合——〈从〈屯堡乡民社会〉谈开去》，《探索与争鸣》2007年第8期。

息:如何进入,如何与村民互动,如何参与到九溪的发展中,具有一定程度的反思意识,为研究它自身的知识生产创造了条件。

以九溪为书写对象的著作还有两部。一本是出版于2005年的纪实文学①;再一本是出版于2008年的博士论文②,对九溪的"礼俗生活"与"历史感"进行人类学考察。由于知识生产方式和观点的不同,呈现出不同的知识生产景观。来源于该村田野经验的文献,虽然记录了大致相同的文化事象,反映的真实却有区别,叙述体例和价值判断上也存在分歧。比如,《屯堡乡民社会》是集体调查、撰写的科学性知识产品,受社会学统计模式和定量研究的框架性支配,对村落格局和文化走势的主导判断是乐观而肯定的;《明王朝遗民部落:古屯堡游历记》是体制外文人创作的文学化知识产品,以纪实文学的面目出现,体现关注事件细节和人物内心的质性取向,对村民和地戏的现状与前景流露出失望,虽非学术之作,却不乏真实的记录;最近的那本预设一个"礼失求诸野"的文明史框架,注重对社区"历史感"的挖掘(同时批评《屯堡乡民社会》历史维度的缺失),研究很规范,但忽视与历史叙述和"尚古论"不同的研究角度的真正意义。

论文方面,有学者探究九溪的村落自治、社会空间和文化网络之间的关系③,有学者考察了九溪地戏的社会功能④,也有学者从大众传媒的角度解

---

① 青禾:《明王朝遗民部落:古屯堡游历记》,内蒙古人民出版社2005年版。

② 张原:《在文明与乡野之间——贵州屯堡礼俗生活与历史感的人类学考察》,民族出版社2008年版(下同)。

③ 参见王春光等:《村民自治的社会基础和文化网络——对贵州省安顺市J村农村公共空间的社会学研究》,《浙江学刊》2004年第1期;孙兆霞:《屯堡乡民社会的特征》,《中央民族大学学报》2004年第1期;张定贵:《乡村治理的社会变迁及其文化、制度分析——以1978年以来的九溪村为例》,《铜仁师范高等专科学校学报》2005年第5期;吴羽、余莉:《传统村落社区的内部博弈与文化传承——以"屯堡第一村寨"九溪村为例》,《贵州民族学院学报》2007年第2期。

④ 参见张定贵:《屯堡地戏的人类学解读》,第六届中国人类学高级论坛论文集,2007年;《安顺地戏的社会文化解读》,载张新民、李红毅主编:《中华传统文化与贵州地域文化研究论丛(二)》,巴蜀书社2008年版;《仪式视野下的族群——从村际地戏仪式观屯堡人族群的稳定性》,第七届中国人类学高级论坛论文集,2008年;成皓:《贵州省安顺市九溪村地戏现状调查研究》,四川大学硕士学位论文,2007年。

读电视、旅游对村落价值观念形成的影响①。在调查方法、叙述文体上,这些文献或多或少都具有民族志色彩。这些研究从不同角度揭示九溪是一个人际互动频繁和权力资源处于动态博弈中的村落。不过,它们都没有揭示作为一种实际或符号意义上的资源,学者在场对于村落的意义②。村落空间的复杂性增加了学者与村民互动的复杂性,而后者使村落的社会空间变得更为复杂。这一点正是本书希望探究的。

随着旅游业的兴起,有相当数量针对游客的读物,其中有的描述较为深入、细致。比如《屯堡人——黔中高原上的戍边者后裔》③记录2000年九溪春节的民俗活动,访谈了部分村民,相对完整地呈现九溪的文化状况。新闻媒体对九溪的报道集中在地戏等民俗事象上,部分反映当时九溪的状况和对外宣传九溪的时效性聚集点。

三、研究方法

围绕"学者与村民的知识生产互动对村落意味着什么"这一问题展开研究,在某些方面使用民族志研究方法和表述样式,但总体上不是严格意义的民族志。

问题涉及学者与村民双方,所以调查对象既有村民,也有学者,田野地点不局限于村里,有时在安顺城里、学者的圈子里。这是本书不同于以村落为研究单位的传统村落研究之处。

在方法上,除了经验层面的参与观察、访谈,也有表述层面的话语分析、文本解读。由于研究和呈现的主题是知识生产,对学者文献的分析占据一定的篇幅。这种分析不同于单纯的文献综述,我关注并希望以此呈现的是

---

① 参见陈瑶:《电视与屯堡社会:一个贵州汉族亚文化族群的受众民族志》,中国传媒大学硕士学位论文,2008年。

② 只有一位学者注意到这方面的问题。当年"百村调查"课题组负责人孙兆霞发表于《屯堡重塑》的论文《地方专家学者与屯堡村的发展》回顾了地方学者与村落的互动,指出它对村落的意义。载Tim Oakes、吴晓萍:《屯堡重塑》,第47—73页。

③ 参见张晓松:《屯堡人——黔中高原上的戍边者后裔》,载一石文化主编:《凝固历史》,广西师范大学出版社2004年版,第62—103页。

一个学术概念（比如地戏）的知识生产轨迹，以及它与来自民间的概念（比如跳神）之间隐含的知识—权力关系。

我尽量保持不介入村落的研究立场，虽然在这个善于利用学者关系的村落很难完全做到这一点。比起调查村民，调查学者另有难处，我往往以求教问题的方式引入话题。在征得对方同意的前提下，我会录音。涉及隐私和过于敏感的话题，就主动关掉录音笔。访谈大多是半结构式的，兼顾到对方的兴趣和研究的主题。要事先说明的是，本书引用、转述的文字、言论所负责任在我个人，与相关学者和村民无关。

第一章　一个留下学者印记的村落

才到九溪，我就看见一条标语悬挂在广场"屯堡大楼"正对面的村舍上。风吹日晒之后，红布已经褪色，但大大的白字依然醒目："屯堡人民热烈欢迎民族学、人类学专家、学者到九溪村考察"。有的村民对"课题"、"田野"耳熟能详，甚至像是要"教我如何做田野"。他们是跟谁学的这一套！看来，这个以地戏闻名的村落与学术界的关系非同寻常。这一发现比地戏更吸引我的注意。

村落广场：欢迎人类学家的标语

一、村落印象

"安顺地戏"被称为"中国戏曲活化石",保留的弋阳腔是京剧唱腔的前身。它也被视为贵州明代汉族移民的"民族记忆背影"。凭着这些标志,它被第一批列入"国家非物质文化遗产名录"。持有这一遗产的人群称为"屯堡人",主要聚居于黔中一带,在服饰、语言、饮食、民俗、节庆、艺术活动等方面凸显着自己的文化身份,文化孤岛般地与周边的汉族、少数民族隔离开来①。

我的田野地点是贵州安顺的一个村落——九溪村。安顺位于贵州中部,东临省会贵阳。两条公路连通安顺与贵阳。一条是贵阳到黄果树风景区的贵黄公路,另一条是贵阳附近的清镇到镇宁县的清镇高速公路。九溪村离公路线不远,属安顺市西秀区大西桥镇,位于东经106°08′、北纬26°18′。西距安顺市27公里,东距平坝县城15公里,南距旧州镇10公里。据2007年村内普查统计,有1148户、4316人、50多个姓氏。全村面积约13平方公里。古语云"九溪是座城,只比安平(平坝县)少三人",说的是清代咸丰、同治时期九溪人口的盛况。今天村落人口密度仍相当大,家户之间紧挨着,以至屋侧房后的窗子只能推开不到一半。农闲时节,村内人来人往、摩肩接踵。复杂的人际网络、多层次的公共空间造就出舆论监控和自发、半自发的民间组织。按照移民进入先后,整个村落分为三个片区,"大堡"住着最早的移民,"小堡"移民晚来一些,"后街"移民来得最晚。先来者占据条件较好的农耕区域。三片区都有自己的寺庙、地戏队、花灯组和老年妇女"佛头"组织,环境的差异使得三片区在经济观念、处事风格上也有不同。在地戏唱本方面,大堡唱《封神演义》,小堡唱《四马投唐》,后街唱《五虎平

---

① 有学者指出,屯堡人作为明清时期军屯、商屯、民屯汉人移民的后裔,几百年来虽然长期生活于西南少数民族地区,却以特殊的文化策略强烈地保持着明代江南地区的文化传统,凸显出自己的文化品格,成为西南汉族中一个特色鲜明的族群岛。参见周耀明:《族群岛:屯堡人的文化策略》,《广西民族学院学报》2002年第2期。在地方学者中,这种观点很有代表性。

南》。电视和篮球对村落的影响不容忽视,几乎每家都有电视,电视内容成为公共信息在村民之间交流。农闲举行的村际篮球赛如同村民的集体狂欢节,村落有篮球明星,也有男女老少的球迷,甚至形成自己的篮球协会。

九溪人被称为“屯堡人”。“屯堡”这个概念据说与明初“征南”屯军的历史有关。人们不断回溯到600年前的大明王朝,从中汲取表述的灵感和养分。在他们看来,没有600年前的战争,就没有今天的屯堡文化。“600年前”成为叙述与想象的起点。九溪的一位小导游曾给我背诵过这样的解说词:元朝覆灭后,盘踞云南的元朝残余势力蠢蠢欲动,不肯归顺明朝。西南诸夷自立门户,边患不断,民众久无宁日。西南始终是太祖朱元璋的一块心病。明洪武十四年(1381年),太祖在南京点兵,命傅友德为帅,沐英、蓝玉为左右将,发兵三十万,经贵州,长驱云南。元朝势力不堪一击,梁王把匝剌瓦尔密自尽。为求长治久安,五万明军驻守云南,二十五万明军驻守贵州。这些军人就是我们屯堡人的祖先。

屯堡人这种说法不是从来就有的。1902年,日本学者鸟居龙藏路过安顺平坝县,发现一种被称为“凤头鸡”的汉族“部落民”,装束奇特,非苗非汉①。第二年,日本建筑学家伊东忠太经过平坝,把“凤头鸡”称为“凤头苗”,认为这些部落民是苗族②。1951年,费孝通率队入贵州进行民族识别和考察,注意到一种特殊的“少数民族”,“被父母民族遗弃的小集团”,在当地被称为“堡子”、“凤头鸡”、“南京人”、“穿青”、“里民子”,但实际上是“汉裔民族”。“早年入侵的汉族军队,很多就驻扎在各军事据点,称作军屯;他们回不了家乡,有许多娶了兄弟民族的妇女,就在这山国里成家立业,经长期同化,后来移入的汉族就不认他们作汉族了”③,“汉族同胞对他们应

① 参见黄才贵编著:《影印在老照片上的文化——鸟居龙藏博士的贵州人类学研究》,贵州民族出版社2000年版(下同),第322—326页。

② 参见黄才贵编著:《影印在老照片上的文化——鸟居龙藏博士的贵州人类学研究》,第326页。

③ 费孝通:《发展为少数民族服务的文艺工作》,《费孝通文集》第六卷,群言出版社1999年版(下同),第263页。

当及早负责认领还族"[1]。1983年，贵州文史专家唐莫尧游历安顺头铺，后在报上发表《穿明代古装的妇女》[2]一文，指出屯堡人并非少数民族，是真正的汉人，其先祖是明朝洪武年间"征南"的将士。此后，屯堡人的说法广为流传。

1. 进入村落

2007年7月18日，在云南大学何老师引荐下，我联系了安顺学院的张老师，请他陪我去九溪村。见到张老师后，他邀请我先到安顺学院"屯堡文化研究中心"参观一下。他为我介绍了墙上"中心"与外地学者交流研讨及田野调查的照片、地戏面具和玻璃柜中的研究成果和原始资料。之后，我们前往九溪。

"我们进入屯堡区了，"指着路边的石板房，张老师说。我向车窗外望去。一座座馒头似的小山，低矮的树丛中裸露出大片灰色的岩石，典型的喀斯特地貌。这里的山、岩都矮而小，且分散，给人一种各自为政的感觉。路边的农田中，河流、溪水之间的小桥头时有小小的神龛从眼中划过。每个村口都立着介绍本村的界碑。公路边、山坡上、农田中，突兀地聚集着一群群馒头似的坟茔，灰色的墓碑型制相似。馒头似的山群，馒头似的坟茔，活动的人群和这些人群构筑的村舍散布其中。

在七眼桥镇，有人上车。张老师与其中一人打招呼，把我介绍给他。这是人称"地戏教授"的九溪村民顾之炎，一个皮肤黝黑、眸子闪亮的中年男子。衣着、发型都很整洁，表情凝重而机智，不愧是著名的"地戏教授"。他问张老师，海江的课上得如何？张老师说，上得好，很受学生欢迎。顾老师在大西桥镇下车。下车前，他告诉我们关帝庙正在举行活动，有兴趣可以看看。关帝庙前是一丁字路口，人流如织，本就狭窄的道路显得更加狭窄。路上摆满小摊，卖瓜子、糯米糖等。这天是阴历六月六，举行"秧苗会"。加油站背后的山坡上传来歌声。男女对唱山歌，观者如堵。在关帝庙侧临时搭

① 费孝通:《发展为少数民族服务的文艺工作》,《费孝通文集》第六卷,第301页。
② 参见唐莫尧:《穿明代古装的妇女》,《贵州日报》1983年5月2日。

建的窝棚里，新塑的关帝爷像前摆放着供品，几个老妇人坐在香案前，接过来人供上的香烛。

一个蓄着山羊胡、一身野外装束的年轻人走来。张老师为我们相互介绍。“这是小张，王教授的博士生，也在九溪做调查。”王教授是人类学界名人，我读过他的书。“这是李立，北京大学高老师的博士后，也来九溪做调查”。介绍完毕，小张聊他的研究进展，说题目最后定成“礼乐行乡野”。他递给我一张名片，上面印着“中央民族大学民族学人类学理论与方法研究中心特聘助理研究员”。就像一场外交仪式，彼此自报家门，亮出自己的身份和派别。他们说，现在可真热闹，有中山大学的、中央民大的、中国社科院的博士生、硕士生，都在做调查、写论文。还有两个美国人也在这一带活动。现在又来了个北京大学的博士后。聊了一会儿，小张说要开车去接他媳妇。她在另一个村调查，那里的布依族也在搞“六月六”活动。我们目送他离去。

这里的同道可真多。热闹的场面，与置身于陌生他者的孤独的人类学家形象迥异。

车子穿行于来往的人群，许多年轻妇女身着屯堡服，粉红色、黄色、浅绿色，十分耀眼。在关帝庙丁字路口南转，沿着关双公路蜿蜒而下，经马场村，不久便进入九溪的地界。村口立着村碑，左侧是“大龙潭”，右侧是“晓礼坉”。路两侧的村舍开始密集起来。张老师把我交给一名叫作顾海江的村民后，匆匆作别。

海江陪我在村里逛了一遍。站在村子西北边的山坡上往下看，九溪的边界显示出它是一个大村。村舍沿山坡向下铺开，延伸在南北走向的九溪河岸，密度很大。石片堆砌的屋顶连成片，一些新式的建筑点缀其间，水泥浇灌的平顶与歇山式的石板屋顶反差很大，水泥平顶因积水而泛着片片白光。一座瞭望哨般的石砌碉楼挺立在村舍之间，村小学的国旗杆与之相对，红旗飘扬。“石头寨”是一些通俗读物对这种村落的命名，与更为专业的命名“屯堡村寨”一样，突出的是它的军事防御性质。河对岸有一座起伏不大的山，像一条静止的蛇。山上没有村舍，散落着坟茔和农田。种下水稻、玉米、大豆的水田、旱地显得格外安静。偶尔传来鸭子、水牛的声响，那是它们

村落建筑:石板房

的鸣叫和在清凉的九溪河中嬉戏、翻滚。

广场开阔,巷道狭窄,村舍显得拥挤不堪。站在山坡上看不见的人群,此时出现在眼前。如此之多的小孩和狗,使村子充满生机。走在巷道深处,听见昏昏欲睡的猪嘟囔几句,暗无天日中的公鸡错乱地报晓几声,随即归于寂静。细听,紧闭的房门中,伴随着模糊不清的人声,时或传来一阵搓动麻将之声。三五个妇女坐在门前做着不紧不慢的活计,聊着家长里短,沉浸在自己的世界和故事中。偶尔有人与你擦肩而过,还来不及看清面孔,背影便消失在巷子拐角处。

南北两条小路伸进村里,交汇于村落广场。北边的那条,称为"中间街",相对古朴,条石铺砌而成,长约 400 米,宽约 3 到 6 米不等。这条路上曾有"袁家门楼",村民对它的具体位置记忆清晰,生活中也在用这个地名。"袁家门楼"下方的条石曾雕刻有鲤鱼和马蹄印,据说是清代一个大官荣归故里留下的印迹。如今许多历史遗迹都不复存在。2001 年村里发展“屯堡文化”，根据村民的记忆复原了一些历史遗迹，但也不多。

“中间街”很热闹。街道两旁是杂货店、理发店、五金店、化肥门市、诊所兼药店、古井（据说建于崇祯年间）、网吧、相隔数十米的两个肉菜摊以及一连串半开半掩的门户。街上人群密集，赶场、进城回来的人，徒手的、挑担子的，拖拉机、小型货车、独轮鸡公车……汽车频繁鸣起喇叭声警告沿街嬉闹的顽童或行动迟缓的老人，这一切使狭窄的街道愈发显得拥挤不堪。偶然抬头，街道两侧，一楼以上的层层建筑在错综复杂的电线、光缆缠绕下相互探出“身子”。上面似乎比下面更拥挤。

2008 年春节，九溪村迎春会

广场、屯堡大楼、大小门洞、大堡汪公庙、小堡青龙寺、后街龙泉寺、曲折的石板巷道、摇摇欲坠的雕花老宅，村里可供活动的场所众多，其中九溪河畔的广场和凉亭是村落活动的中心，每每在这里举办大型活动，召开全村大会，接待来访的学术团体和游客。有活动时，大小车辆停放在广场上，外来者从车上鱼贯而出，成为村民目光的焦点。这里的建筑上是标语最集中的地方，新旧标语显示往日办过什么活动、来过什么客人。

老人是村里一个活跃的群体。他们主动与我攀谈，想了解我的程度不亚于我想了解他们。他们问我来干什么，我说来研究地戏。他们会把“地戏”听成“地契”，还不如像他们提示的，说“来搞调查的”更容易接受。有的老人认定我是记者。有的老人问我来做什么课题。有的老人拉着我的手，亲热地说，小张你来啦。接着问我，上次照的相洗出来没有。小张就是我在关帝庙匆匆别过的那位。

乘凉的老人年纪都在六旬以上。其中一位银髯飘飘，身着靛蓝色长衫，很有沧桑感。旁边的老人说，许多来九溪搞摄影的人都拍过这个老者。确实，长髯和装束是民俗摄影家选择他的最佳理由。其实，大部分老人的着装与城里老人并无二致。

2.“博士楼”的主人和客人

许多到九溪做调查的学者都住海江家。村里人开玩笑说，海江家是“博士楼”。

两扇木质大门打开后是一片水泥地，当地叫“大场”，这两扇门叫“大场门”。左侧是简易的厨房和厕所，右侧是主建筑。一层平房，砖混结构，水泥平顶，外墙贴白色瓷砖。左右大致对称，中间是堂屋。堂屋背后是一间卧室，右侧前后分别是客厅和主卧室。左侧前后也有两间房。堂屋有两扇木门，门头和门框上贴着过年留下的红色春联，透过门上和左右两侧墙上的玻璃，室内的物件隐约可见。堂屋墙上悬挂着写有“天地国亲师”及诸神的“神榜”，红底金字。神榜下的墙壁上钉有一木板，上置一对蜡烛和一香炉，海江家还放着一张毛泽东像和观音像，一叠用剩的黄色冥币。再下面又是一小镜框，上写“金玉满堂”“土地”等字样。一张木桌贴靠墙边，在特殊的时刻充当供桌，平时则放着电饭煲和老式的木质蒸笼。堂屋和客厅的墙上，挂着象征喜庆、吉祥图案的相框——“财源广进”、“迎客松”，既是装饰，又是祝福。“迎客松”挂在客厅，是朋友为庆贺主人家乔迁所送，时间是2000

年 10 月 10 日。村里的新房大都是海江家这样的室内外结构，神榜的位置和墙上的装饰物也大同小异。除楼层、材质的区别，老房子与新房子的结构基本一致。村民家庭结构也大多像海江家这样，一家四口。

海江四十出头，不苟言笑，棱角分明的脸上瞪着一双大眼睛。他用普通话与我交谈，谈我即将开始的研究，显得很内行。我吃惊于他脱口而出的“课题”、“项目”、“田野”等词语。他问我要写什么，有没有提纲。我说，主要想写地戏，也想了解九溪人的生活；我才来九溪，算是试调查，不了解情况，所以还没有提纲；等写出提纲后，一定给他看。他说，有什么要他做的尽管说，他会安排；不要太拘束，随便点，许多来做研究的，都是住他这里。他们都很随便，与他兄弟相称。前段时间小张（就是我在关帝庙遇见的那位）住他这里，以前中国社科院的王博士和小潘都住过这里。我现在住的房间，他们原先也住过。

聊了片刻，他就用摩托车带上我到河对面的工地去。他是工地负责人。村里的股份公司正在那里修建屯堡休闲山庄。他也是村篮球协会秘书长。晚上，我陪他去篮球协会为村里近日举办的村际篮球赛写标语。

海江看来很忙碌。我请他开一份访谈对象名单，他写下十来个人的名字，把他们分成两类：“地戏”、“村庄发展与交流”。我按照名单拜访了几位村民。

有一晚，我们谈得比以往任何一次都多。他谈到村里的发展，他为村里发展文化事业勾画的蓝图，正在修建的山庄（就是那块他每天清早要骑摩托去一趟的工地。我不是十分清楚它的性质，有时它被称为九溪文化活动接待中心，有时被称为屯堡山庄或休闲度假山庄。现在那里只有一排堆放木料的工棚和下了一半的石脚），他的个人奋斗小史，以及他与学者的友谊。偶尔，也发一发怀才不遇的牢骚。他谈得最多，也最有兴趣谈的，是与学者的友谊。

讲述与学者的友谊故事时，他向我展示了相关照片和学者们的亲笔签名。其中许多学者，我久闻其名，却没有机会亲睹其容，合影留念。有的学者与海江的关系看起来如他所说般的亲热，称兄道弟的感觉从照片上亦可感受得到。在他的邀请下，我在那本子上留下自己的名字。在他们不知晓的情况下跻身其后，我有点儿局促。

在那本子上，我看见云南大学何老师的签名，心中不由得产生他乡遇故知的亲切感。如果不是他4月造访九溪，他就不会推荐九溪做我的田野地点。时隔三月，我步其后尘。本子上还留有当时为迎接专家来访而召开动员会的记录，上面写着“迎接中国学术泰斗大规模考察团动员会”。翻过一页，两条标语的底稿“欢迎民族学、人类学专家学者到九溪村考察”、“九溪村民祝‘贵州文化多样性与民族社会发展’研讨会圆满成功”跃入眼帘。

海江家有不少东西是从前的房客留下的：送给小孩的书籍、简易的电器、生活用品。他会津津有味地讲起某位学者的穿着习惯、风度、饮食偏好，或某个“执手相看泪眼”的临别场面。从海江的讲述中，可以明显感觉到：他们虽然离去，给他留下的印象却很深刻。

二、民俗印象

1. 目睹地戏

许多文献这样描述地戏：一年只跳两次，演出、观看都充满神圣性。地戏村落过着传统的日子，在仪式方面遵循旧俗。到九溪不久，我发现事实并非如此。那些文献描述的是从前的地戏。

大部分村民对地戏所知甚少，兴趣索然。年轻人说，地戏的打斗太假，道具也太简陋。电视剧《封神榜》比地戏《封神榜》精彩得多。他们常说，谁拿着电视遥控器，谁就掌握了自由，想看什么就看什么。据《九溪村志》统计，1999年全村家户电视普及率已达90%①。大约从那时起，地戏一天天失去它真正的观众。与此同时，却迎来新观众。他们是前来考察、做课题的专家、学者，民俗摄影家和观光客。他们的到来并不遵循地戏原先的时序，有很大的随机性。什么时候客人来要看演出，就什么时候演出。开箱、封箱仪式可以随时做。在学者的文献中，时常能看到请村民演地戏或做仪式的背景说明。地戏原有的程式本就难以为继，迁就新观众的观看进一步动摇

① 参见宋修文：《九溪村志》（第七稿），未刊稿，2000年，第116页。

着它。改变了观众和时序的地戏，也改变了场所（从固定的场坝到“上镜”的门洞）和仪式（开箱、封箱，开场、收场）。围绕地戏的整套表述话语也改变了。

不过，外来者愿意看地戏也非一无是处。顾之炎说，学者重视的东西肯定是个好东西。我的另一位房东刘伯说，没有外地人，地戏早就绝了。确实如此，当村里人对地戏丧失热情，外来者的意义就凸显出来。“还有人看地戏”，这是地戏表演者对自己，也对村里人要说的话。每次演出都是一次演练和表达，即便短暂而重复，也让地戏保持着希望，所以外来者的意义是双重的。

知道我想看地戏，刘伯主动说召集大堡地戏为我演一场。“不过，要付点误工费”，他补充说。我不想看这样的演出，让众人为我一人忙碌，即便以学术研究的名义，付费看表演的感觉还是会令我难堪。“我想等到春节再看村里正式的演出，”我对刘伯说。

还没等到春节，我在村里就看了两次地戏。在小堡的门洞，顾之炎率领小堡地戏演出，一次是为中央电视台拍摄非物质文化遗产传承人专题，另一次是为贵阳文化传播中心张教授带来的香港客人。门洞侧边的人家在放电视，地戏演出时，电视画面在不断转换。显然，掌握遥控板的人在换台，选择着自己中意的节目。地戏的观众，除了20分钟后即将离去的摄像师和香港客人，就是稀疏的老人和孩子。演出的总是那段保留节目《洗马救驾》，村民早已看过多次，熟悉得不能再熟悉，提不起兴趣。外地观众却不知道故事背景，听不懂唱词，只能看热闹。张教授来那天，安顺学院罗老师也在场。他提议制作一本介绍《洗马救驾》故事背景的小册子，让外地观众先读后看。“这就是‘地戏ABC’”，他说。有熟谙地戏之道的村民告诉我：“上等之人听字课，中等之人听声音，下等之人看热闹。”没有“地戏ABC”的外地人就只能充当“下等之人”了。

那些旅游开发相对成功的村落，比如天龙，为了迎合没有“地戏ABC”的观众的需要，只演一出戏——《三英战吕布》。四个演员，一出场，二话不说，或者含糊其辞地大吼一声就开打。游客买走的往往是红脸关公的面具，要么奇大，要么奇小，根本不适合“顶戴”。村民雕刻最娴熟的面具大概就是红脸关公①。《三国演义》的号召力使有些村落的“精英”计划将本村地戏剧目改为《三国演义》②。

2008 年春节期间，我在九溪的邻村二官寨又看了一次地戏。春节期间，各屯堡村寨会举办大同小异的文艺演出比赛。主办村寨为扩大自己的影响力，招徕观众，开出的奖金一家比一家高，相互竞争。为博得喝彩和奖金，各村文艺团体接茬赶场，忙得不亦乐乎。

九溪村花灯海报

正午，阳光刺眼，空气异乎寻常地炎热。此次二官寨的文艺比赛名为

① 我在雕刻面具的朱发猛处购得的《封神演义》张桂芳面具。这面具，除了大堡地戏演员，恐怕无人问津。刘伯年轻时戴过张桂芳，在家里，他给我唱过《张桂芳奉诏征西岐》片断。

② 比如九溪邻村周官屯，见熊迅：《村落的仪式与变迁——一个屯堡村落中地戏的人类学考察》，广西民族大学硕士学位论文，2007 年。

“屯堡歌舞大赛”，会场高悬宣传条幅，小学大楼①上则悬挂着充当奖品的屯堡服。各种领导致辞后，鸣放礼炮。场面一时略显混乱。开场后，二官寨地戏队登台助兴。毕竟，谁都知道地戏是屯堡的一张名片。铿锵、悲凉的锣鼓声中，十来个老人蹒跚上台。演得投入，唱得卖力。二十分钟后，台下观众和评委早已失去耐性，哈欠连天，交头接耳之声四起，台上人却沉浸在自己的表演中。主持人走过去，对正在表演的领头人说时间到了，该收场了，后面还有节目要上。别在他戏服上的无线话筒放大了他们的对话。如此两次，地戏老人们不得不鸣金收兵，落荒而“逃”。敲锣打鼓的是两个老态龙钟的村民，在他们那浑浊、呆滞的目光和弯腰驼背的迟缓中，我看到了绝望。

我端着摄像机站在台前，以此表示对台上的敬意，但任何挽留都是徒劳。紧接着登台的，是一群身着屯堡服的小女孩，在噪音般的迪斯科伴奏下一阵狂舞。音响老是出问题，孩子们表情严肃地完成着规定动作。台下观众饶有兴味地看着，掌声雷动。二官寨的一个小学老师唱了一首自己填词的屯堡歌，伴奏音响仍然不停出问题。在懊恼中，他坚持唱完这首激情澎湃的屯堡歌。

2. 花灯、山歌

除了不受欢迎的地戏，另一个不受欢迎的传统节目是花灯。在二官寨的文艺比赛上，九溪花灯与另一个村的花灯同台竞争。九溪花灯迟到了，领头人张伯摇动着旱船从观众席闯进场子，本是别出心裁的新春道贺，却制造了一阵骚乱。最终，表演内容和形式更传统的九溪花灯榜上无名。回村后，张伯他们大骂评委有眼无珠，评判不公。

过去，每逢阴历正月和七月，“白天跳神，晚上玩灯”是惯例，同时也有“好男不玩灯，好女不看灯”之说。花灯俚俗，虽有唱本，即兴成分很大，男欢女爱，插科打诨，内容贴近现实。化装，不戴面具，演员面部表情展露无遗，与动作一样夸张。但如同地戏，花灯在村民中的市场日渐萎缩。

2008 年春节，我为九溪花灯录像。地点在后街龙泉寺，演出剧目有传

① 许多村寨搞活动都在村内小学。

统的小段子,也有现编的长段子,内容为外出打工者媳妇与婆家的冲突及和解。看着台上昏黄灯光中几个老人为博得台下喝彩费尽心机的表演,我想起戏楼的前尘往事:20 世纪初期,安顺地区流行过川戏,周边的村寨也搭建自己的戏台,龙泉寺的古戏楼大概就是那一时期的产物。20 世纪三四十年代,民国政府推行新生活、废除旧习俗,庙堂改学堂,龙泉寺改成九溪小学。不过,戏楼仍在,川戏依旧上演。1949 年后,川戏退出,戏楼可能就用作政治宣传的舞台。20 世纪 60 年代戏楼废弃,雕花装饰被毁。20 世纪 70 年代末,戏楼开始上演花灯,一度热闹非凡。随着电视进村普及,年轻人外出务工,花灯寂寞,戏楼冷落。

观众是老年妇女和小孩。妇女们坐在条凳上,带着缅怀往事的心情看戏。演出正式开始前,张伯代表九溪花灯介绍演出剧目,对未出席的村支两委和支持九溪花灯的村民表达谢忱。其间,龙泉寺门口响起鞭炮声,那是后街佛头们凑钱买的鞭炮①,她们来捧场。

就像地戏,老人和小孩的出场衬托出花灯的落寞。不同的是,除去小孩,地戏的观众是老年男性,而花灯的观众是老年妇女。相同的是,大人们呵斥不止的小孩们的上蹿下跳。对地戏或花灯演员的执著,这些捣乱的小孩如能留下模糊的印象,那将是最好的结局。幕后的九溪花灯内部也不安宁。青黄不接,本就没有几个演员的九溪花灯还分成了两拨,暗自较劲,随时可能散伙。

当年,人民群众喜闻乐见并被认为以此得名(田间地头的戏剧)的地戏在村里演出时,观者如堵、踩破屋顶②。到如今,这种盛况恐怕只会出现在山歌演唱时了。"山歌无本,全凭嘴狠",面对台下观众,即兴的歌者唱出他

① 在九溪,鞭炮的意义极大。但凡婚丧嫁娶,红白喜事,仪式庆典,鞭炮声不绝于耳。"抬亭子"迎春那天,"亭子"所到之处,家户鞭炮响起。从村广场一直延伸到村口的人家。拥挤的中间街,烟雾缭绕,鞭炮使巡游的队伍更加狂热和混乱。在燃放鞭炮这件事上,人们似乎毫不吝惜金钱。其中既有家与家之间竞争,也有对传统记忆的固守和坚持。"元宵,遍张灯火爆竹",许多传统都已磨灭,而燃放爆竹这一习俗却一如既往。大概是因为它既简单易行而又刺激强烈吧。

② 参见何平:《贵州安顺地戏》,《戏剧艺术》1983 年第 3 期。

们对生活的理解,充满调侃,引来阵阵哄笑。这是观众的心声。

成为非物质文化遗产的地戏有国家公认的传承人,而山歌有村民公认、耳熟能详的明星。2008 年中所村举办的山歌大赛和 2009 年九溪举办的山歌大赛都决出"山歌王",在九溪及周边的村寨无人不晓。他们被请到家户为婚庆、乔迁等红喜事助兴,在村落间繁忙"走穴",收入不菲。山歌明星录制的碟片充斥于农贸集市的地摊上,歌声传扬于村落之间。出于自我欣赏和对外宣传,村落地戏也都请人录像,自制碟片,但在集市上很难见到,仅是地戏队成员个人收藏。

站在文艺服务大众的主流意识形态角度,曾有学者呼唤地戏新剧目的出现。但这样的倡议没有太多的响应,甚至会被人指责为"过左",破坏地戏的"活化石"特性。花灯则有新剧目问世,它的俚俗为它预留了自由发挥的空间。不过,花灯实际上也没有因此摆脱厄运。这样看来,地戏引以为傲的各种特性——唱本、唱腔、面具、程式、仪式等的固定性、神圣性,以及只演武戏和历史戏而不演反戏和言情戏等维系其传统的"活化石"特性,恰恰成为制约它发展和阻止它回归民间的"紧箍咒"。从 20 世纪 80 年代开始,学者就主要关注地戏,而忽视花灯与山歌。90 年代有学者提醒人们花灯的研究意义不亚于地戏①。但不管怎么说,花灯与山歌的研究仍然与地戏不可同日而语。在某种意义上,地戏逐渐成为学者和少部分村民的"所有物",笼罩于学者反复强调的"活化石"特性中。2006 年,它登上了非物质文化遗产名录,进一步成为国家的"所有物",受到国家的保护和非物质文化遗产公约、条例的管理。在地戏、花灯和山歌的例子上,我们看到学者与村民关注点的不同。这种反差一直存在。推而广之,婚丧嫁娶、开门、择吉、风水、命理和驱邪等等,真正为村民所需要和实践,以村民的生活为土壤,同样具有地戏无可比拟的生命力。不过,话又说回来,包括学者在内的外来者的"凝视"或"一瞥"即便不那么可靠,也并非一无是处。历史未必不会重演,今日对外的演练可能就是为将来埋下的种子。保不准将来哪天,地戏还其

---

① 参见徐新建:《安顺地戏与傩文化研究》,载沈福馨、帅学剑等:《安顺地戏论文集》,第 36—39 页。

跳神的本来面目，拾回昔日的辉煌，回到村民的怀抱，就像20世纪80年代那样，野火烧不尽，春风吹又生。

学者与村民的兴趣点不同，这情有可原。村民感兴趣的东西，一定程度上就是他们真正需要的东西，可能更有活力。看起来，学者的研究与村民的生活似乎两不相干，不过在某些时候他们又确实走到一起。

三、发现学者与村落互动的线索

起初，我为自己设定的研究对象是九溪地戏。随着观察与理解的深入，我改变了初衷，开始关心学者的知识生产与村落的互动关系。地戏与此有关，但仅仅研究地戏不足以说明这个主题。不过，地戏仍然是这一主题的一个例子。当然，我更关注学者和村民如何表述地戏，而不是地戏实际上如何。做此选择的原因与知识生产的主题有关。

在村里待久了，我发现村民更愿意用“跳神”这个词而不是“地戏”这个词来表述自己从事的活动。对外，他们更多的是用地戏来表述。对内，在他们自己之间往往说的都是跳神。这种区别在我看到的文献中一笔带过，有的甚至只字不提。学者们认为跳神只不过是村民对地戏的俗称，但村民是在20世纪80年代后才知道地戏这个词的。我问过年纪大的村民，他们都肯定说从前只知跳神，不知地戏。与某些村民谈地戏，需要先解释地戏就是跳神。一开始，我没意识到这一点。往往是陪我同去的村民解释“地戏就是跳神”，如旁边有好事者知情也会作解释。听到解释的村民这才恍然大悟说“问的是‘跳神’啊”，由此打开了话匣子。我想起自己才到九溪时碰到的村民，他把“地戏”听成“地契”，原因恐怕在此。不知道地戏为何物的村民虽然不多，但毕竟存在。另一些村民，那些经常与学者接触的村民，比如顾之炎、顾海江，讲起地戏来头头是道，来龙去脉似乎一清二楚。当然，他们也会强调地戏在本地叫跳神。我开始想，地戏与跳神存在什么关系，地戏的知识是如何传递给村民的。

问到许多事情，村民都说“可以去找顾之炎”。到九溪做研究的学者免不了要去拜访“地戏教授”顾之炎，在与学者周旋上，他是九溪最有影响力

屯堡大楼及学术研讨会标语

的人物。村民也会自豪地向你推荐一本村中秀才写的书，说“关于九溪的事情、历史，那上面都写的有”。这就是《九溪村志》，研究九溪的学者最重要的参考资料。村民经常提到“百村调查”、“师专的老师”和几位老师的名字，有的村民还问我“看过他们写的书了吗？”“百村调查”是2001年在九溪开展的一项社会调查课题，由安顺学院（当时的安顺师专）的老师负责完成，它对村落的影响力超过任何其他曾在九溪做过的研究。村民问的那本书是该课题的成果《屯堡乡民社会》。我这才明白为什么村民一再认定我是来搞社会调查的。我本想研究九溪的地戏，但很快就发现“屯堡”是村民更感兴趣、更愿意谈论的话题。村里充斥着与屯堡这个概念有关的东西。屯堡也是当下学者们更感兴趣的主题。虽然地戏是国家级的非物质文化遗产，而屯堡文化仅仅是省级的非物质文化遗产，但屯堡文化更具现实感。作为一个涵盖面广的概念，屯堡文化包括了地戏。

循着村民的目光,我把自己的研究收缩到上述几方面。以案例的形式来呈现学者的知识生产对村落的效应,说明地戏和屯堡文化这样的非物质文化遗产的文化生态的一个侧面,以及它是如何在与学者的互动中形成的。从时间上看,《九溪村志》是2001年前的例子,"百村调查"反映的是2001年到2004年的情况,屯堡文化的例子则是最近以来的情况。

四、地戏:知识生产互动的起点

作为始终参与学者互动的村民,顾之炎、王厚福叙述的事情从20世纪80年代延续至最近。

据他们说,第一个造访九溪的学者是沈福馨。从他开始,造访九溪的学者可以列出一份长长的名单。他们到来的时间不同(从1983年迄今),停留时间有长有短(从数小时到一年),目的各异(研究地戏、村落民间组织、社会经济调查、屯堡文化、旅游产业),与村民在不同层面进行过互动,在村落留下或深或浅的印记。以相同的报道人为纽带,学者之间也有人际互动,有时这种互动就发生在村落现场。围绕因九溪而来的知识生产形成一个具有时间跨度和远近层次的关系网络。

这张网络的起点是地戏研究,后来的屯堡文化扩大了这张网络。它对村落的意义,一方面在村落中成就了一批擅长与学者打交道的知识精英,另一方面也因为这张网络的存在得到地方政府的重视和扶持。

在文化资源上,九溪与其他村落相比并不具备太多优势。虽然村大人多,按村民的说法,"人气旺",但与它规模差不多、"人气旺"的村落在周边不是没有,这并不能构成它与其他村落竞争地方政府支持的条件。相反,与其他村落相比,它不无劣势。在古建筑方面,比不上云山屯和天龙;在恢复春节民俗活动方面,比不上吉昌;在发展旅游业的造势与实际成效方面,比不上本寨和天龙;虽然它有三片街的三堂地戏,但在地戏演出水平、地戏声名方面,比不上詹村;在地戏面具雕刻方面,比不上周官屯。在上述背景下,九溪的优势恐怕就在于多年来知识精英与学者互动而成的这张网络。在这张网络上,有的学者和村民显得格外重要。我们来看他们是怎么走到一起的。

1948 年出生的沈福馨是安顺本地人，1969 年大学毕业后分配到安顺某国防工厂，从事教师、宣传干事等工作。学的虽然是历史，但他酷爱绘画，这两项才能后来在地戏研究中都派上了用场。由于绘画上的成就，1983 年他被借调到贵州省美协。同年，第一届全国民间美术研讨会要在贵阳召开，美协负责人安排沈福馨撰写一篇能够体现贵州地方特色的参会论文。思前想后，沈福馨决定写家乡的地戏面具。从 3 月到 6 月，利用闲暇时间，访问了不少村落，用文字记录民俗，用图画记录地戏面具的形态，最后写出《安顺地戏和地戏脸子》一文提交给会议，得到美学家王朝闻的充分肯定。从此沈福馨开始地戏研究，他的个人履历分两栏，绘画创作与地戏研究齐头并进。此后十年，他活跃于地戏对外交流的舞台上，接待了不少外地学者。1986 年轰动一时的地戏出国演出，1992 年台湾学者在安顺的地戏考察，他在其中都是不可替代的人物。

回过头来看九溪，被学者称为“地戏唱本刻印家”的王厚福、《九溪村志》的书写者宋修文和被称为“地戏教授”的顾之炎是 20 世纪 80—90 年代与学者互动的关键人物。2002 年九溪“屯堡文化研究会”成立后，又有新一代的知识精英出现。

1932 年出生的王厚福一直待在九溪，祖上几代都是村中开馆授业的秀才，七世祖与顾之炎的先人曾主持修建九溪河畔的文昌阁①，引来本村和周围村落的学子就读。其父从小随祖父读书，做过乡间道士，解放前任副乡长、连保主任，口碑很好。1944 年王厚福在九溪小学毕业后回家务农，赶过几年马车。由于识文断字，解放后一直在村里和公社从事会计。他的工作笔记在 2001 年的社会调查中交给安顺师专课题组，至今还陈列在安顺学院屯堡文化研究中心的橱窗里，本数仅次于九溪老支书朱正忠的工作笔记，那娟秀、细密的字迹就如同其心思和为人。不过，真正让学者认识他的却不是这些笔记，而是他从 20 世纪 80 年代开始印制、出售的地戏唱本，“1980 年

① 该建筑早已被毁，其遗迹在九溪河人为改道后也冲得踪影全无，唯有地名留在村民心中。据村民说 2007 年开始修建的屯堡山庄就是仿造当年的文昌阁。

起我印小唱书、地戏。地戏书印了12套,《大反山东》、《投唐》、《罗通扫北》、《薛仁贵征东》、《薛丁山征西》、《薛刚反唐》、《精忠岳传》、《八虎闯幽州》、《初下河东》、《二下南唐》、《三下河东》、《楚汉相争》。每一样都印有400到500套。我投入在《金陵记》、《岳传》、《薛刚反唐》的精力最大,自编的《罗通扫北》花了三四个月才完成。我印的书除卖到附近村寨,有郎岱、盘县、遵义、镇宁、普定、清镇、平坝、龙里、花溪、铜仁、紫云、长顺、贞丰等县,都是来人到家里拿,具体时间在1980年至1994年这段。法国、英国等外国友人都看得到过”。①

在他的叙述中,与沈福馨的认识有几分传奇色彩。20世纪80年代,村民甚至沈福馨本人对地戏这样的民俗(尤其是,那时村民称它为跳神)都心存警惕,“极‘左’思想还在某些人的头脑里作怪,在他们时而反对这,时而反对那的情况下,去挖掘整理几百年来传存于民间的资料,必然要承担一定的风险”②,所以做事要留有余地。王厚福说:“在一部书的结尾处,我留下四句诗,‘欲知写书人是谁,家住九溪青树下’。我又怕留下线索,将来被当作搞封建迷信来整我,后悔了,就用墨把诗涂掉。”正在四处收集地戏唱本的沈福馨也是个有心人,对着阳光,硬是读出王厚福留下的诗句,四处打听写书人的下落,最终找来了(后来我问沈福馨有没有这回事,他微笑着说记不得了)。经沈福馨引荐,此后不断有学者登门拜访,1992年沈福馨、王秋桂到九溪考察地戏时,王厚福在座谈会上发言,被学者称为“唱本刻印家”。

王厚福珍藏着与学者的合影,初次见面,他就拿出来给我看。他保留的自己刻印的一大堆唱本,报道他事迹的剪报,他写的《屯堡第一村——九溪村》,祖父写于民国的《王氏族谱》,也一一展示给我。他告诉我,屯堡文化研究是从地戏开始的,而地戏研究又是从他刻印的唱本开始的,“如果没有这二三百万字的唱书,怎么研究地戏呢”。他还说,人们在争论哪个村寨是屯堡,哪个村寨不是屯堡,屯堡由哪些东西组成,什么是屯堡的标准,其实论

① 转引自“百村调查·九溪村”课题组访谈资料“访王厚福”(采访人赵世钊)。

② 王秋桂、沈福馨:《贵州安顺地戏调查报告集》,台北:施合郑民俗文化基金会,1994年,“序言”。

到什么是屯堡，他比谁说得都早，“就像本寨，炒作得厉害，现在人们怀疑它不是屯堡。其实，我早就发现它那里不是屯堡”。他给我总结了判断一个村寨是不是屯堡的几条标准，并说在许多方面他与学者不谋而合。他说的学者是已故的安顺师专范老师，范老师生前一再指出本寨不是屯堡。

王厚福称得上是九溪的一支笔，村民说他的一个弱点是“好名”。九溪的另一支笔，《九溪村志》的作者宋修文也有这个弱点，两个老人碰到一起，有时免不了唇枪舌剑，1992 年那次座谈会也透露出这样的信息。

顾之炎小王厚福 8 岁，但个人阅历要复杂得多。他只读到小学三年级就辍学了，小的时候砍柴、挖煤、割草卖，长大后除了务农，就是赶马车做米贩子。1955、1956 年在贵阳打工，从 1957 到 1978 年赶了 21 年马车。闯荡过社会，出过省，做过投机倒把的生意。1981 年当上生产小队长。1986 年开始又到贵阳某乡镇企业打了三年工。1989 年当选村长，1991 年调到镇里当企业办主任。1999 年再次回村任支书，不到一年就下台。对此，他解释说“我想九溪的工作不好搞，我乱来一气，上面对我不满，就会让我回去”（确实，九溪那段时间的权力斗争很厉害）。2002 年九溪成立“屯堡文化研究会”，他是最主要的负责人。按照村民的说法，顾之炎是村里的顶梁柱之一，“离开他，九溪的屯堡搞不起来”。

1986 年在贵阳打工时，顾之炎在《贵阳晚报》上看到沈福馨带蔡官地戏去法国、西班牙演出大获成功的新闻，他就想，“地戏为哪样会这样伟大呢？专家学者都带到国外去。我也会跳地戏，要好好问一下”①。从报上得知沈福馨在贵州省文联研究室工作，就去找到他。“我们相遇后，谈得很投机。他知道我的情况后对我感兴趣，我们便从此有了联系。这之后，他每年都要来我家几次，拍地戏和人物”②。看到学者的力量，也有了与学者交往的经验。顾之炎进一步扩大自己与学者的交往圈子，他说，“1988 年后，我主动找到戏剧协会副主席谢振东，通过谢介绍，我认识了文化厅董林生厅长这些人。

① Tim Oakes、吴晓萍：《屯堡重塑》，第 270 页。

② 孙兆霞等：《屯堡乡民社会》，第 392 页。

以后凡是地区、国外、港澳的专家到周围的村寨及九溪看地戏都来找我”。①

此后，他多次带领九溪小堡地戏参加各种演出、比赛，也受邀参加学术研讨会，甚至在人帮助下写起了论文。1995 年到韩国汉城参加第十六届世界民间艺术节是这些经历中最辉煌的一件，与 1986 年安顺地戏出国相隔九年后，九溪地戏也出国了。期待的时间虽然久了些，但顾之炎的梦想总算是实现了。他说，“我为这事跑了一年半，是通过谢振东副主席和董林生副厅长推荐的，直接下文要九溪的《四马投唐》去韩国”。回到北京，谢振东去拜望曾经教过他的钟敬文先生，提到自己带地戏去韩国的事，钟先生于是请顾之炎来给学生现场演示地戏。顾之炎说，“讲完后，他们称我是‘地戏教授’”。关于“地戏教授”这件事，顾之炎自己和其他村民都会时常提起，在学者的文献中也有所记载，但不同故事版本之间有细节的差异。有的略去了谢振东与钟老的这层关系和拜访钟老这件事，有的甚至说钟老隐姓埋名来到九溪，在顾家听了好些天的地戏，回到北京后亲笔写信邀请顾之炎去讲课，这封信还留在顾之炎手上②。

按照顾之炎的说法，自己虽然读书不多，但天资聪慧。加之早年丰富的阅历，使他成为一个善于言辞、善于察言观色地与各类人物打交道的“外交家”。一位地方学者告诫我，“老顾跟人说专家、学者们被他诓了，他提供的信息有些是编的”。对九溪人的精明我深有体会，但听到这番话，我还是不由倒吸一口凉气。我访问顾之炎已是进入九溪很长时间后的事，所以我了解村民与学者之间的游戏规则，也清楚他们见什么人说什么话的双语制度。那位学者所谓“信息是编出来的”，既有如实之处，也有点言过其实。假如有的信息真是编出来的，那也是迎合着学者的需要而来的。顾之炎完全可以这样说：“他们需要什么，我就给他们说什么。”在与学者互动中，许多知识被生产出来，为村民与学者共享，于他们双方都是有用的资源。

究竟谁最先认识沈福馨，王厚福与顾之炎的说法各执一词。在王厚福的叙述里，是沈福馨主动找到他。而在顾之炎的叙述中，是他主动去找沈福

① 孙兆霞等：《屯堡乡民社会》，第 392—393 页。

② 这个故事，我在顾之炎那里并没有得到证实。

馨的。不过从时间上看，沈福馨是先认识王厚福的。

他们与学者的相遇都有种机缘巧合的成分，但要看到他们确有所长，也善于抓住机遇。尽管顾之炎14岁就学会跳地戏，演技、扮相俱佳，但一直忙于打工、做生意，真正开始专注于地戏这件事是在1986年无意中看了报道之后。王厚福与地戏的关系却要早几年，迫于生计，加之对传统文化的偏好，又写得一手好字，1980年就开始刻书卖钱。他刻印的远不止是地戏唱本，但凡有市场需求的，每年更换的老皇历，风水堪舆、择吉算命之书他都刻印过。他说的“小唱书”是丧葬仪式时所唱的孝歌书和信佛妇女们所唱的佛歌书，内容为借历史故事、民间传说、因果报应来劝善惩恶，宣扬传统道德。地戏唱本之外的这些小册子①，其印数和影响力远远大于地戏唱本。这恐怕仍然是他提心吊胆、避而不谈的方面。王厚福虽然喜好地戏，但并不会演、唱地戏。另一方面，当年刻书卖的人不止他一个，光是九溪就有另外三个村民也在做这件事。正是沈福馨的出现，让他从一个不落名字的刻书者成了一个远近闻名的地戏唱本刻印家。

借助自己掌握的地戏资源，村民有了与学者互动的平台。借助与学者的关系，村民结识政府官员。有的官员本身就兼有学者身份，比如谢振东既是省戏剧家协会副主席，又是地戏研究者。又比如，当时的安顺市文化局局长帅学剑也是早期的地戏研究者。

不过，村民一开始并没有意识到每年两次的跳神会受到国家和学者的认可而成为一种改变自己命运的资源，他们甚至惧怕封建迷信的批判再次落到自己头上。沈福馨告诉我当年下乡考察地戏的技巧，只谈地戏是一门艺术，面具雕刻如何漂亮，不谈民俗，不谈传统和文化，更不谈地戏仪式。他希望用中性的“艺术”二字来淡化村民对意识形态的警觉，远离政治语境。1985年为挑选参加巴黎艺术节的剧目，他陪省文联领导下乡考察。所到村寨听说要带地戏出国演出，大都将信将疑，敷衍了事，唯有蔡官地戏表现认

① 这种小册子今天在村镇集市上还很多，出自新的刻书者。地戏唱本几乎见不到，大概是没有市场需求。一个地戏队往往共用一部书，加之现在地戏演出截取书中一小段，反复演，完整的地戏唱本显然没有从前那么重要了。

真，所以最终决定带蔡官地戏出国演出。

演出成功，报纸当作一件大事来报道。“地戏出国”确立了地戏在村民心中的正面形象，引得那些也跳地戏的村落想自己的地戏是不是也能被带出国。沈福馨说，“后来我到乡下考察地戏，村民们就问我能不能把他们的地戏带出国，好像我到村里就是要带他们出国似的。最后我只得每到一个村寨都事先声明，我不是来带你们出国的”。正是在此背景下，顾之炎找到沈福馨，他的初衷不外是请沈福馨带九溪地戏出国。

从讳莫如深、敷衍了事到大张旗鼓、主动寻求学者的帮助，这说明地戏已经从封闭在村落小天地、定期自娱自乐的民俗转变为具有资源意义的民俗，而一旦它被视为资源，就会带来更多的竞争。这种竞争既发生在村落之间，也发生在村落内部，谁能最终胜出，部分要取决于与学者的关系。

就以九溪地戏到韩国演出这件事来说吧，顾之炎说自己为这事跑了一年半，另一个在这事上与九溪竞争的詹村人也没闲着。顾之炎找的是谢振东和董林生这些省上的人，詹村找的是安顺市文化局帅局长。最后，顾之炎胜出。

但这詹村地戏说来也不简单。詹村地戏分上下街两堂，九溪的地戏行家对他们的演出水平暗自称道，说能够和九溪地戏比的，数来数去也就是詹村那两堂地戏了。1991、1992 年台湾学者王秋桂在帅局长陪同下就是在詹村过的元宵节。1993 年王先生邀请詹村地戏到台湾巡演，好好地款待了他们一次。2003 年王先生偕夫人又访问过詹村，村里人为感激王先生做的好事（捐钱修路），不仅为王先生树碑立传，还把王氏夫妇的照片供在庙里，奉若神明。因为一起考察詹村地戏，帅局长与王先生结缘，后来在王先生帮助下帅局长整理的安顺地戏唱本也在台湾出版。所以，帅局长对詹村的感情比对九溪更深，力所能及之处，每每推举詹村。2005 年詹村跳《三国》的地戏演员在张艺谋导演的《千里走单骑》上露脸，也得益于帅局长的牵线搭桥①。

① 不过，事后差点引出一段诉讼，原因是电影没有明确交代地戏演员的身份，使观众误以为地戏演员来自云南丽江。事见《从安顺地戏“交学费”中清醒过来》（《贵州日报》2007 年 8 月 27 日）和《天龙秘事》第十二章《“神头”要告张艺谋》（沈赤兵、陆青剑、赵俊涛：《天龙秘事》，作家出版社 2008 年版）。

此次争取到韩国演出，帅局长能不用心吗？

到韩国演出这事来之不易，包括顾之炎在内的村民对谢振东心存感激，2004 年谢先生去世时几个村民到贵阳参加了他的葬礼，之后还把他的照片供奉在村里的汪公庙，上书“慈善之人”四字。与这照片挂在一起的，还有 1992 年谢先生考察九溪地戏时为住守汪公庙的一老尼姑所摄照片和所写挽联。

有的村落，村内分为不同片区，各有自己的地戏剧目，有些时候难免相互竞争。九溪地分三片，大堡、小堡和后街各有一堂地戏，为到外地演出，大堡和后街的地戏演员对顾之炎很有意见，认为他偏心，总是只带小堡地戏出去，因为他是小堡的人。到韩国演出这次也是这样。顾之炎说，“有一些人认为要出国，九溪三堂神都应去几个人，不能只是小堡的去（后街地戏队的人说的），我说这是上面戴帽（指定）《四马投唐》，不是我决定的，大家就没有话讲了”①。詹村分为大门和小门两个片区。1993 年王秋桂先生本想邀请小门的《精忠岳传》地戏到台湾演出，大门的人听说后放出威胁的话，要把小门村民的水牛全宰了。最后只得决定大、小二门共同组队前去。② 可见，学者既要协调村落之间，也要协调村落内部的利益关系，他的协调对村民具有权威性，从而可能成为村民用来解决矛盾的工具。

2006 年地戏成为国家级非物质文化遗产，随之而来的是确定它的传承人。顾之炎和詹村一村民被定为传承人，享受相应的津贴。在 2007 年公布的省级传承人名单上，除了他们二人，另外增加四个村民。无论是国家级传承人，还是省级传承人的确定都体现了村民之间的利益分配和关系协调，而多年来村民与学者的知识生产互动在其中就具有决定性的作用。

顾之炎说，“80 年代中期，也就是我当选九溪村村长的前后，有很多国内外的专家、老师都来过九溪，了解九溪的地戏，了解九溪的历史。新闻媒

① 孙兆霞等：《屯堡乡民社会》，第 390 页。

② 有篇文章注意到詹村地戏的竞争关系，认为这种竞争恰恰是詹村地戏得以很好存活的动力，这一发现有一定的道理。见王学文：《家族竞争激活安顺“跳神戏”》，《中国文化报》2008 年 11 月 30 日。

体频繁的采访和学者们一次次对文化事象和族群来源的追问刺激了我们对自己文化独特性的前所未有的关注。于是村里稍有文化的人开始不失时机地整理自己的古籍，印制各种唱本、佛歌，编写村志、族谱等活动一时间风靡一时”①，“屯堡文化的概念也是十年以前来我们九溪的这些专家、学者提出的。他们说九溪人是屯堡人，如果说原汁原味的话还是算九溪这个寨子……是专家学者告诉我们之后我们才晓得屯堡文化的”，“这里原来一直就只有我一个炒屯堡文化……我原来也觉得它也当不得饭吃。后来我想这些专家都这么重视它，那时一个月来好多人，有时候我出差，他们在我家住等我回来，所以我也就受到了影响”，“屯研会发展到今天这个样子关键是这些文人专家给我们长了志气……我一直很崇拜这些专家”，“炒了屯堡文化以后我们这里发生了很大的变化……这几年引来了更多文人、专家来九溪……前年和去年这两年在这里做了五个大课题……如果不炒屯堡文化，什么叫课题我们都不晓得”②。

五、小　结

本章描述了我对村落的印象，其中有村落的自然、人文景观，有我与村民的短暂交流，也简单交代了地戏等民俗活动的当下状况、村民对它们的认可程度。尚未进村就遇到在村里做田野的同道，进村后看见数月前迎接学者的标语，住的地方被称为“博士楼”，房东对田野调查、课题等表现出的熟悉，学者研究的地戏在村民那里叫“跳神”，村民在不同情境分别使用“跳神”和“地戏”来表述，“跳神”是他们惯用的表述方式，地戏知识则来自学者。在此背景下，重点揭示与研究主题直接有关的一个信息，即这是一个留下学者知识生产印记的村落。正是这些经历、发现促使我形成以学者与村落的知识生产互动为主线的问题意识。后面的章节是对这一问题的逐次呈现。

---

① 顾之炎：《我与“屯堡第一村”》，载 Tim Oakes、吴晓萍：《屯堡重塑》，第 266 页。

② 顾之炎：《我与“屯堡第一村”》，载 Tim Oakes、吴晓萍：《屯堡重塑》，第 270—275 页。

研究聚焦于知识生产的村落效应，所以对村落的介绍没有面面俱到，只交代了必要的背景，以便突出重点，尽快地切入主题。村落的其他情况比如历史，在后面涉及相关问题时再作说明。

第二章　从“跳神”到“地戏”

地戏仿佛一个由时间和文字编织的谜。研究者就像陷入迷宫或某种字谜游戏格局中的侦探，拼凑、对比着古人留下的只言片语。想保持清醒的人为此而迷惑，而那些不假思索地接受这个词的人，恰恰可能处在问题核心之外。在这千头万绪、错综复杂的迷宫中，不同的人沿着不同的线索寻找这个词的起点。

地戏有谜团，地戏研究本身也有谜团。地戏是什么？为什么会有这样的名称？地戏就是跳神吗？为什么村民叫跳神而不是地戏？跳神与地戏有什么关系？这些问题可以分解成两个层面，即认识论和政治学①。“地戏是什么？”“地戏就是跳神吗？”属于认识论问题。“地戏和跳神有什么关系？”“为什么村民叫跳神，而官方和学者叫地戏？”属于政治学问题。对于认识论问题，我能做的只是梳理前人的头绪，提出自己的疑问。实际上，认识论问题与政治学始终纠缠在一起。

一、学者如何表述

“地戏”一词最早见于清代道光年间的方志。1827 年，一个名叫刘祖宪的文人编纂了《安平县志》，在《土俗》卷留下一段极简略的文字，其中有“地戏”一词。除此以外，整部志书中再没有关于它的任何信息。志书所谓的地戏，也许是当时元宵节再平常不过的一项活动，以至作者不想为它花费过

① 与意识形态有关的知识—权力关系。

多笔墨。但150多年后，这个词成为另一时代文人们频频谈论的话题，这段话反复出现在他们的文字中。

1934年，另一个文人翔实地记录了一种名为“跳神”的“民间娱乐”活动。他就是任可澄。在他主持的《续修安顺府志》中，“跳神”被称为“跳神戏”，作者给了它比1827年的“地戏”更多的描述，却只字未提“地戏”。比《续修安顺府志》早两年刊行的《平坝县志》提到“跳神”，但同样没提“地戏”①。任可澄和刘祖宪想不到他们分别留下的文字有一天会被联系在一起，并且，“跳神”也就是“地戏”。

20世纪50年代，在安顺、贵阳和镇宁曾演出过今天所说的地戏。有学者回忆说，当时所用名称就是地戏，有一张老照片记录有“安顺地戏汇演”字样的横幅。② 我一直没见到这张照片，不敢肯定他的说法是否属实。不过，“地戏”一词确实出现在当年费孝通先生到贵州调查时留下的文字中。③

1. 地戏的定义问题

1990年，一位作者问：“地戏到底是什么?”“到底”二字透露出他深深的疑惑。不过，他寄希望于将来的研究，因为在当时地戏毕竟是一块尚待开发的、神秘的处女地④。18年后，在一部总结性的论著中，另一位作者问道：“地

① 但是有学者却认为，从道光七年的《安平县志》时期，“地戏一词开始出现，沿用至今”（庹修明：《中国古代军旅祭祀遗韵——屯堡地戏》，《学术视野下的屯堡文化》，未刊稿；《论军傩地戏兼谈关羽信仰》，沈福馨、帅学剑等：《安顺地戏论文集》）。在后来的文章（庹修明：《屯堡地戏的文化变迁与旅游开发》，载Tim Oakes、吴晓萍：《屯堡重塑》，第74页）中，他修正了原先的看法，只说“‘地戏’一词最初见于《安平县志》”，不再说“沿用至今”，但即便如此，也足以构成某种暗示。另一位学者说，地戏称谓有一百六十多年的历史（高伦：《地戏源流、地戏谱》，载沈福馨、帅学剑等：《安顺地戏论文集》，第43页），也存在同样的问题。“开始出现”，并不意味着“沿用至今”。《续修安顺府志》没有“地戏”一词，而村民直到20世纪80年代才开始用这个词。“跳神”一词更能反映地戏原生态文化的内涵及其本质属性。

② 2008年9月12日帅学剑访谈。有一张20世纪80年代的老照片显示当时的蔡官地戏队被村民叫做“蔡官演历团”（沈福馨《安顺地戏》彩图3和该书第15页的文字说明）。

③ 关于布依族，费先生写道：“在仲家族里我看到了玩龙灯，踩高跷，跳狮子，地戏等活动，他们的乐器和歌曲也有很多是吸收汉族的。”参见费孝通：《发展为少数民族服务的文艺工作》，《费孝通文集》第六卷，第231页。

④ 沈福馨、帅学剑等：《安顺地戏论文集》，第152页。

戏到底是如何产生的?”他说,“地戏起源于军傩说至今还没有找到直接可靠的证据支持”,所以“我们还要重新追问,地戏到底是如何产生的?”①

虽然研究地戏者不少,但对地戏一词认真释名者却不多。第一篇地戏论文没有对地戏进行定义,只提到“地戏的演出形式较为朴实,演出场地大多在庙前露天广坪,观众四面围看”②。另一篇早期的论文进行了定义,但却是顾名思义:“安顺地戏,顾名思义,是不上庙台、不筑舞台的,在山野平坝上演唱、跳打、伴奏简单、粗犷原始的戏曲,故名地戏。”③其他研究者也如此,要么借助于描述演出现状来说明地戏为什么叫地戏,要么作顾名思义或望文生义的文字游戏,即把“地戏”拆解为“地”和“戏”,分别解释。比如,“地戏的演出不上舞台,也不上庙台,保持着小圆场地行戏的特点”④;“‘地戏’顾名思义,是在地上表演的戏剧”⑤;“因演出不用戏台和庙台,而在村野旷地间进行,故名”⑥;“平地表演的戏剧”⑦;“地戏演出地点不是在戏台上,而是以村中院坝、田土、平地为戏台围场演出,故而得名”⑧。

早在1990年,也就是地戏的讨论持续数年后,有的研究者就觉察到地戏的研究似乎出了问题。当时已经有了顾名思义的定义,但没人给出更为确切的定义。一位学者说:“源远流长、经久不衰的贵州安顺地戏,近年来,引来了中外各界人士的注目,研讨文章日益繁多。然则究竟何谓‘地戏’(即‘跳神戏’)等根本性问题,似乎尚未确论。”⑨基于这一事实,该文作者旨在为地戏释名。另一位学者言道:“‘地戏’一词,多见于近人文章之中,乃用以命名由古而今存活于贵州一带的某种民间现象。然一方面虽使用频

① 朱伟华等:《建构与生成》,第7—8页。

② 何平:《贵州安顺地戏》,《戏剧艺术》1983年第3期。

③ 岐从文:《安顺地戏面具》,《贵州文史丛刊》,1985年。

④ 高伦:《贵州地戏简史》,第82—83页。

⑤ 沈福馨:《安顺地戏和它的面具艺术》,载《安顺地戏面具》,台湾淑馨出版社1994年版。

⑥ 沈福馨、帅学剑等:《安顺地戏论文集》,第123页。

⑦ 胡维汉:《奇特的屯堡文化》,《贵州文史天地》2001年第3期。

⑧ 庹修明:《屯堡地戏的文化变迁与旅游开发》,载Tim Oakes、吴晓萍:《屯堡重塑》,第74页。

⑨ 沈福馨、帅学剑等:《安顺地戏论文集》,第1页。

繁，另方面却语焉不详。”①虽然都怀有对地戏一词的疑问，这两位学者的表述还是有所不同。前者认为地戏就是跳神戏，这个词的历史存在毋庸置疑，要回答的只是它有什么意义。后者则认为地戏一词是近人对民间现象（跳神）的命名。也就是说，地戏是近人对跳神的命名，跳神比地戏一词存在的时间更长，不全然是地戏。

那位力求为地戏释名的作者写道：“‘地戏’之称谓……当是对举于‘台戏’的称呼……这是由台上移到平地作演出的变通形式。因此，可以说：所谓‘地戏’，就是以地为台，就在平地上围场演出的戏剧形式。”②有研究者认为“地戏”与“台戏”对举这一推测“很有见地”③。从台上搬到地上、与台戏对举仍只是一种推测，并无史料支持，但这种顾名思义的推测却几乎成为地戏通行的定义。到了 2008 年，地戏的定义仍然停留在“顾名思义”的起点上：“‘地戏’顾名思义是在平地围场演出的”④。

顾名思义其实出于无奈，因为关于地戏的史料太少。地戏一词在史料中只出现过一次，该史料极为简略，既没有地戏的直接描述，也没有说明地戏的含义究竟是什么。直接史料的匮乏促使研究者发掘间接史料。于是就有了关于跳神、跳鬼和社火的史料，但寥寥可数。研究者不仅要对这些史料本身作出解释，还要论证跳神、跳鬼、社火与地戏的关系，其中的核心问题是现实的跳神与史料中的地戏是否同一。

2. 如何用史料来表述

多年的共同研究，为学者积累着关于地戏的史料。数量不多，与地戏的关系也并非一目了然。以下先按年代循序列出史料，之后再对学者们运用史料的情况作出分析。

1. 嘉靖三十四年（1555）《贵州通志》卷 3：

除夕逐除（俗于是夕具牲礼、扎草舡、列纸马、陈火炬，家长督之，

① 沈福馨、帅学剑等：《安顺地戏论文集》，第 34 页。

② 沈福馨、帅学剑等：《安顺地戏论文集》，第 1—2 页。

③ 陈训明：《安顺屯堡人主体由来新探》，《贵州社会科学》2002 年第 5 期。

④ 朱伟华等：《建构与生成》，第 299 页。

遍各房室驱呼怒吼,如斥遣状,谓之逐鬼,即古傩意也)。

2. 康熙十四年(1675)《贵州通志》卷29:

岁首则迎山魈,逐村屯以为傩,男子妆饰如社火,击鼓以唱神歌,所至之家皆饮食之。

3. 康熙三十一年(1692)《贵州通志》卷30:

“土人跳鬼图”。图旁为康熙十四年《贵州通志》的上引文字。

4. 乾隆二十五年(1760)余上泗《蛮峒竹枝词》:

伐鼓鸣钲集市人,将军脸子跳新春。全凭认得杨家将,看到三郎舌浪伸。

原注:土人岁首跳神为傩,所唱皆杨家将,有六郎、七郎、八郎之称。①

5. 道光七年(1827)《安平县志》:

①元宵。遍张鼓乐,灯火爆竹,扮演故事,有龙灯、狮子、花灯、地戏之乐。庶民绅士各燃灯于其祖坟,荐其时食。(土俗)

②岁时礼节,俱有楚风。正月自元旦以至十五,击鼓以唱神歌,装扮傩神,沿村逐疫。所至之寨,必款以酒食。(土人)

6. 咸丰元年(1851)《安顺府志》:

各乡多择宽平之处,鸣锣击鼓,跳舞歌唱为乐。

7. 民国二十一年(1932)《平坝县志》:

此十许日中,城乡各地跳神(跳法:每组以数人击鼓锣,数人扮演《封神》或《三国》中等类人物,戴面具,执戈矛,作不规则之唱跳,近戏剧。每剧呼一堂,接神人家以堂数计,每堂酬些微金钱。扮者多为乡人,亦含有迷信中之游戏意味,并非谋利)。

8. 民国二十三年(1934)《续修安顺府志》:

①黔中人民,多来自外省。当草莱开辟之后,人民多习于安逸。积之既久,武事渐废。然四顾环境,尚多苗蛮杂居其中,识者忧之,于是乃

① 出自《镇宁文史资料》,转引自范增如《明清安顺风物诗文注评》,贵州民族出版社1999年版。

有跳神戏之举。迄今安顺、普定各屯与归北(化)部龙场、狗场、猫营一带，犹盛行勿替，简称为跳神。盖借农隙之际，演习武事，亦存有寓兵于农之深意也。时当正月，聚集阖寨之人，鸣锣击鼓，歌唱为乐。跳神者首蒙青巾，腰围战裙，戴假面于额前，手执戈矛刀戟之属，随口而唱，应声而舞。如所跳材料系取自《东周列国》者，便名曰“跳列国”，系取自《封神演义》者，便名曰“跳封神”，其余如跳《汉书》、跳《三国》、跳《说唐》、跳《征东》、《征西》、跳《平南》、跳《杨家将》等，皆以其所取材料而名。其有歌舞俱佳者，邻近村寨亦多备席延往跳之。①

②黔中民众多来自外省。当草莱开辟之后，多习于安逸，积之既久，武备渐废，太平岂能长保？识者忧之。于是乃有跳神戏之举。迄借以演习武事，不使生疏，含有寓兵于农之深意。迄今安顺境内，盛行不衰。时当正月，跳神之村寨，锣鼓喧天，极为热闹。跳神者头顶青巾，腰围战裙，额戴假面，手执刀矛，且唱且舞。所唱戏文，或为东周列国故事，或取自《封神演义》、《汉书》、《三国》，或为《仁贵征东》、《丁山征西》、《狄青平南》、《说唐》、《杨家将》故事，都属武戏。跳神者各组团体，邀请跳神之村寨，须予招待。②

在史料之间寻找线索、进行解释确非易事，真是一个征服史料的过程。对此，在梳理史料和同代学者文献时，我深有体会。

民国三条史料所述跳神或跳神戏，与今天村民的跳神名实皆符。除此以外的史料，描述的是否即今天所说跳神或地戏尚待考证。它们作为地戏的史料出于某方面与地戏的相似性(或接近性)，或是举行时间，或是场面。据2008年出版的一本专著分析，在民国前的史料中，乾隆时期余上泗所写竹枝词与今天的地戏最为相符，其他史料存疑③。确实，杨家将、脸子、跳新春以及“岁首跳神为傩”从名称(脸子、跳神、跳新春)、内容(杨家将)和举行时间(岁首、新春)上看都与今天的地戏相符。不过，有些细节还可以推

① 参见民国安顺府志局:《续修安顺府志》,1934年。
② 参见安顺市志编纂委员会整理:《续修安顺府志》,1983年。
③ 参见朱伟华等:《建构与生成》,第221页。

敲。余上泗是镇宁人，做官在黔西，该诗原注所说的土人未必就是今天所说的跳地戏的屯堡人，土人生活的地区也未必是今天地戏分布的区域。所唱为《杨家将》，有脸子出现，可能意味着是演地戏，但其仪式性应该比今天的地戏强，否则不可能称为“跳神为傩”。钲也不是锣，而是类似于钟的乐器。

《安平县志》“土俗”中所记地戏与在“土人”中所记“装扮傩神”应是两种不同的活动。《安平县志》的“土人”条目明确将土人与汉人区别开，“土俗”所记为“汉人”之俗。也就是说，地戏的主体是城乡的汉人（“庶民绅士”），而不是“土人”，也不是既不同于“汉人”、也不同于“土人”的“屯堡人”。地戏是元宵节期间汉人生活世界（城里也许包括城郊农村）的一项活动（持续时间不详），“装扮傩神”则是元旦至正月十五（土人似乎不过元宵节?）发生在土人生活世界中的另一项活动。除了享受地戏等项目之乐，“汉人”在元宵还要上坟，在元宵前的十五天内要进行以下活动：“正月元旦。晨起焚香秉烛。整肃衣冠。设茶酒果品等物。叩拜天皇王及祖先毕。以此叩礼尊长亲友，彼此庆贺。名曰拜年。互相款留。数日乃止。本城初六日南门迎大王菩萨、灵官菩萨。初八日，东门迎傩神、雷神。立春之日，妆扮故事花爆。抬春牛芒神，随地方官迎春东郊。初九日，中十、宁夏等寨迎杨泗将军。十三日，羊场河等寨迎关圣帝君。十八日，车头等寨迎关圣帝君、杨泗将军、葛公，大王下、小王下等寨迎大王菩萨。皆新衣锣鼓，花爆旗帜。男妇老幼沿途塞巷，观者如堵墙。余村则鸣锣击鼓，歌唱为乐，尽元宵乃止。”汉人生活世界发生的事比土人生活世界的事种类更多。在志书作者看来，土人的“击鼓以唱神歌，装扮傩神，沿村逐疫”是一种不同于当时汉人习俗的“楚风”。也许对这种习俗不太熟悉，也许出于文化歧视、漠视或别的什么原因，志书作者对它的描述比汉人习俗的描述简略得多。要注意的是，“余村”指的是汉人农村，并不是土人地区，所以“余村”的“鸣锣击鼓，歌唱为乐”不同于土人的“击鼓以唱神歌，装扮傩神，沿村逐疫”。它也不同于“地戏之乐”，因为“余村”“为乐”要持续到元宵（“尽元宵乃止”），也就是说，元宵的“地戏之乐”与“余村”“为乐”是同时发生的两件事。

从明至清，傩是一条重要线索。傩有戏的雏形，但并不等于戏。“遍各房室驱呼怒吼，如斥遣状，谓之逐鬼，即古傩意也”，“逐村屯以为傩，男子妆饰如社火，击鼓以唱神歌”，“土人跳鬼图”，“击鼓以唱神歌，装扮傩神，沿村逐疫”应该都是傩仪式而非地戏，与《安平县志》所记地戏和民国志书中的跳神不是一回事。至于“择宽平之处，鸣锣击鼓，跳舞歌唱为乐”与“鸣锣击鼓，歌唱为乐”相似，都是乡村的一种文艺娱乐活动，无法确定它是否今天所说的地戏，但肯定不是《安平县志》所记的地戏和土人地区的“装扮傩神”活动。不同时代的史料既是线索，也是圈套。我想通过实例说明这一点。

根据《安平县志》的“扮演故事”一语，“地戏”似乎具有故事性。比如，一篇文章中出现这样的话：“‘地戏’之称谓，始见于道光七年《安平县志·风俗志》。所言‘扮演故事’的‘地戏’……”①但是，完整地看“遍张鼓乐，灯火爆竹，扮演故事，有龙灯、狮子、花灯、地戏之乐”这句话，地戏与扮演故事之间还隔着“龙灯、狮子、花灯”，而“扮演故事”前还有“遍张鼓乐，灯火爆竹”，“扮演故事”没有理由跳过前后语境成为专门修饰地戏的词组。“扮演故事”与“地戏”的逻辑关系实际并不明确。

《土人跳鬼图》同样具有诱惑性。有人轻易认为，“画面上的地戏场面，与今天安顺地戏演出几乎一样”②。第一个发掘到这份史料的学者写道：“‘引文’和画图生动地表明当时装扮社火的傩活（跳鬼），已经和今日的地戏（跳神）极其一致。”③他甚至考证出这幅图中所跳剧目。他认为，“跳鬼”即“跳神”，因为“鬼、神不分家”。在地戏与跳神相等的大前提下，“跳鬼”也就等于“地戏”。只有“跳鬼”等于“跳神”，《土人跳鬼图》与地戏的关系才显得天衣无缝。但是，即便鬼、神不分家，鬼也不等于神④。在这里，我们看到论者的某种急于求证的迫切。这种迫切在许多学者那里也隐约可见。

① 沈福馨、帅学剑等:《安顺地戏论文集》，第1页。

② 庹修明:《中国古代军旅祭祀遗韵——屯堡地戏》(《学术视野下的屯堡文化》，未刊稿);《论军傩地戏兼谈关羽信仰》(沈福馨、帅学剑等:《安顺地戏论文集》，第114页)。

③ 高伦:《地戏源流、地戏谱》，载沈福馨、帅学剑等:《安顺地戏论文集》，第43页。

④ “跳鬼”一词可能另有渊源。北宋时，民间傩仪进一步向娱乐形式转化，出现了集沿门逐疫、沿门乞讨、沿门卖艺于一体的“打夜胡”。明清两代，浙江、福建一带仍称驱傩为“打夜胡”。明代方以智《通雅·谚原》云:“今民称跳鬼为‘打夜胡’，讹为‘野胡’。”明代徐渭《会稽县志诸论·风俗论》在谈到丐户职业时说:“男业捕蛙卖饧，拗竹为牛头样，擎编机扣，塑土牛土偶，打夜胡，即逐鬼也。”参见康保成:《傩戏艺术源流》，广东高等教育出版社1998年版。

土人不等于屯堡人,“土人跳鬼图”并不像这位学者认为的那样与地戏极其一致,有研究者通过分析图中的面具和人物动作,否定它与今天地戏的对应关系,认为它只不过是“前地戏”。①

虽然《安平县志》所记地戏与乡村“鸣锣击鼓,歌唱为乐”,也与“各乡多择宽平之处,鸣锣击鼓,跳舞歌唱为乐”不是一回事,但论证“跳鬼即跳神”的那位学者还是把它们联系在一起,并批评古人站在雅文化的立场篡改史料:“如果把《安顺府志》和《安平县志》比较一下,就会发现,清·道光七年《安平县志》上记载:‘元宵遍张鼓乐,灯火爆竹,扮演故事,有龙灯、狮子、花灯、地戏之乐’的情况,转载到《安顺府志》里,却改记为‘余村则鸣锣击鼓,歌唱为乐’。明明是装扮故事的地戏,当时治史的人认为只是‘鸣锣击鼓,歌唱为乐’而已。那么《安顺府志》记载的安顺、普定等县在新春时间里,各村寨‘择宽坪之处,鸣锣击舞,跳舞歌唱为乐’(《安顺府志》原文为:‘择宽平之处,鸣锣击鼓,跳舞歌唱为乐’)的情况,无疑的(地)包括了‘跳神’的娱乐活动。然而,治史的人出于当时的认识,认为这种不登大雅之堂的‘社火’活动,不能和当时的昆、弋戏曲相比较,不能称之为‘戏’的态度,并不能妨碍我们今日对地戏(跳神)的研究,更不能以此为据,认为安顺当时还没有地戏的存在。”②论者说,“《安平县志》上的记载:‘元宵遍张鼓乐,灯火爆竹,扮演故事。有龙灯、狮子、花灯、地戏之乐’的情况,转载到《安顺府志》里,却改记为‘余村则鸣锣击鼓,歌唱为乐’。明明是装扮故事的地戏,当时治史的人认为只是‘鸣锣击鼓,歌唱为乐’而已”。首先,正如前面分析的,仅从字面上看不出《安平县志》的“地戏”就是“装扮故事的地戏”。其次,《安平县志》记元宵“地戏之乐”之前本来就有“余村则鸣锣击鼓,歌唱为乐”这句话,《安顺府志》的“余村则鸣锣击鼓,歌唱为乐”是对《安平县志》的原文转录,而不是对“地戏之乐”的改记。与“鸣锣击鼓,歌唱为乐”相比,“各乡多择宽平之处,鸣锣击鼓,跳舞歌唱为乐”除了多出“择宽平之处”和

---

① 朱伟华等:《建构与生成》,第221页。

② 沈福馨、帅学剑等:《安顺地戏论文集》,第43—44页。在另一处,论者也谈到这个问题,见高伦《贵州地戏简史》,第77页。

“跳舞”二语，没有增加关于地戏的任何新内容。“择宽平之处”未必就是为了跳地戏，也可以是进行其他文艺娱乐活动。“各乡”与“余村”同样指的是汉人农村，而非土人地区。对比《安顺府志》与《续修安顺府志》，可以发现二者在记述“各乡多择宽平之处，鸣锣击鼓，跳舞歌唱为乐”上极为相似①。《续修安顺府志》把各乡的“鸣锣击鼓，跳舞唱歌”划为“民间娱乐”项目中的“迎神赛会”，而在“民间娱乐”的另一个类别“戏剧杂耍”中则出现了“跳神”和那段著名的文字。可见，各乡的“鸣锣击鼓，跳舞唱歌”不是“跳神”。

论者认为，“择宽平之处，鸣锣击鼓，跳舞歌唱”无疑包括了“跳神”。《安顺府志》的作者之所以对《安平县志》进行改写，再一笔带过，是因为跳神或社火“不登大雅之堂”，“不能和当时的昆、弋戏曲相比较，不能称之为‘戏’”。但为什么早于《安顺府志》的《安平县志》作者会把跳神称为“戏”呢？难道他的觉悟更高吗？论者按照自己的理解（这种理解来自他曾经所处的反封建迷信的意识形态背景），把地戏一词放在高于跳神的位置，以此猜度他所认定的改写的原因。论者最后说，《安顺府志》作者的此种态度“不能妨碍我们今日对地戏（跳神）的研究，更不能以此为据，认为安顺当时还没有地戏的存在”。用新的意识形态取代旧的意识形态，从而使背着跳神之名或受到跳神之名的牵连而被漠视和改写的地戏恢复其本来面目。然而，新、旧意识形态也许都出于论者以己度人的假想。

在相同段落，该学者还说，“清·道光七年（一八二七年）《安平县志》载：‘元宵遍张鼓乐，灯火爆竹，扮演故事，有龙灯、狮子、花灯、地戏之乐’，‘地戏’这一称谓开始出现”，“以清初‘土人跳鬼画图’为据，迄今，至少已跳了三百多年。和‘跳神’并称的地戏称谓也有一百六十多年的历史”。

---

① 参见《安顺府志》：“安顺普定。正月十五日五官屯迎汪公到浪风桥，十八夜放烟火架。狗场屯、鸡场屯共迎汪公，亦于十七日备执事旗帜，吹鼓喧阗，迎至杉树林，观者如堵。汪公庙，二场屯中皆有。如本年自狗场屯迎至鸡场屯庙中供奉，次年自鸡场屯迎至狗场屯庙中，祈祷多应。各乡多择宽平之处，鸣锣击鼓，跳舞歌唱为乐。”《续修安顺府志》：“正月十七日，安顺五官屯迎汪公神像至浪风桥祭赛，入夜则于浪风桥放烟火，城乡士民往观者颇多。同日鸡场屯与狗场屯亦迎汪公神像至杉树林祭祀。惯例：如今年由鸡场屯迎至狗场屯供奉，则明年由狗场屯迎至鸡场屯供奉。各乡则择宽平之处，鸣锣、击鼓、跳舞、唱歌为乐。”

《安平县志》中出现了“地戏”,《土人跳鬼图》中的跳鬼即跳神。前者有一百六十多年的历史,后者则“跳”了三百多年。论者把《安平县志》的“地戏”一词等同于今天的地戏一词,今天的地戏一词又等于民间所说的跳神,跳神又等于跳鬼,因而一百六十多年前的地戏就等于三百多年前的跳鬼。姑且不说这些等号之间逻辑和史实的混乱,即便这些等号成立,三百多年与一百六十多年之间跳神与地戏的空白如何填补呢?

除了在跳鬼、跳神与地戏之间画等号,也有研究者在装扮傩神、扮演故事、妆饰如社火、击鼓唱神歌与地戏之间画等号。一位学者这样写道:“如果说城镇的‘装扮故事’还有可能是地戏的话,乡村的活动显然更像是驱傩仪式。”①一方面,区分了乡村的傩仪与城镇的地戏,从傩的陷阱中跳出来,另一方面,又将“装扮故事”混同于“扮演故事”。对比《安平县志》与《续修安顺府志》可以知道,立春之日的“妆扮故事”应该是亭装巡游而非戏剧演出。造成错觉的原因,可能在于将“扮演故事”与地戏相连(前面我们分析过这一错觉),“妆扮故事”与“扮演故事”的字面相似性诱使论者认为“妆扮故事”就是演戏。不过,这位学者很谨慎,用“可能”一词限定自己的推断。否则,会像大部分学者那样刚从一个陷阱出来又落入另一个陷阱。又如,“岁首则迎山魈”一语使有的论者将地戏与五显崇拜联系在一起,并找到证据说地戏面具不演出时就供奉于五显庙②。其实,地戏与五显似乎并没有这种联系,即便有这种现象,也不普遍,没有代表性。为了解释这句话与地戏的逻辑关系,论者在江西、云南寻找并不确切的证据③。有的论者则将这句令人费解的话置之不理,从后面的“逐村屯以为傩,男子妆饰如社火,击鼓以唱神歌”割裂出去。再如,“所至之家皆饮食之”、“所至之寨,必款以酒食”与“邻近村寨亦多备席延往跳之”或“邀请跳神之村寨,须予招待”的相似性使学者认为这些语句说的都是一回事。首先认定这些语句是

① 朱伟华等:《建构与生成》,第 219 页。

② 参见高伦:《贵州地戏简史》,第 78 页。

③ 参见高伦:《贵州地戏简史》,第 18 页。他的其他言论也值得细读,如他对“岁首则迎山魈,逐村屯以为傩,男子妆饰如社火,击鼓以唱神歌”一段的分析,见该书,第 19—20 页。

关于地戏的描述，那么，这些语句说的就是相同的事，于是反过来又证明了这些语句所出的史料描述的是地戏。这是一种循环论证。实际上，前二者说的是驱傩仪式，“逐村屯以为傩”，“沿村逐疫”，而后者说的是村落之间的地戏访问演出——这种现象20世纪90年代还有。家与寨的区别也被忽略了。“接神人家以堂数计，每堂酬些微金钱”与“邀请跳神之村寨，须予招待”二者又有区别，前者可能是地戏人员到家户做开财门仪式，所以不是“款以酒食”的招待，而是收取不多的现金。

一方面，史料本身布满陷阱。另一方面，论者又迫切需要为地戏正名或证明地戏在历史上的存在，追根溯源，重建地戏从过去某个时代（或明或清）迄今的历史连续性。这一努力有可能制造出新的陷阱。历史虽有连续性，却不是一成不变的。对于许多学者而言，当谈到地戏时，描述的是跳神，用跳神的现实状况、场景，总之，用跳神的一切来解释地戏，包括不需要舞台、在平地上演出等特征。通过论证某些史料中描述的活动就是跳神，也就论证了地戏在那个时代的活动状况，地戏起源的年代就随着这些史料所处的时代不停地变化，从嘉靖、万历到康熙、乾隆、道光、咸丰，乃至民国。人们可以把地戏放在嘉靖时代具有“古傩意”的“逐除”活动中，也可以放在之后的文字和图画中。根据现实中跳神的特征，包括脸子（面具）、动作、唱腔、戏文（与历史故事有关）、伴奏乐器（一锣一鼓）以及分解成跳与神的跳神二字去发掘、扩大史料。由此引出以傩（古傩、为傩）、跳（跳鬼、跳新春）、扮演、装扮（妆饰）、锣、鼓为关键词的史料。反过来，出现傩、跳、扮演、装扮、锣、鼓的史料也诱导着学者在它们与现实中的跳神和它们自身之间建立逻辑关系的想象。但跳神就是地戏这一前提可靠吗？

有研究者十分恰当地用“形式碎片”来形容关于地戏的信息①。到目前为止，学者的工作就是依据来源不同的碎片拼接、还原地戏在历史中的面目。方法各有不同，也有高下之分。囿于史料本身的断裂，或许受到意识形态干扰和某些理论先见影响，或许是学术规范意识的差异，学者运用史料存

① 参见朱伟华等：《建构与生成》，第222页。

在或多或少、或大或小的问题①。关于地戏研究的信息,包括其中存在的问题,也呈现出碎片性质。我的工作是依据这些碎片还原地戏研究的面目,透过学者对地戏信息碎片的处理来看地戏研究本身,研究地戏研究者的研究,揭示地戏知识生产和知识生产共同体的特性。

史料本身可靠吗?正如我们前面列出的,距今不远的《续修安顺府志》"跳神"史料有两个版本②。版本一的引者说:"引文所出的这套《安顺府志初稿》系缮写本,不曾付梓,故人所罕见,今存安顺市图书馆。"③版本二是安顺市志编纂委员会于1983年根据20世纪二十年代末《续修安顺府志》整理刊行。除了名字上的出入,版本一文字归入《民生志(二)礼俗门(四)民间娱乐·民舞·跳神戏》,而版本二则归入第16卷《礼俗志·戏剧杂耍》。版本一的引者写作论文时,版本二的文字已经刊行。但是他没有引征,引的是缮本。很可能,版本二的编纂者对原文进行了处理。如果是这样,版本一应该更可靠。但也有可能版本二另有出处。如果是后者,面对描述对象相同的两个版本,我们确实无所适从。版本一说有识之士所忧在于"苗蛮杂居其中",版本二说的则是忧虑"太平岂能长保"。版本一的跳神者"首蒙青巾",版本二的则是"头顶青巾"。版本一有更为具体的跳神活动范围和地名,并专门说明"跳神戏简称为跳神",版本二则将跳神界定为"武戏"。两个版本最后的文字也有区别,版本一说被邀请到邻村跳神的是"歌舞俱佳

① 进行过屯堡史料分类、整理研究的吴羽认为:"屯堡研究的一个重要特点在于,有关屯堡人的史料比较缺乏,我们看到更多的是屯堡人的现存生活状态。怎样将史料和屯堡人的生存状态结合起来,进行有机的分析和研究是非常值得关注的问题","由于长期以来忽视了对屯堡文化基础材料的研究,所以在屯堡资料的收集、整理上存在一定的问题。主要体现在研究的规模决定了史料发掘的非系统性、研究领域决定了史料的范围狭窄、研究层面决定了史料深度的不足、史料重复利用的情况非常突出,很少有人去探究原始资料。由于一些人对史料运用的不慎重、不规范,导致了人们对屯堡文化的一些误解,甚至影响到对一些屯堡文化事项的定位。"(吴羽、龚文静、张定贵:《屯堡文化研究现状及趋势分析(初稿)》,安顺学院科研项目结题报告,2008年)另见吴羽等:《安顺屯堡史料类编》,2002年贵州省哲学社会科学规划课题结题报告,2003年,"前言"。

② 参见民国安顺府志局编写的《续修安顺府志》(1934)和安顺市志编纂委员会刊行的《续修安顺府志》(1983)。

③ 沈福馨、帅学剑等:《安顺地戏论文集》,第2页。

者",版本二没有强调被邀请者要满足的条件,而是强调发出邀请的村寨必须办招待,与此同时,又提到版本一没有提及的"跳神者各组团体"。从20世纪80年代初以来地戏的情况看,"各组团体"、"歌舞俱佳者"受邀、村寨招待都与现实相仿佛,"首蒙青巾"比"头顶青巾"更准确。"跳列国"、"跳封神"的说法与今天村民说法一致,"武戏"一说则又与今天学者对地戏的定位相合。或者两个版本中有一个被改动过,或者民国修撰者本来就有两个版本。后者可能性比前者小。而且如果有两个版本,其中之一就不能叫初稿了。为什么会出现不同的表述?选择不同表述的根据和动机是什么?版本二编纂于1983年,从版本一"苗蛮杂居其中"到版本二"太平岂能长保",我们看到措辞的意识形态差异,而从版本二"武戏"一词中可以看到比版本一"跳神戏"更为明确的学科定位痕迹。

史料的引用是否规范?"土人所在多有之,盖历代之遗民也……"是出自康熙十四年《贵州通志》的一条史料。有研究者对照原文发现:"目前所有地戏研究者引用这段文献时,均未忠实原文……首先是将'遗民'写成了'移民',这样,就将广义的、时间和空间都更宽泛的'历代遗民',缩减成狭义的军事移民;其次是去掉'历代之遗民也'的判断语气词'也',并与后面的文字连起来,句读为'土人所在多有之,盖历代之移民在广顺、新贵、新添者',这样不仅对'土人'的来历作了一个限定,并且从地域上与屯堡人联系起来。第三是在最后用省略号代替'在黎平府曹滴司者多思播流裔'这句费解的话,而将整个句子删削得简明扼要,使内容与屯堡社区相对应。因为句中有'与军民通婚姻'、'男子妆饰如社火,击鼓以唱神歌'等描述,就非常自然地将'土人'派定为屯堡人,将上述'跳神'活动指认为地戏。"①土人不等于屯堡人,社火、神歌也不等于地戏,但屯堡人和地戏(跳神)这两个相互联系的预设概念对引征者具有暗示作用。正是这种先入为主的暗示(先见)导致引文一错再错(批评文字自身也有一个小问题。分析者在整体观点上并不认为社火、神歌、傩即"跳神",但却不自觉地将这些活动称为"跳神")。不同引者很难如此一致地改动原文。很可能是某位研究者首先误

① 朱伟华等:《建构与生成》,第215页。

写了原文,其他研究者从他那里转引而没有核对原文,以讹传讹。这是一个不忠实于原文的例子。《安平县志》的那条地戏史料存在同样情况。原文是“有龙灯、狮子、花灯、地戏之乐”,狮子后并无“灯”字,但不少引者却误写为“狮子灯”,可见也没有核对原文。又如那幅著名的《土人跳鬼图》,在不同作者文中有不同的名字,从“土人跳鬼画图”、“土人跳鬼图画”到“土人跳鬼之图”。在最早发表的地戏论文中,“跳神者首蒙青巾,腰围战裙”被改写成“演员首蒙青巾,腰围战裙”①,而且整篇论文没有出现跳神二字,可以肯定作者在有意识回避封建迷信可能带来的风险。

问题表征了地戏的研究状况,也表征着另外的东西,后者是我更关心的。史料既像是光,又像是阴影。它记录过去的事实,也以诸如分类、命名、添加、删减或“以意推想”的方式呈现记录者的立场及此种立场所处的意识形态背景。史料兼具认知与表达两层含义,并不等于过去的事实本身。它是一面自身就有意义的镜子,我们不只看到它所反映的东西,也要看它的构成、它如何反映对象以及它后面还有什么。史料的利用者发掘、编排、解释史料和利用史料来解释的过程也如此,既有认知,也有表达,既有证明,也有自己的立场和意识形态呈现。

史料对于学者而言意味着自己观点的证据。在这个意义上,史料为学者服务。但是,史料对于引用者也有反向作用:通过自己的被反复引用,延续着某种传统或正统话语,维持雅与俗、上与下的界限。除了这种上层文化指向,史料还可能诱导引用者以固化研究对象的方式进一步固化现实对象,形成诸如活化石这样的概念。学者利用史料来为自己说话的同时,史料也利用学者来为自己说话。

史料与学者之间的互动,既有偶然性,又有决定性。在直接史料(明确出现地戏或跳神的史料)有限的前提下,什么史料被认为与地戏有关以及这种史料的发现都有偶然性。而一旦这样的史料发掘出来,又会决定地戏研究的走向、框架和格局。学者的交流、争论和信息传递与误传,往往是围绕着这几条史料展开的。史料成为话语平台和维系共同体的话语纽带。不

① 何平:《贵州安顺地戏》,《戏剧艺术》1983年第3期。

同的史料及其可能有的关联激发也限制学者的想象和思考，正如一位学者指出的，“飘向遥远的过去，而脱离当下的现实”①。缅怀着道光时代的地戏，把今天的跳神定格在历史中，与地戏重叠。学者发掘、利用史料，史料也布了一个谜局。即便否定史料，也得在既定的局中进行。

水至清则无鱼，我们能够在浑浊的水中追寻游鱼的踪迹。拨开种种偶然的机遇和个体不同的动机，学者利用史料想要做的或无意间实际做的，与史料通过学者所做的事情，有一件是相通的，那就是上对下、雅对俗、文对野的认知与驯化——在驯化的前提下认知，以认知为形式的驯化——从古傩意、社火、跳神戏到地戏，说的都是这件事。史料的谜局和学者研究的局限构成地戏/跳神的认识论格局，这种格局既为地戏/跳神的政治学创造了条件，也诱导出某种政治学。对史料和文献的梳理既是研究，也是一种政治学。我们想知道的不仅是地戏是什么，而且是人们认为地戏是什么以及为什么这样认为。换句话说，我们进行的工作类似于福柯说的“知识考古学”，它将历史研究的知识生产对象化，使通过史料进行的研究本身成为历史研究的对象，从而承担起与传统史学不同的任务②。研究四川羌族的台湾学者王明珂也持类似立场。在他看来，作为事实的历史与由史料、文献构

① 参见徐新建：《安顺地戏与傩文化研究》，载沈福馨、帅学剑等：《安顺地戏论文集》，第39—40页。

② 在福柯看来，传统史学“查询文献资料，也依据它们自问，人们不仅想了解它们所要叙述的事情，也想了解它们讲述的事情是否真实，了解它们凭什么可以这样说，了解这些文献是说真话还是打诳语，是材料丰富，还是毫无价值；是确凿无误，还是已被篡改。……在这些文献所叙述的基础上——有时是只言片语——重建这曾经是文献的来源，而今天却远远地消失在文献背后的过去”，而知识考古学“不是解释文献、确定它的真伪及其表述的价值，而是研究文献的内涵和制订文献：历史对文献进行组织、分割、分配、安排、划分层次、建立序列、从不合理的因素中提炼出合理的因素、测定各种成分、确定各种单位、描述各种关系”；传统史学“‘记录’过去的重大遗迹，把它们转变为文献，并使这些印迹说话，而这些印迹本身常常是吐露不出任何东西的，或者它们无声地讲述着与它们所讲的是风马牛不相及的事情”，知识考古学“将文献转变为重大遗迹，并且在那些人们曾辨别前人遗留印迹的地方，在人们试图辨认这些印迹是什么样的地方，历史便展示出大量的素材以供人们区分、组合、寻找合理性、建立联系，构成整体”（参见福柯：《知识考古学》，谢强、马月译，三联书店1998年版，第6—7页）。

成的“历史”并非一回事，从后者认识到的东西可能意义更大①。

3. 在不同学科的脉络中表述“地戏”

如果这二十多年来地戏的研究一直建立在这几条既被奉为圭臬又无法证明可靠的史料上，那么研究者付出的努力难道毫无意义吗？

20世纪50年代地戏演出后就从民间、官方和学者的视野中消失了，如果不是70年代末中国大地上发生的翻天覆地的变化，地戏就不会成为今天的非物质文化遗产。当时曾被视为迷信压抑在民间的传统习俗雨后春笋般地从各个村落的缝隙中破土而出，人们需要修复断裂的社会历史记忆，同时也需要一种属于自己的娱乐方式，地戏正是在这个时候重新出现在村落的舞台上。那些出于各种原因在“文革”期间隐藏地戏面具的人小心翼翼地将面具拿出来，支离破碎的唱本被传抄和刻印，更多的面具和唱本凭着记忆被再次创造出来。在学者们开始关注地戏之前，民间已经在自发地恢复自己的跳神活动了。许多村民回忆当时的情形都会采取一种传奇的模式来叙述，当时的场面既神圣又如履薄冰，他们在试探国家的看法。几年后，他们才真正认清国家对这件事的态度，而这是由学者来完成的。有的村民成了保护传统文化的英雄，而有的学者也一样。回过头来看当年发生的许多事，无论在村落，还是学界，都充满偶然性。不过，这种偶然性恰恰是在更大的背景下凸显出来的。这个背景决定了他们可能会做什么。从这个背景看，许多事又是必然的。

把那个时期学者对地戏的态度放在更大的历史背景下，可以发现20世纪80年代不同于二三十年代和五六十年代以及90年代以来的取向。从20年代到50年代虽然有新旧中国之分，但对待传统文化却有一脉相承之处：把传统视为落后，需要加以改造，认识传统的目的在于治病，文人扮演的是医生的角色。这一点可以从鲁迅那里找到最明显的痕迹。90年代以来，中国向市场经济转向，传统文化被各层次的人当作宝藏。与其前、后这两个

① 参见王明珂：《羌在汉藏之间——川西羌族的历史人类学研究》，“前言”，中华书局2008年版。

阶段不同，80年代从某种意义上具有一种中立性，或者说过渡性，既不贬低传统文化，也没有像后来那样极度高扬传统文化，学者们更多的是把它作为一种研究对象，这一点从那个时期对传统文化相互抵触的价值判断上可以得到证明。

除了国家层面的态度，重写历史也发生在学术界。对于地戏的命运，学术界的活动和追求也不容忽视。80年代的地戏是被放置于“戏曲史”、“民间美术”和“民俗学”学科重建的脉络中加以书写。

1933年出版的一本书中说：“中国戏剧史是一粒橄榄，两头是尖的。宋以前说的是戏，皮黄以下说的也是戏，而中间饱满的一部分是‘曲的历程’。”①戏曲界在中断了几十年的学术研究后，呼唤重写戏曲史。1981年，张庚、郭汉城主编的《中国戏曲通史》出版，该书第三编打破以时代或作家作品题名的老套，以《昆山腔与弋阳诸腔戏》为题，也专门讨论了音乐、表演和舞台美术，力图改变卢冀野所说的中国戏剧史“两头尖”的状态。《中国戏曲通史》出版数年后，1987年底，中国剧协主席、著名剧作家曹禺在看了贵州德江地区傩面具展览后说：中国戏剧史应当重写。从20世纪80年代末到90年代初，在贵州、山西、湖南、广西等地，一系列的国际会议连连召开，一篇篇论文在《民间文学论坛》、《中华戏曲》、《戏剧艺术》、《文艺研究》、《戏曲研究》、《戏剧》、《民族文学研究》等刊物连篇累牍地发表。掀起这场傩戏研究热潮，除了大陆学者自身的努力以外，境外学者也起了推波助澜的作用，特别是龙彼得的论文《中国戏剧源于宗教仪式考》、田仲一成的《中国乡村祭祀研究——地方戏的环境》、《中国巫系演剧研究》和王秋桂主持的对仪式剧的田野考察。龙彼得指出，宗教仪式在任何时候，包括现代，都可能发展成为戏剧。决定戏剧发展的各种因素，不必求诸遥远的过去；它们在今天仍还活跃着②。

关于戏剧的起源，除了清末民初几位学者的建树外，需要添加新的理论

① 卢冀野：《中国戏剧概论》，转引自康保成：《傩戏艺术源流》，广东高等教育出版社1998年版。

② 参见康保成：《傩戏艺术源流》。

和证据，人们开始在农村、在少数民族地区寻找戏剧不同阶段的原型，希望填补戏剧发展链条上的空白，尤其是那些被称为“活化石”的早期形态。“活化石”这个概念在80年代风行一时，它延续了五六十年代民族识别和调查所依据并强化的“五种社会形态论”，现在不过是把过去视为落后的生产生活方式变成一种文化研究的对象，从而间接地肯定了它的存在价值。

1982年4月，来自北京的戏曲界权威曲六乙来贵州参加剧本创作讨论会，在贵州省戏剧家协会何平的陪同下，在安顺附近的村子看了场地戏表演，很受震动。回到北京后，他把何平送给他的地戏面具照片展示给同行和学生看。在那次会议上，曲六乙认识了正在研究地戏的高伦并鼓励了他。1983年，第一篇地戏论文在在《戏剧艺术》上发表，作者是何平。1985年，第一本地戏专著出版，作者是高伦。在1986年贵阳召开的“傩戏学”研讨会上，曲六乙说“两年多以前，我在贵阳的一次会议上曾说，每个民族都经历过原始氏族社会阶段，都产生过巫，有过巫歌、巫剧，也都有产生傩戏的可能性。……当时我不过说说而已，对这种说法并没有多少把握，也没有多少研究。因为那时我只看过安顺的地戏。没料到去年初，在贵州铜仁地区工作的罗星跃、余开荧同志几次写信告诉我，在铜仁德江县发现了土家族和苗族的傩堂戏。……谢振东同志对贵州的一些傩戏进行过调查研究，他认为在贵州有八个民族的十一种傩戏。……我逐渐形成了一个印象：我们中国是当今世界上保留傩戏最多的国家，而贵州由于它所处的特殊地理位置和社会经济文化条件，则成了我国傩戏最多的一个省份（地区）。……十一届三中全会以前的漫长岁月里，很少有人对傩和傩戏进行过科学、全面的调查与研究。直到目前为止，所有的中国戏剧史或中国戏曲通史，都未涉及傩戏，更谈不上各少数民族的傩戏了。真正对傩戏进行比较科学的调查与研究，还是近四五年的事情。首先，有人对贵州地戏、云南关索戏作了初步研究，参加者有何平、高伦、岐从文、罗受伯、李子和、沈福馨、顾峰、薛芳琳等人。高伦出版了小册子《贵州地戏简史》……”①地戏的发现，为重写戏曲

① 曲六乙：《建立傩戏学引言——在贵州傩戏学术讨论会上的发言》，《贵州民族学院学报》（社科版）1987年第2期。

史作出了贡献。

傩这条线索一直从明延续至清。嘉靖《贵州通志》的作者在描述除夕民俗活动时不自觉地用文人的眼光来点评所看到的场面，他把民间称为“逐鬼”的活动解释为“古傩”。在明代官方文人对“除夕逐除”的描述中，“俗谓逐鬼”与“古傩意”二分，通过后者来理解前者。民间称为“逐鬼”的活动，被文人识别为“古傩”。20世纪30年代的民国文人不是从傩而是从戏的角度看跳神这项活动，这与当时反封建迷信的意识形态有关（或者他们记录的跳神与前代志书中所说的傩本来就是两回事。但如果是这样，从傩到跳神或地戏的史料线索就断了）。明代文人把民间俗称逐鬼的活动视为古傩的沿袭，民国文人把民间俗称跳神的活动视为戏，无论以傩意推想，还是以戏意推想，都是以不同于俗意的文意或雅意进行的推想。到了20世纪80年代，这种视角一如既往。与旧时代文人一样，面对跳神，新时代学者也是站在雅的、文的、某种意义的上层或曰大传统的阵线推想俗的、野的、下层的或曰小传统的民俗事象，只不过将傩与戏合成为傩戏，推想也成了研究。

新时代学者与旧时代文人同样受到所处时代的政治意识形态束缚，比如在傩作为国家宫廷礼仪正统的明代，逐鬼具有傩意，而被民国文人视为有迷信意味的跳神即便在20世纪80年代学者那里仍然有迷信之嫌（从民国到新中国，反对封建迷信的意识形态一以贯之），学者高伦以来自本时代意识形态的经验设想旧时代文人对史料的意识形态改写，力图以新的意识形态纠正旧的意识形态。地戏与跳神在称谓上的雅俗之分，建立在不同的文化语境、价值判断和认知之上。与民间称跳神是“习惯”一样，学者称地戏或跳神戏也出于习惯（或惯例）。虽然是不自觉的，却又含有意识形态的成分。对村民与学者的称谓，我们都不能简单地认为仅仅是一个语言习惯问题。从“神”到“戏”或从“逐鬼”到“古傩”的话语转变，体现了像《平坝县志》作者所流露出来的那种价值判断——“迷信”和认知判断——“游戏”、“近戏剧”。

正像戏曲史要重写，民间美术研究也需要通过地戏这样的“活化石”为自己注入新的血液。被民间俗称为“脸子”的面具进入了民间美术研究者的视野。1983 年“第一届全国民间美术学术研讨会”即将在贵阳召开，在安顺某国防工厂做宣传工作的画家沈福馨在 3 月受命于美协要求完成一篇地戏面具方面的论文以提交给会议。经过三个月的艰苦写作，完成了《安顺地戏与地戏脸子》一文。在 7 月召开的会议上，沈福馨提交的论文得到美学家王朝闻的肯定，认为该文是“对中国民俗学和中国戏剧史研究的一大贡献”，2002 年的一篇文章再次评价说“权威的话使这篇论文一下子身价百倍，成了这次会议的中心话题。其社会影响非常之大，它结束了数百年来地戏不被人们理解的历史，也为后来地戏登上大雅之堂并且走出国门、走向世界起了鸣锣开道的作用”①。也就是在那次会议期间，美学家在安顺礼堂的帷幕后面看了一场地戏表演，指出地戏的表演很像“斗鸡”②，他的理论肯定在此后的文献中广为流传，对地戏的形象点评给当地学者的研究带来启示。2008 年的一本专著重提了这件事，并对地戏源于斗鸡的说法再次进行了论证。③

1988 年 1 月 28 日《贵州日报》发表了民俗学泰斗钟敬文的一篇文章，文中说“最近一段时间，许多人在饶有兴味地讨论中国美术馆展出的一批‘中国戏剧活化石’，这就是贵州民间傩戏面具展览……它打开了生活在现在都市社会人们的眼界，启动着民俗、戏剧和宗教等多种人文学科研究者的思路”。七年后，地戏走进钟老的课堂，九溪村民顾之炎有了“地戏教授”的称号。

在曲老和钟老的文字中，我们感知到当年的地戏是被放置在傩戏的系统中加以讨论的，傩戏涵盖了地戏。康保成指出：“一种源远流长的民间风俗——傩，在 20 世纪 80 年代，被历史的聚光灯照耀得格外夺目。这是一个五光十色的奇异世界。对于生活在电脑时代的人们，它显得遥远、深邃而又

① 周青明：《安顺地戏扬名法国、西班牙的前前后后》，《安顺文史资料第二辑》（屯堡文化专集），内部资料，2002 年，第 388 页。

② 1983 年美学家王朝闻在安顺观看头铺地戏队表演《岳飞传》片断，发现地戏的开打有点像“斗鸡”，并在文章中发表了自己的观点。沈福馨说，“王老在文章中提到的‘斗鸡’的印象，后来我在赵家堰得到了证实”（参见沈福馨《安顺地戏》，第 12 页）。

③ 参见朱伟华等：《建构与生成》，第 310 页。

神秘。然而在贵州、云南、四川、福建、湖南、江西、安徽、山西等地，傩仍在实实在在地上演。此外，它的踪迹，还保留在自先秦而下的经、史、子、集各种著作中，保留在浩如烟海的地方志资料中，保留在宋元明传奇杂剧的剧本中，保留在节日的爆竹声中。”①20 世纪 90 年代中后期，傩戏作为“活化石”遍地开花的热浪逐渐冷却下来，当年的“泛傩戏论”受到质疑。在一哄而起的“傩戏热”中，弊端与教训不少。比如，不花功夫从基本文献或地方志中查找资料，无视戏曲在宋元已有成熟的剧本，而把明清甚至民国才流行的演出形式和剧目说成是戏曲之源，从而混淆了源与流的界限；只强调傩仪对戏曲的影响，忽视了戏曲对傩仪也有影响；无视文献记载和外地乃至全国傩戏形态的流行状况，片面强调本地的最古、最有价值；无视傩仪的根本特点是驱鬼，而说傩是图腾仪式，或把根本不是傩的也拉进傩的行列；不认真考察傩与佛教、道教的交融关系；不了解傩在后世的衍化，把傩当成铁板一块、固定不变的东西，等等。② 部分本地研究者逐渐对这一看法不满，从而引发了“地戏是否傩戏”的论战。

在人类学这个逐渐被大家接受的学科带动下，许多人自觉或不自觉、规范或不规范地应用着人类学田野作业的两大法宝——参与观察和访谈，把以往从文献到文献的研究方法视为不科学。参与和访谈不仅在时间上对学者活动于村落提出了新的要求，也促使学者与村民发展出更为密切的关系，这种新动向是此前的文人学者所没有的，所以，学者在改变民间的格局中起到了更大的作用，不仅是作为中介在学科和民间之间传递信息，而且在知识生产的过程中改变着村民。比如 2001 年在九溪进行的“百村调查”，又比如此后长期在九溪调查的那些田野作业者。

4. 学者的表述困境

在 1994 年台湾出版的《贵州安顺地戏调查报告集》一书“前言”中，有一份少见的地戏—跳神术语转换说明（雅俗对照的名词解释）。编纂者是

---

① 康保成：《傩戏艺术源流》。

② 参见康保成：《傩戏艺术源流》。

参与地戏调查的本地学者沈福馨。也许是受到台湾同行田野方法论感染①,也许是考虑到台湾读者因正文中地戏与跳神双重话语的冲突可能带来的阅读障碍,他做了一件此前从未做过的事。

……

地戏:这是文人学士给"跳神"所加的文字性称呼,民间一直未能接受,直到如今农民仍习惯于称"跳神"。不过近年文字宣传一多,农民也逐渐改称地戏了。在这本集子中我们依例称为地戏,但不应忘记它本来的名称应是"跳神"。

脸子:地戏分布地区农民对地戏面具的俗称。

戏友:这是地戏班子中演员之间的关系互称。报告中使用这个词的时候指的是地戏演员。

神头:地戏班中的自然领袖,有的村是一个,有的村是多个,均为戏友中最有威望者,负责张罗地戏演出活动、主持仪式、编排套路、教授地戏等,有时还负责保管面具和唱本。

唱本:即地戏脚本,以七字句、攒十字为主,兼有少量说白。

堂:傩戏常用的量词。在地戏中,"堂"有时指戏班,有时指剧目,有时又指成套的面具,比较广泛。如一个村有两个戏班,我们说这个村有两堂戏(或两堂神);而遇一个戏班演两出戏的情况,我们说这个戏班演两堂戏(当然也可说这堂神唱两部书)。如果一个戏班保存有两出戏的面具,则称"两堂面具"。

地戏团、地戏班、地戏组:这些词实际上是一个概念,都是对一个地戏演出团体的称呼,是在找不到适当的书面语汇的情况下借用的梨园名词。在贵州农村,很少有戏友把自己的演出团体称为地戏团、地戏班

① 沈福馨写道:"或许是天缘巧合,也或许是事出必然,……我与台湾清华大学教授王秋桂先生认识,并因共同对民俗学的兴趣而合作多年。……我读过他的一些民俗学论文,深感其学识见解及文字功力均极厚重。在长期的通信交往中本已受惠不小,壬申春节……我们共同度过了一段有意义的田野考察生活,在实际的接触中,我更是从他那里学到了不少有用的东西。……在这次共同生活之后,我放弃了以往习惯的写作方式,即将全部资料汇集起来,先经过自己头脑的'综合加工',然后再写成评介文章的做法,改成了老老实实地写田野调查报告……"(沈福馨:《贵州安顺地戏调查报告集》,"前言")

或地戏组的,他们习惯说“我们这堂神”。但如果将“这堂神”直接用于调查报告就不太好办。例如将“农民赠送给这个戏班一段红绸”写成“农民赠送给这堂神一段红绸”,就难免产生歧义。①

脸子是面具的俗称,唱本是戏剧脚本的俗称(我接触的村民习惯说“唱书”,而不是唱本。唱书的地戏话语名称是戏谱,而不是戏剧脚本)。难以处理的是,神头、地戏班和堂这个所谓量词。

九溪村村民雕刻的地戏面具

神头被解释为地戏班领袖、最有威望者,兼有张罗地戏演出、主持仪式、编排套路、教授地戏、保管面具和唱本等多重角色。实际上,神头一词可能是由“一堂神的头”演变而来的。究竟古已有之,还是后来的合成尚不清楚。可以肯定,这一名称在村民那里并不流行。而在学者那里似乎更为流

① 王秋桂、沈福馨:《贵州安顺地戏调查报告集》,第12—13页。

行。最早发表的地戏论文并没有记录神头这一名称，与所谓神头类似的角色描述是这样的："某些村寨如普定下坝村有内外管事的业余公职，一切事务都由他二人出面召集作决定。……鼓师负责主职，有的地方鼓师是总指挥，也有的是走跳歪嘴老二的为总指挥。"①内外管事、鼓师、歪嘴老二都可能是后来被称为神头的角色，与词条编纂者的描述并不完全吻合，尤其是歪嘴老二，村民很难把这个角色视为神头。其实，跳神者的组织松散、随意，不能以正式演出团体的格局视之："平时并无一定组织形式，只是大家临时组合演出。服装、战裙、旗子、鞋袜均为个人家中所制，自己保管"②。编纂者说神头是自然领袖的"自然"合乎事实。比神头更难说清的是堂这个量词，它有时指地戏班，有时指剧目，有时又指成套的面具。"一堂神"既指一个戏班，又指一个剧目，还可以指该戏班的面具。根据不同语境，村民用"堂"进行交流毫无困难，但对于学者或读者而言，堂的这种模糊性却变得不可理喻。当然，我们也可以反过来，站在村民的角度看戏剧的量词"出"，同样别扭。说我们村有一个戏班，我们村有一堂戏，我们这个戏班演一出戏，与说我们村有一堂神，这堂神唱一部书，在村民那里，或在学者那里，其中一种说法都可能是极不自然或极其自然的。至于地戏团、地戏班、地戏组这一词条就更怪异，它不像其他词条是出自村民的俗称，而是从地戏话语内部自然生长出来的一个概念。因为找不到适当的术语来指称、替换一堂神，借用梨园名词。"在贵州农村，很少有戏友把自己的演出团体称为地戏团、地戏班或地戏组的，他们习惯说'我们这堂神'"，既然如此，为什么不用一堂神呢？编纂者解释说，因为"如果将'这堂神'直接用于调查报告就不太好办。例如将'农民赠送给这个戏班一段红绸'写成'农民赠送给这堂神一段红绸'，就难免产生歧义"。那么，在没有诸如地戏班这类名称的情况下，村民是如何用一堂神交流而避免歧义的呢？这是否意味着歧义来自从俗到雅的转换过程，而非俗称本身？戏友这一名称很奇怪。我接触到的村民并没有使用这一称谓，不能肯定这一名称的普遍性。即便有的村民使用这个词，有可能

① 何平：《贵州安顺地戏》。

② 何平：《贵州安顺地戏》。

也借自解放前安顺流行过的川戏,而非来自跳神话语本身。

在这些词条中,我们看到什么?不仅是方便读者进行话语转换的工具说明,而且是另一种更为深刻的意义。这一意义被许多参考该书的学者所忽视,他们与词条编纂者一样将这些词条视为跨越话语障碍的工具,殊不知这工具本身就有意义。它本身就不是透明的,虽然学者希望通过它使雅俗之间的置换变得透明,希望透过它更好地聚焦于“调查报告”的正文。现在我们却不是透过它,把它视为理所当然或迫不得已,而是聚焦于它本身,或者说透过它来看并非正文的东西。我们的视角发生了不同于其他研究者的转移①。我们想问为什么理所当然,又为什么迫不得已。

我们看到学者的地戏话语转述村民的跳神话语时出现的困难、两种话语的置换所带来的尴尬、学者的不知所措。跳神为什么叫地戏?词条编纂者把解释权留给《安平县志》的作者,也就是古代的文人学士。一方面,跳神即地戏这一命题或所有话语置换的大前提通过古代文人学士(相当于村民们的祖祖辈辈的学者们的祖祖辈辈)取得了合法性,它不是现代文人学士的凭空臆造,而是古已有之。另一方面,现代文人学士也就无须回答这一问题,实际上也无法回答这一问题。但是,古代的文人学士包括《安平县志》的作者也没有回答这一问题,起码我们还没有找到他们回答这一问题的史料。虽然地戏古已有之,但村民拒绝接受这一名称,仍然保有自己的跳神话语,这就解释了这份词条存在的原因。但是,如果在古代村民就知道这一名称,为什么一直不接受它呢?“近年文字宣传一多,农民也逐渐改称地戏了”。其实,正是在此时而不是古代,村民才知道地戏这一名称的。当村民改称地戏时,编纂者却提醒读者“不应忘记它本来的名称应是‘跳神’”,而且还说现在之所以不称跳神而称为地戏是“依例”,也就是说“据实”应称跳神而不是地戏。这个所依之惯例并非来自村民,亦非来自古代文人学士,

---

① 被其他人忽视的前言后语说出的东西很可能比正文更有价值,它会说出某些幕后的信息,对正文的自我分析。正文是关于研究对象的,而前言后语往往是关于研究者自己的,前者是刻板的研究、描述与分析,后者是研究者的自我表达,有时甚至是真情流露。通过前言后语来研究研究者的研究,这是我不同于其他学者的一个角度。

恰恰是近年来文字宣传所制订的，进行文字宣传的恰恰是现在的学者。即便“地戏即跳神”的发明权不属于现在的学者（属于20世纪50年代的文人学士），那么真正向村民推广它的也是现在的学者。

我粗略统计了《屯堡乡民社会》的术语使用情况（大多是村民表述时用到的），其中“跳神”25次、“地戏”396次、“地戏队”112次、“地戏组”6次、“神头”29次、“花灯组”38次、“花灯队”6次、“秧歌组”2次、“秧歌队”34次。“跳神”就像“地戏”摆脱不掉的阴影，“组”与“队”这种从“人民公社”到“联产承包”时代遗留的生产单位也使村民对文艺组织的称呼游移不定。细想起来，“地戏队神头”与“花灯组组长”这样的称呼也很怪诞。

二、“地戏即跳神”？

1827年的刘祖宪没有说“地戏就是跳神”，他只留下“地戏”二字。1934年的任可澄没有说“跳神，又叫地戏”。但是，对于许多学者，地戏就是跳神似乎毋庸置疑。他们的文章往往这样说：“地戏俗称跳神”，“地戏又叫跳神”，“地戏，当地人叫跳神”。或者，把跳神放在地戏后面的括号里①。

一位学者说：“图画（指《土人跳鬼图》——引者）上的地戏场面，与今天安顺地戏的演出几乎一样”，“行傩（为傩）、跳鬼（神）、地戏只是称谓不同，内涵大致相似”。② 另一位学者则说：“（地戏）还有另外一个名称叫‘跳神’，地戏分布区域内的农民至今仍然这样称呼。这一称谓除了表示地戏演出方式多为‘跳跃式’舞蹈动作之外，还含有一种对神的崇敬心情。”③

前一位学者说“今天安顺地戏”，没有注明今天村民是说跳神而不是地戏，给人造成一种村民今天也称呼地戏的错觉。后一位学者专门指出跳神

① 有一种处理地戏与跳神关系的奇特方案，是把“跳神”解释为“地戏”的“正戏”，见庹修明：《论军傩地戏兼谈关羽信仰》（《安顺地戏论文集》，第113页）；顾朴光：《安顺地戏纵横谈》（《安顺地戏论文集》，第128页）。但我接触的村民并无这种说法。

② 沈福馨、帅学剑等：《安顺地戏论文集》，第114页。

③ 沈福馨：《安顺地戏和它的面具艺术》，载《安顺地戏面具》，台湾淑馨出版社1994年版。

是农民至今仍然使用的名称，这代表了大部分学者处理地戏与跳神的方法。另外，就像把地戏拆成“地”和“戏”来解释，他把跳神拆成“跳”和“神”来解释。

地戏与跳神这两个词被拆成四个字，再三解释，使它们之间的逻辑关系越来越圆满，也使自己的解释越来越合理。有时通过“地”字分析出地戏的粗朴、原始。有时强调“戏”字，从而地戏被纳入戏曲史的脉络。有时“跳”字凸显出来，以证明地戏的某种渊源，比如军事文化或武术、斗鸡。有人提到地戏的另一个俗名“跳脚戏”，指出“跳神”与“跳脚”“精练形象地一语道出戴面具的地戏的内容性质和表演形式”①。有人则认为“这个‘跳’字的确道尽了这个剧种的由来和演变机关，跳即演出的意思”②。有时又是“神”字所代表的内涵得到彰显。有人将地戏称为“神的舞蹈”。有人认为，村民所说的“戴上面具是神，摘下面具是人”显示出面具所象征的神圣性，足以解释这个“神”字。也有人认为“神”表示地戏与农业祭祀仪式的关联。在这四个字中，基于“戏”与“神”二字所做的文章最多。从傩戏的角度，戏与神不但不冲突，而且互补。但站在其他角度，比如雅与俗（底层与上层）区分或者政治意识形态的角度，戏与神却又是对立的。

上述共识或在此共识下产生的争论代表逐渐形成的主流。然而，我们也听到不同的声音。在 1990 年出版的《安顺地戏论文集》中，一位地方学者回忆说，新中国成立前，在安顺“谈‘地戏’却鲜为人知，谈‘跳神’则几乎家喻户晓”，“根据我的见闻，我是更相信‘跳神’之说在安顺民间的深远影响的”③。另一位地方学者说，地戏是官方和文人对跳神活动的称呼，“直到 90 年代的今天，只有外宾或县级以上的领导（区、乡负责人都是本地人）来

---

①　岐从文：《安顺地戏面具》，《贵州文史丛刊》1985 年。

②　沈福馨、帅学剑等：《安顺地戏论文集》，第 43 页。

③　胡维汉：《安顺地戏论文集》，“后记”。该作者在另一篇文章中说，“当地人对它的称呼是‘跳神’，现在也改称‘地戏’了。清康熙《贵州通志》上有一幅《土人跳鬼图》，画面与现在的地戏相似，可见古人还称它为‘跳鬼’”，“屯堡人原来称地戏为‘跳神’，这个‘神’字是大有讲究的，寻找‘傩’的踪迹，就要从此切入”（胡维汉：《奇特的屯堡文化》，《贵州文史天地》2001 年第 3 期）。

看跳神，村民们介绍情况时才把这一民间活动称为地戏。有的老人和神头（地戏头人）甚至认为‘地戏’一词是对他们异常尊崇的跳神的侮辱和蔑称。因为自古以来，他们认为跳神是求神保佑清吉平安和五谷丰登，而不是演什么戏”①。一位不知其名的学者也说：“在对外（泛指国内外）文化交流中才有地戏这一称呼出现。”②

根据第一位学者，“地戏”一词在解放前的安顺城并不流行，甚至鲜为人知，而跳神一词则家喻户晓。根据后两位学者，地戏是村民对外的称呼，并且是在对外交流中应运而生的。第二位学者更具体地说到什么场合下，面对什么人，村民才称地戏，并特别说明这些人的身份和级别（县级以上），把区、乡负责人作为本地人排除在外。有些村民对将自己的跳神被迫改称地戏感到愤怒，视为一种侮辱和蔑称。从这些细节看，这位学者相当熟悉内情③。通过他的叙述，我们知道，早在20世纪90年代，村民已经或正在学会关于地戏的对内、对外两种表述方式。他们的发现与我从村民那里了解到的情况相符。

那位说解放前地戏鲜为人知的学者留下一段话，至今仍然耐人寻味：“‘地戏’的称谓，这是见诸古籍记载的，照理不成问题。……清康熙三十一年修订的《贵州通志》载有‘土人跳鬼之图’，有研究者考证‘跳鬼’即演出地戏，我认为有道理，但对地戏缘何又称‘跳鬼’，准确答案似乎还暂付阙如。……总之，对地戏的称谓是有差异的。这是由于时代不同？地域不同？还是意味着某种嬗变？或有着其他原因？”④对他而言，地戏的称谓来自《安平县志》，并非后人生造，似乎不成问题，而《土人跳鬼图》中的“跳鬼”经过学者考证即地戏演出，也有道理。但是，为什么解放前只有跳神而没有地戏的说法，地戏在图画中为何不叫地戏而叫跳鬼呢？一面是古籍的记载和专家的考证，另一面是自己的现实经验和专家论证的断裂，二者构成的张力令他无所适从，心存猜想。史料中有地戏二字，但只此一条。专家可以考证跳

① 沈福馨、帅学剑等：《安顺地戏论文集》，第93页。

② 沈福馨、帅学剑等：《安顺地戏论文集》，第43页。

③ 直到我们认识时，这位学者仍然提醒我，外地学者做调查有被村民“诓”的可能。

④ 沈福馨、帅学剑等：《安顺地戏论文集》，第153页。

鬼即地戏，但非定论，因为也有专家考证跳鬼并非地戏。总之，史料中有地戏二字不成问题，但史料中的地戏等于跳鬼或等于跳神并非不成问题。后来，有位学者果真开始认真对待来自跳神的疑问，并在这个词的启发下，发展出自己关于屯堡人来源的猜想①。

还是在这本论文集中，一位学者指出，只要深入考察，就会发现无论在史料还是现实中，对地戏都有雅、俗两类称谓和立场：“两类划分，多种称法。”②雅俗不仅是称谓不同，而且有内涵差异：“‘地戏’与‘跳神’在语义分类的性质上属于‘异名异象’之类。‘地戏’令人唤起的对象只是‘场地演出’（以区别‘高台戏剧’?），‘跳神’则宽泛得多，包括民俗、宗教生存方式，还包括原始意义上的民间审美等多种内涵。二者相比，‘跳神’比‘地戏’更接近所述对象之本貌。‘地戏’一词，充其数只能代表跳神的某一方面，某一特征或某一意义。”③他质问道：“既然如此，近人（尤其是今人）为何多仅选择‘地戏’而视‘跳神’于不顾呢?”④他总结了文人化、艺术化和官府化三种选择地戏而不选择跳神的原因，预示了这样做的后果最终会使地戏“面

---

① 他首先肯定探究“跳神”一词的必要性，“胡维汉认为‘跳神’之说在安顺民间影响深远，有必要弄明白它的真正内涵和外延”。接着，他否定了其他人关于跳神的解释，最后引出跳神与北方萨满教的关系：“对于地戏何以叫做‘跳神’的问题，有论者认为‘跳’是强调演出动作的跳斗特点（颇类如今安顺依然盛行的斗鸡）；而‘神’则是指演出者额顶面具妆扮神像，同时又表示对神的敬畏。我觉得这种解释虽然不无道理，但却未能抓住本质。须知，‘跳神’作为一种特殊的巫术或宗教形式，早已存在于中国南北许多地区、许多民族中。比如喇嘛教的跳布札又叫跳神，民间的巫婆和端公作法也叫跳神。由于屯堡人跳神（演地戏）时既要举行种种仪式，又有戴面具、念唱跳跃且以锣鼓伴奏等许多讲究，因而与上述几种跳神都不一样。由于时代发展，风俗变化，跳神（演地戏）与迎‘汪公’（翁衮）似乎成了不相干的两件事。其实在以前，屯堡人的迎汪公活动本身就是一种萨满跳神形式。……当今的地戏即是由迎汪公这一萨满跳神仪式演变而来。”（陈训明：《安顺屯堡人主体由来新探》，《贵州社会科学》2002年第5期）观点大胆，显得离经叛道，为主流所不容，有待商榷。但另辟蹊径，研究从跳神而不是地戏入手思考问题，倒也值得一提。另一位学者指出，“‘跳神’一词最能反映地戏原生态文化的内涵及其本质属性”（庹修明：《屯堡地戏的文化变迁与旅游开发》，载Tim Oakes、吴晓萍：《屯堡重塑》，第74页），但对此未做深入解释。

② 沈福馨、帅学剑等：《安顺地戏论文集》，第34页。

③ 沈福馨、帅学剑等：《安顺地戏论文集》，第35页。

④ 沈福馨、帅学剑等：《安顺地戏论文集》，第35页。

目全非”、“自我消亡”，希望将地戏从长久以来的雅文化话语的压抑和改写中解放出来，也希望研究者从活化石的局限中将目光收回到地戏的现实活动中来，“向后看”的同时“向前看”，他说：“希望达到完完全全地还原历史（‘逝去的事件’）；找回唯一的客观存在，那么可以说其几乎近于迷信，结果只能是‘缘木求鱼’，徒劳无功。因此，与其过多地停步于‘形而下’的史料追踪和事件还原，不如兼顾一下在永无止境的古今对话基础上的‘形而上’的理论反思与现实重建。”①现在看来，他的观点富于远见。

当时的主流是探究地戏源流、地戏与傩文化的关系和地戏的艺术性。与主流相比，这几位学者发出的声音，连同村民借着学者的文字发出的声音——“跳神……不是演什么戏”，如此微弱，并未引起人们足够的注意，很快湮没无闻。而那位我不知其名的学者当时就被另一位学者大加挞伐，批评他违背事实，没有基本的治史能力②。

假如地戏这一称谓存在问题，与村民自称的跳神并不完全对应，地戏一词在现实中就丧失了所指。地戏研究的前提是“地戏即跳神”，如果有人质疑这一前提，就意味着要将正在向前推进的研究拉回到起点。从一开始，这个起点就被视为不证自明的。正是从这里出发，学者们构建了地戏研究的大厦，也形成了地戏研究的共同体、研究主流与方向。学者的疑虑揭示了此前地戏研究存在的某种问题，但此后却没人作出回应。

三、村民如何表述

除了做雅与俗的区分，学者并没有对地戏与跳神进行统一解释，没有谁真正从词源上说清楚为什么跳神就是地戏。学者的文字，诸如“地戏俗称跳神”以至括号中的跳神等等反而透露出这样的信息：“跳神”的说法在民间并没有消失。村民的“跳神”和学者的“地戏”究竟是不是一回事？“跳神”涉及某种信仰，也有某种仪式性，而它的主体又确是讲述历史故事的戏

---

① 沈福馨、帅学剑等：《安顺地戏论文集》，第40—41页。

② 参见沈福馨、帅学剑等：《安顺地戏论文集》，第43页。

剧。既然它是戏，为什么多年来村民坚持叫跳神呢？对这些问题姑且存疑不论，可以肯定，在20世纪80年代以前，村民不熟悉甚或没有听说过地戏这个词，他们使用这个词始于80年代。那么，村民如何理解地戏这个词及它与跳神的关系？

20世纪80年代，九溪村一位扮演唐王李世民的村民说：“平时，我爱讲笑话，可是，一戴上脸子（面具），好像就神起来了，甚至感到身体轻飘飘的，好像在半天云里一样哩！”三铺村的两位老人说：“平时候总感到自己腰酸背疼，脚手硬邦邦的，跳起神来，腰不酸背不疼，脚手也软和多了，这是神保佑哩。”①

不排除引者立论取向（“崇神论”）的干扰，但从他转述的话语中我们可以体会村民与学者不同的视角：禁忌（戴上面具就一改平日说笑）、神性（神起来、好像在半天云里）、实用主义（神的疗效）等，前二者与“戴上面具就是神、脱下面具就是人”的说法相通。

1. 学者与村民的问与答

学者的工作是站在不同学科的立场上对地戏进行分解，用不同的学术话语来重新描述、解释地戏，将地戏纳入既定的脉络中。对于村民而言，跳神在过去是生活进程的一个自然环节，而在今天，跳神就是地戏，从生活的环节变成某种有利可图的活动。毫不奇怪，村民无法很好地回答学者的提问。对于村民的回答，学者也很难满意，同时要按照自己的方式进行再解

---

①　出自杨有维《地戏崇神心态》一文。该文从跳神心理、面具神性、仪式禁忌、开财门等方面论证了跳神者的崇神心态，认为这种心态使地戏保持了“活化石”状态。“在乡民们的心里，离开了神，地戏也就没有存在的意义了”，“跳神主要不是为了娱乐”。总之，“崇神活动贯穿了从制作面具到全部表演的过程”（杨有维：《地戏崇神心态》，载沈福馨、帅学剑等：《安顺地戏论文集》，第93—99页）。对于崇神心态，就像对于跳神，学者的价值判断既肯定又否定，充分体现了过渡中意识形态的暧昧、矛盾。一方面，正是神性促成地戏的原始性，成为有价值的研究对象。另一方面，神性阻碍了地戏的发展，是“封建社会遗留给农民的精神枷锁”。两相挤压，学者便有了一种天真的幻想：“当研究者们将其资料性的东西全部摄取之后，人们便企盼着这样的一天：地戏抛弃了崇神的心态而更加纯净地保留下其搬演历史故事，成为对乡民们传播历史知识和寓教于乐的乡村戏剧表演形式。”（杨有维：《地戏崇神心态》，载沈福馨、帅学剑等：《安顺地戏论文集》，第99页）

释。当然,最荒唐的事情莫过于学者提问的“地戏”被村民称为“跳神”。对于村民,地戏也许不存在,也许是不同于跳神的另一种东西。看来,地戏与跳神分属两个话语系统。站在地戏这边看跳神,与在跳神的角度看跳神,所见不同。用地戏来对跳神或跳神者提问,要么答非所问,要么相互误读。并且,答问者逐渐变成学习地戏知识的人。在一问一答中,学会如何正确答题。不知是幸抑或不幸,这种格局越来越成为我们面临的事实。

通过提问,我们可能得到自己想要的答案,也可能因为答问者与自己意图的错位而沮丧。无论如何,我们应该注意到,提问者也在传递知识和价值观,答问者也是“学生”。让我们看一下 2001 年“百村调查 · 九溪村”课题组的地戏问卷及对问卷的分析。

“是否了解地戏”

判断	了解	不了解	合计
频数	374	453	827
百分比%	45. 2	54. 8	100. 0

“地戏”表演活动的参加者为男性,内容为古代征战故事,主题是弘扬“忠”、“义”的正统思想,因此较多人特别是妇女一般只是看“热闹”,不敢称自己对地戏了解。45. 2% 的被访者了解地戏(年龄特征),其中男性有 56. 7% 了解地戏,高于女性 13. 4 个百分点。九溪有三堂地戏,在屯堡村落是较为少有的,因此还是有相当的“市场”。

“跳地戏的目的判断”

目的	纪念祖先	庆典活动	演武	锻炼身体	娱乐	不知道	合计
频数	250	100	29	7	418	20	824
百分比%	30. 34	12. 13	3. 52	0. 85	50. 73	2. 43	100. 0

“地戏”的功能主要是“娱人”,因其以演武忠义为主题,与屯堡来源功能类同,故被视为“纪念祖先”,同时以其演出的时间多在正月、七

月，故有庆典的功能。

“对地戏是否有保存价值和意义的判断”

判断	有	没有	不知道	合计
频数	696	62	69	827
百分比%	84.2	7.5	8.3	100.0

“地戏”所弘扬的主题“忠义”为屯堡人的精神支撑，是“正统”的象征，因此其价值和意义具有广泛的认同，绝大多数的屯堡人认为，地戏是有保存价值和意义的，只有少部分认为没有。

村民的回答清晰与否，取决于他们对问题的熟悉程度与兴趣。问村民“是否了解地戏”（地戏是什么），超过半数的村民回答说“不了解”。问地戏的目的或功能（为什么跳地戏）以及地戏是否有保存价值（地戏有什么用）时，回答“不知道”的却只占极少数。这是怎么回事？了解地戏，对村民来说，就意味着掌握关于地戏的知识，这已经上升到学术层面。地戏的功能和保存价值，则涉及村民的现实生活与切身利益。前者是“知”（知识），后者是“行”（实践），“百姓日用而不知”。他们更有把握和兴趣回答后一类问题。日常生活中，村民说“跳神”而不说“（跳）地戏”，当日常生活的“跳神”遭遇问卷调查的“地戏”时，发生了什么？一方面，有的问题难以回答，难以用跳神话语来回答。另一方面，跳神话语不得不向地戏话语转换。问卷调查在提问的同时也在传递关于地戏的知识和观念（至少是以术语更新的方式），问卷的具体问题比如关于地戏目的几个选项，也建构着村民对地戏的认识方向。

在其他村落进行的研究也表明了这一点。2006 年，一位研究生访谈了天龙村几位村民。虽是开放式访谈，所提问题却是预先定好的，其中一个问题是“为什么地戏又叫跳神”，三位村民的回答如下①：

① 参见阳贤：《面具下的教育——贵州省安顺地区屯堡人地戏仪式的教育人类学分析》，西南大学教育硕士论文，2006 年。

> 至于那个神吗，当时科学不发达，就称为神，就像关羽、岳飞，我们称为关、岳二神，因为他们有功于民，要歌颂他们，慢慢地就形成了跳神。地戏没有舞台、道具，就是锣鼓，在地下围个圈子就可以跳，很简单，在任何地方不选择条件。

访谈对象是一位普通村民。科学不发达，就称为神；没有舞台，就称为地戏。用科学不发达来解释神字的出现或局限，用学者的观点来解释地戏。但没有解释地戏为什么叫跳神。他没有坚持跳神话语，而是求助"有功于民"这样的意识形态话语为神字开脱罪责。科学不发达实际说的是迷信，歌颂关、岳，说的是民族英雄，最后再用学者公认的地戏话语替换跳神话语，将问题转移了。在这个村民那里，跳神放下神字向地戏投诚。但在另两位村民那里，却不是这样。

> 因为地戏中的人物那是上千年的人物，关云长、岳飞、薛仁贵，都是响当当的忠臣。……那是神呀。我们跳神的不叫演员，叫神头和神将。

访谈对象是神头，人称地戏王。他强调神字，突出跳神者不是一般意义上的演员，不仅有神头，也有神头带领的神将——这个名称我还是第一次听说。看来，村民被逼急了。

> 一个地戏队，叫一堂，不叫演戏，也不叫跳地戏，叫跳神。地戏是学术名称。

访谈对象是从单位退休的村民。他显然知道更多东西，希望拨乱反正，为跳神正名。他回答的不是"地戏为什么叫跳神"，而是"跳神为什么不叫地戏"或"为什么不是地戏"。地戏是学术名称，他要把被学术话语译成地戏的跳神，回译为跳神话语。所以，一个地戏队叫一堂神。

2. "地戏不是戏"

顾之炎曾带领村民出国演出，被称为"地戏教授"。这一称号是他最大的名片，在整个屯堡地区绝无仅有，但他却说"地戏不是戏"！且看他如何说①：

① 参见顾之炎：《我与"屯堡第一村"》，载 Tim Oakes、吴晓萍：《屯堡重塑》，第 266—269 页。

我的祖父和曾祖父、父亲都特别喜爱地戏这门艺术，他们都喜欢跳地戏。由于受到他们的影响，我对地戏这项传统的艺术也特别钟爱。当时赶马车的时候，闲的时候我就学“跳神”，因为那时不叫地戏，叫“跳神”。我自己天资聪慧，所以一去跳就得到观众的赏识，也得到不少地戏神头们的夸奖，说我套路很到位，唱腔很正确。唱腔是弋阳腔。弋阳是江西的一个县，它的戏是一锣一鼓伴奏，地戏必须要唱弋阳腔调，虽然我没有学过，但我一去演就“中大奖”。

讲述者从地戏话语开始，把它定性为一门传统艺术。这门艺术是祖孙几代人共同的爱好。爱好只是基础，真正学这门艺术是在20世纪六七十年代赶马车谋生这段时间。令人费解的是，这段时间对于跳神这类封建迷信活动的批判恰恰达到了顶点。学的时候，也就是闲的时候。接下来，用观众赏识、套路到位和唱腔正确解释它的艺术性。但是，当回忆学习地戏这段往事时，跳神话语开始干扰他的叙述。“闲的时候我就学‘跳神’，因为那时不叫地戏，叫跳神”。其实，从这段文字的开头（回忆父辈），跳神话语就在干扰地戏话语。“他们都喜欢跳地戏”。“跳地戏”的跳字保留着跳神的踪迹。“一去跳就得到观众的赏识，也得到不少地戏神头们的夸奖”。地戏神头是地戏话语和跳神话语叠加的产物。彻底摆脱跳神干扰的地戏表达式应该是“演地戏”或“唱地戏”。早期的一篇地戏论文中就是这样表达的①。从唱腔引出几句突兀的论述，就像是某篇学术论文的片断。“地戏必须要唱弋阳腔调”。经过学者考证，地戏唱腔保留了古老的弋阳腔。弋阳腔已在中原绝响，所以地戏唱腔是“活化石”。弋阳戏也以一锣一鼓伴奏。而江西正是屯堡人的祖源地之一。江西弋阳腔与屯堡人六百年前“调北征南”的历史丝丝入扣。地戏怎么能不唱弋阳腔呢？地戏唱的就是弋阳腔，所以“虽然我没有学过，但我一去演就‘中大奖’”。学者的在场、过去的跳神与现在的地戏并存的错乱感，在后面的叙述中愈发明显。因为讲述者不得不直面“跳神为什么又叫地戏”或“地戏过去为什么叫跳神”这一要命的问题。这个来自学者、学者制造的问题，反过来要让村民来回答，给学者一个交代。

① 参见岐从文：《安顺地戏面具》，《贵州文史丛刊》1985年。

所以,村民需要学者在场。但在场的不只是学者,还有村民过去意识形态的残余势力和曾经显赫过的祖先。这些力量,一方面与学者共同形成村民表述合法性的后盾,另一方面又难以调和地构成冲突。于是,村民失语。

跳神为什么又叫地戏呢?就是因为它与其他戏剧表演不一样。其他戏剧表演演员是在台上表演,观众在台下观看。而地戏不设戏台,只是在村内或村外选一处平坦的场地,就地表演,观众围成一圆形。一直以来农村都把它说成是“跳神”,追溯其根源,确有它的历史原因。……人们就把出名的文臣武将比喻为天上派下来投生在人间保护君王和管辖万民的星神,这些是正神。也有反叛作乱的邪神投身人间造反作乱,皇帝需派出大臣,统领大兵征讨。扫番平乱,非正神是不能取胜的。平定反叛后,就称这些获胜者为天兵神将……人总是要死的,这些投生于人间的星神死后,就算是得到正果,成神归天了。所以地戏的剧中人物,都是历史上出名的人物,只是后人对他们加以刻画和修饰罢了。我们把这些出名的人物在地戏中表演出来就叫做“跳神”。鉴于对神的尊重,每年在春节跳神之前,先要举行开箱仪式,也就是请神下界的行傩仪式。停止跳神活动前,也要举行扫场封箱仪式。其实不外乎是祈求平安、进财、驱鬼、除疫等。

与前段文字的开头一样,首先导入学术话语解释地戏的含义:与台戏相对、平地围场演出的戏剧。接下来解释跳神。这才是村民自己而非来自学者的解释,比解释地戏翔实得多。其中,既有正神、邪神、星神、天兵天将、投生这类民间信仰观念,又有君君臣臣、扫番平叛这类历史上遗留下来的正统观念,也有“成神”(当地称去世为“成神”)这一纯粹的本地词汇。把这段文字放到20世纪80年代以前,就是封建迷信表述的典型。然后,再次回到地戏话语,“地戏的剧中人物,都是历史上出名的人物,只是后人对他们加以刻画和修饰罢了”,并用地戏话语定义跳神,“我们把这些出名的人物在地戏中表演出来就叫做‘跳神’”。从跳神一词又转折到跳神话语“对神的尊重”,春节跳神前的开箱仪式,之后再次回到学术话语,用“行傩仪式”解释“开箱”。“请神下界”一语既像跳神话语,也像是学术话语。但“行傩”一词肯定是学术话语。村民一直抵制地戏是傩戏这种论调。傩戏是少数民族跳的。他们与少数民族不同，或者在心理上优越于少数民族。村民支持地戏不是傩戏（学者关于地戏是否傩戏的争论，在村民看来别有一番滋味）。此处，讲述者一时疏忽，说漏了嘴。跳神后的封箱仪式，同样是学术话语。反复出现的“仪式”一词本身就具有足够的学术气息。

地戏这门乡土艺术，是我的祖先顾成领兵“征南”遗留下来的……被世界各国的专家和学者们称为是戏剧的“活化石”。

此段都是学术话语，中间插入“我的祖先顾成”，显得很突兀。下一段解释地戏起源时，会进一步展开。“我的祖先”被夹在学术话语中，这种话语现象值得注意。

过去为什么叫“跳神”？因为它是明代时候发明的。现在专家把它并为傩戏，原来它是跳历史（戏），带神，这个脸壳现在喊做脸谱，过去喊脸子，妇女不能去摸，这是忌讳，它是神，每年跳神要用猪头雄鸡举行开箱仪式，跳完后还要有个封箱仪式。所以，对它很忠诚，它是神。地戏并不是戏，它是在地下跳，不能在台子上跳，其他的戏都在台子上，面向一方。地戏面向东南西北，因为它是在坝头跳，在地下跳，所以叫地戏，现在专家把它叫做“活化石”，“军傩戏”。它是怎样起源的？它起源于明朝时候“调北征南”，那时这个地方很难管……我们22辈老祖宗叫顾成的就是傅友德的先锋。……军人们要练操，所以地戏的动作都是防卫动作。……先是在家里跳，没在外面跳。现在讲的“同室操戈”这个成语就是跳地戏产生的，搞起面具分出敌我来，才形成这么一个戏。

此段回答的问题是“（地戏）过去为什么叫跳神”。前面回答过“跳神为什么叫地戏”。看来有个隐含的提问者，他将地戏与跳神在问句中的位置颠倒后再次追问。这个隐含的提问者是谁，他是以现场访谈的方式还是以类似问卷的方式提问，这并不重要。重要的是，我们感觉到他的存在。这个提问者对地戏与跳神的辩证关系感兴趣，也很迷惑。所以，他变换问句，一再追问。我们也看出，在提问者刨根问底、穷追猛打之下，讲述者的思维一步步陷入混乱。过去为什么叫“跳神”？因为它是“明代的发明”（历史）和“专家把它并为傩戏”（现实）。问答之间不存在认识论上的因果关系，有的却是“政治学”的潜台词。学者证明今天的屯堡文化包括地戏等事象与明代的渊源。因而，明代这个词具有非同一般的含义。它象征厚重的历史和“活化石”这样的概念，也象征着学术话语与专家学者的在场。它有一种公认的语旨力。傩戏这个名称很专业化，比地戏或跳神的影响力更大。跳神被并为傩戏，也就意味着它不是一个来路不明之物，有自己的归属和专家的认定（认可）。明代和傩戏从历史和学术两方面为跳神确立了合法性。“原来它是跳历史（戏），带神”这句话令人费解。这个“原来”，指的是原来它是跳历史的傩戏呢，还是指过去意义上的“原来”？“带神”，指的是带有神性呢，还是因它被并为傩戏而理解到的神性？

接下来的叙述由“带神”的神字引出。“这个脸壳现在喊做脸谱，过去喊脸子，妇女不能去摸，这是忌讳，它是神，每年跳神要用猪头雄鸡举行开箱仪式，跳完后还要有个封箱仪式。所以，对它很忠诚，它是神。”脸壳、脸谱和脸子，是三位一体的。脸壳是比脸子更通俗的词，用在这里，指实际的物件（相当于“东西”）。脸壳一词的功能仅仅是是为了表述这样的意思：这个东西过去叫脸子，现在叫脸谱。对于这个脸壳（实物、东西），过去叫脸子，现在叫脸谱（与面具相当的另一种雅称）。妇女不能摸的禁忌、跳神前后举行的仪式、对它的忠诚、它是神（出现了两次）这些描述紧跟“过去喊脸子”之后，这是否意味着“现在喊做脸谱”后情况发生了变化？今非昔比，后面的叙述证实了这一点。“它是神”这个断言包括的内容实在太丰富，并非几句话说得清。这一断言在许多村民，诸如20世纪80年代扮演秦王的九溪村民（他说“神起来了”）和2006年的天龙村神头（他说“那是神呀”）那里一次次响起。神字有某种学者无法解释或有意回避的隐秘力量，对村民形成一种无意识的、来自历史底层的吸引力，这种吸引力是（地）戏一词所不具备的，或者说地戏一词的吸引力来自其他方面，也替代神字的吸引力。地戏可以消灭“神”字，但不能行使神的职能，满足村民对神的需求。当然，如果有一天村民自身丧失了对神的需求，“神”字也就形同虚设，跳神之神就沦为空谈。

神与戏相对，“它是神”引出“它不是戏”。与此同时，地戏话语开始干扰跳神话语。地戏挤占了跳神的主语位置，讲述者从主位移到客位，话语中喧宾夺主，神的命题以戏的话语方式来表述。于是，出现“地戏并不是戏”这一怪异的说法。实际上，它表达的是“跳神并不是戏”。从跳神话语转到地戏话语后，讲述者又回到“地上”，回到那个著名的“望文生义”：“它是在地下跳，不能在台子上跳，其他的戏都在台子上……因为它是在坝头跳，在地下跳，所以叫地戏”。地戏一词连带出一直隐蔽在场（幕后、后设戏剧或叙事）的学者：“现在专家把它叫做‘活化石’，‘军傩戏’。”“现在”一词也是地戏一词的连带物，表征它的时态——正在进行时。然后，再次答问。（如果是自问自答，那么这些翻来覆去的问题又是来自何处？）它是怎样起源的？这个问题不仅学者有兴趣，比对为什么地戏叫跳神更有兴趣，对于村民也意义非凡。它可以引出显赫的祖先世系，起到打通正史与家谱的作用。祖宗的在场是跳神或地戏合法性的明证，后者的合法性又反过来成为世系合法性的明证。最终，二者都指向今天操演地戏的屯堡人。将军的后人以演出地戏的方式操练防卫动作，演武、叙史。我们仿佛又看到《续修安顺府志》那段被学者一次次引征的文字：“当草莱开辟之后，人民多习于安逸。积之既久，武事渐废。然四顾环境，尚多苗蛮杂居其中，识者忧之，于是乃有跳神戏之举……借农隙之际，演习武事，亦存有寓兵于农之深意也。”只不过，这里的描述过于具体而微，以至让人怀疑它的可靠性。对作为地戏传奇出身的另一个证据，“同室操戈”这个广为人知的成语的离奇解读也是这样。

跳神之神与跳神者的世系同形同构，在跳神中投生人间的英雄与历史上屯堡人的祖先存在一种镜像关系，屯堡人后裔以跳神的方式纪念先人，歌颂他们的丰功伟绩，亦即强调其高贵的世系。这样，跳神的内容与形式、历史与现实就获得统一。村民的想象总局限于自己的地方，在制造身临其境之感的同时，也将历史现实化、国家地方化，从而使人产生时空错乱的荒诞感。宏大的变渺小，正剧就成为闹剧。这恰恰是他们自己的表达或表达自己的方式。关键在于，倾听其潜台词，读懂其隐藏文本和底层叙事。

> 过去跳神一般是在正月间，为什么在正月间呢？正月间把春节过了，（我们）就很闲，七月间也闲。正月间跳一个月，七月间跳半个月。……正月间跳是求这一个村子这一年风调雨顺，七月间跳是求五

谷丰登。

过去这个时间刻度再次出现。与这个刻度同类的词，包括那时、一直以来、明代时候、原来，过去一词出现的次数最多。这个词含义模糊，包容性大。不是现在与未来的都是过去。对于讲述者，过去的上限似乎是明代，那么它的下限是何时呢？似乎就是跳神改地戏之时。

跳神不排除娱乐性，《平坝县志》所说"迷信中之游戏"的判断并非毫无根据。一定程度上，这个跳字相当于玩字。春节期间跳神，村民叫"跳新春"，也叫"玩新春"，阴历七月间的跳神叫"跳米花神"或简称"跳米花"、"玩米花"。跳神与玩灯（花灯）并称，跳与玩传达的都是娱乐、游戏的意味。正月和七月既是农事活动的转折点，又是农闲时节，神圣与娱乐同时发生在这两个时节。

后来改叫跳地戏以后，一年也跳两次。

后来改叫跳地戏以后。除了名称与时态的变化，事情本身有变化吗？跳的时间似乎没变，"一年也跳两次"。就像过去是个模糊词，以后这个词的所指范围也很大。它的上限是改叫地戏的那一刻，下限则指向过去之后包括现在以及未来。就此而言，后来的以后，情况有无变化呢？据我所知，一年跳两次的情况后来也变了。一年跳一次，甚至一次也不跳的情况都出现过。跳的程序、持续长度是否与过去一样呢？不一样，程序简化，每次跳的时间大大缩短。另外，那个最关键的时间刻度，跳神改叫地戏的那一刻是何时？这个转折点应该不是一瞬间，而是一个区间，不是突变，而是渐变。其间有斗争、权衡、对话、协商，跳神话语与地戏话语短兵相接。之后，才形成双重话语制度，并由此出现失语的症状。那个神秘的区间应该故事密集，设定了"以后"故事的叙述框架、关键人物和关键剧情以及谜语和问题。以后的故事都是对它的追加叙事、解释（谜语）和解决（问题）。后来改叫跳地戏，改叫是什么意思？是被迫的，主动的？是把错误的叫法改正为正确的叫法，还是仅仅换了一个名称？为什么改？改到哪种程度？前面我们分析过，"跳"字是拖在地戏前的跳神遗留物（一个尾巴，一种遗音。正是它使地戏成为"活化石"、活的历史遗存，也拖了它的后腿）。改叫地戏后，一年也跳两次。"名"改变了，"实"却未改变。是这样吗？在包括学者在内的外人面前，跳神改叫地戏，但在村民自己人之间跳神还是叫跳神，他们只是多了一种对外的说法。为什么对外改叫地戏，对内却不改？实际上，是名上加名，保存旧名，添加新名。与此同时，“实”也改变了。接下来的叙述说明了这一点。

> 但平时如果有专家来要求看，我们也跳。那就一般不举行开箱仪式，但如果他们需要看一整套开箱、封箱仪式的话，要一天做完我们也做。但以前不敢，必须要到正月间才跳。因为它带神所以不敢乱跳，现在就不存在了。

连续用了三个“但”字，一转再转。原来，“一年也跳两次”是对内的规矩。这种规矩越来越灵活，随机而变。对外就不论次数了。平时，也就是随时。开箱、封箱仪式也变得灵活，随外来者的要求而变。“但以前不敢”，因为神的存在（跳神的神字的存在），不敢乱跳。什么叫乱跳？就是打破祖宗传下来的时间和仪式规定性（规矩）。不敢，就是对祖宗规矩和神（字）的敬畏。现在就不存在了，现在从何时开始？什么不存在了？规矩和神（字）。那么，现在它还带神吗？在过去到现在的转变中，什么消失了？什么又新增进来？神走后，学者专家来了，游客来了。

> 学者专家来了，我们就是说一下：今天有老师来，需要看地戏，请你老人家出来，保佑学者专家万事如意。仍然要把这个仪式做完的，起码要做 20 分钟。游客来就简单讲两句，可以不开箱。

“今天有老师来，需要看地戏”这句话既是神的祷词，祈求他老人家宽宥，也是说给学者专家听的。注意，看的是地戏而不是跳神。“请你老人家出来，保佑学者专家万事如意”，老人家出来保佑学者，仿佛两个本来各不相干的客人握手言欢。学者成了村民和“老人家”的客人。但是，不这样说，又能如何说？这个仪式持续 20 分钟。游客来，受到的礼遇不如学者。与学者相比，他们更是匆匆过客，与村民的关系不如学者密切，对深入了解地戏既无太多专业兴趣，亦无太多专业知识。

在过去与现在的二元对立中，谁在场？谁又缺席？“我们”村民始终在场：过去，祖宗和神与“我们”在场；现在，学者、游客与“我们”在场。现在被分割为两个场景：学者、游客在场的场景和他们不在场的场景。当学者、游客不在场时，祖宗和神与“我们”同在；当学者、游客在场时，祖宗和神退居其次，甚至缺席。学者不在场的现在，不同于学者在场的现在，也不同于学者不在场的过去。在整个社会背景中，祖宗和神受到过重创。除了村落自身的变迁，我们更关注学者在场的效应，关注它与村民、与祖宗和神的关系。因为即便村民能够将现在一分为二，二者的冲突和相互渗透却难以避免。

顾之炎的表述既面对学者，也面对潜在的读者，当然也面对其他村民，甚至列祖列宗。他要给各方面一个满意的交代。他的话语是分层的，话中有话，有的地方话语之间相互抵牾，集合了不同的话语力量，也展示出不同话语的对抗。借“地戏不是戏”这个矛盾修辞，“地戏教授”也许给学者们开了一个巨大的玩笑。2008 年的某一天，曾任《安顺日报》副总编的宋老师问我，顾之炎说地戏不是戏，那地戏是什么？在他看来，顾之炎留下的线索揭露出《屯堡重塑》自身的矛盾①。地戏不是戏，而是一个吊诡！顾之炎留下的是线索，还是使学者自相矛盾的圈套？我更愿意说是顾之炎的无奈。无论如何，我看到他的失语症。这种症状在其他村的村民那里也有所表现。

3. 村志中的地戏

地戏是农村一项娱乐，又是文艺中的戏曲，在明朝时候，我们村曾有一堂，只有五个面具（脸子）……其中一人为领班，称为神头……跳神一开始，就是古代原始崇拜、宗教活动的需要。唱神歌、跳狂舞，驱邪逐疫的独特形式，康熙三十一年（公元 1692 年）重修《贵州通志》记有“土人跳鬼画图”，认为这样，就清吉平安、万事如意的唯心观念，这就是叫“跳神”。

后来经多年的演变，至清末民初，不唱神歌，不跳“鬼画图”了，跳的是历史古典故事……面具增加到 40 余面……到道光七年（公元 1827 年）《安平县志》记有“元宵遍地张鼓乐，灯火爆竹，扮演故事。有龙灯、狮子、花灯、地戏之乐”，从此称之为地戏。

① 参见宋茨林：《是历史遗存还是现代包装——〈屯堡重塑〉中的“热点”与“冰点”》，《安顺学院学报》2008 年第 4 期。

道光中期，中所的地戏班是张炳南、张于文（张德华之祖）为首的跳《二下南唐》，到张配林（张志明之祖）、李坤山（李国青之父）、张炳奎等改跳《三国》。1908 年（光绪三十四年）学到武术后，张炳清与张南仙从拳术中和棍术中选择动作，改变地戏武打。1909 年（宣统元年）张光宗编出《岳传》剧本（说唱本），又名《精忠报国》，由于张光照（炳清）喜爱川剧，喜爱改良，又改跳《岳传》，以此同时配合张南仙结合唱本到田边地角练，直至推广。

1915 年（民国四年）到肖家庄演出……1936 年（民国二十五年）应木头寨的邀请，赴他村演出，来接的人以张云安负责，有十余人都带防卫武器（步枪），本村送行的达三十人左右……有的观众看到这里（岳母刺字——引者），心情激动，只见眼皮眨眨只好悄悄地擦去泪花……演二十余日收场返回……此后中所地戏就拉开了帷幕。1940 年到金家大山演出……还到猫猫洞、架铺鸡场、小水桥一些村寨演出。①

上述文字充斥着学术和意识形态的“普通话”。对于农村，地戏是一项娱乐。对于文艺，它是一种戏曲。用原始崇拜、宗教活动来解释跳神的神字，同时又称之为“唯心观念”。唱神歌、跳狂舞、驱邪、逐疫是学者反复论述的地戏傩源，神歌不用说来自那几条学者引征的史料，狂舞可能与“狂夫四人”和“一国之人皆若狂”的说法有关，这两种说法也为学者所引征②。我又看到《安平县志》那条熟悉得不能再熟悉的史料：“元宵遍地张鼓乐，灯火爆竹，扮演故事。有龙灯、狮子、花灯、地戏之乐”。转引中，《中所村志》作者还给“遍张鼓乐”加了个“地”字，变成“遍地张鼓乐”。像某些学者那样，他说，“从此称之为地戏”。早已成为学者经典证据的“土人跳鬼画图”也出现这里，但又按照自己的理解，把“鬼画图”作为所跳对象，与历史故事相对。这种望文生义的曲解会让学者笑掉大牙，却也显现出《中所村志》作者凭借史料言说地戏流变的思考逻辑，即从鬼到人、从神到戏的“进化论”。

---

①　参见张尔俊：《中所村志》，未刊稿，1998 年。

②　参见沈福馨：《安顺地戏的形成和发展》，载沈福馨、帅学剑等：《安顺地戏论文集》，第 9 页。

文中出现大量时间参照点:明朝时候,我们村曾有一堂,只有五个面具;康熙三十一年重修《贵州通志》;道光七年的《安平县志》(道光七年是 1827 年,《中所村志》作者误写为 1872 年);道光中期……屯堡宏大的历史被镶嵌进中所村的地方史,有些表述就显得很突兀。明朝有一堂神和五个面具,这是从何说起? 道光中期以降,村民的名字越来越密集,叙述的地方色彩越来越浓,细节越来越多,屯堡的大历史就被抛在一边了。毋庸讳言,年代的错乱、理解的错位都是因拼贴、镶嵌而失语的具体症状。

四、隐藏的故事

雅文化与俗文化、学者知识与村民知识之间是否存在福柯所说的"图式差异"①呢? 跳神话语相当于村民自发的文化代码,为他们提供经验秩序,也参考他们的经验秩序。而学者的地戏话语相当于科学阐释,阐明:跳神亦即地戏,地戏来自何时何地,是什么戏。在跳神与地戏之间存在一个混乱、模糊的区域,那里正是跳神与地戏交锋的地方。

从某种意义上说,因跳神与地戏的双语制度而引发的短期、局部失语可归因于地戏这个民间本不存在或本不采用的概念的出现和采用。接着,我们也可以说地戏这个词改变了跳神这一民俗的原生性,破坏了它原有的文化句法和生态结构。地戏代表的现代文明、国家意识形态,压抑并消灭了跳神代表的传统、民间意识形态。最终,我们得出结论,地戏这个词具有超乎人们想象的破坏性。但是,如果没有地戏这个词,或者这个词没有像现在这样有机会向民间推广,跳神就不改变吗? 跳神对村民就有意义了吗? 或者说,跳神就比地戏对村民更有意义吗? 就算跳神这个词不变,跳神的内涵、跳神之"实"也会改变,甚至村民也希望它改变。地戏这个词只不过以"名"的方式把"实"的内涵、"实"的冲突和改变向村民和学者挑明。它与跳神在一起,提醒我们注意它们的不同,某种本来可能是隐蔽着、不易察觉的差异。

① 福柯:《词与物——人文科学考古学》,莫伟民译,上海三联书店 2001 年版,"前言",第 8—9 页。

假如没有这种双语并置的局面，“实”的差异和冲突隐藏在没有差异的“名”之下，要么容易将它们混为一谈，要么分析难度更大。地戏与跳神的双语制度和话语转换，似乎造就出更多的学者与村民、学术知识与民间知识对话的机会。

不知从何时开始，民间有了一种类似今天所说戏剧的文艺娱乐活动。此后不知过了多少年，不知它在这些年发生过怎样的变化，也不知这些年中它被人们称为什么以及人们对它的称呼是否发生过变化、发生了怎样的变化。也许是在许多年之后，民国年间的方志记录这项活动时，它被人们称为跳神。村里的老人们也只记得跳神这个名称，在他们的回忆中，仿佛从他们的祖祖辈辈开始就只有跳神这个名称。至于为什么叫跳神，跳神是什么意思，他们也说不清。许多据说祖祖辈辈传下来的东西都是这样。百姓的生活特点就是“日用而不知、习焉而不察”。从民国开始，跳神这个名称就极不受文人的欢迎。明明是戏，或明明像是戏，为什么要取跳神这样一个有浓重的封建迷信色彩的名字呢？近戏剧、跳神戏，这是民国文人对它的定位。

解放后，这种意识形态不仅延续下来，而且愈演愈烈。政府对民间的治理真正下达到村一级的行政单位，能够以前所未有的力度贯彻从上到下的意识形态方针。20 世纪 50 年代，在庆祝土改胜利完成的庆功大会上跳神用地戏的名字登台亮相。跳神的改名换姓，不知出于哪位官方文人的灵机一动，也不知地戏这个词究竟是源于史书，源于跳神无须舞台而在地上表演，抑或是地方戏的略称。新中国改造旧事物、旧习俗，跳神不再仅仅是跳神戏（跳神之戏），而是彻底改成了地戏，与神一刀两断、划清界限，真正成为劳动人民喜闻乐见、活跃于田间地头的文艺演出。20 世纪 30 年代的跳神戏或神戏（“跳神戏”可以作两种理解：“跳神戏”和跳“神戏”。这是以往研究者没有注意到的），在 50 年代彻底变成劳动人民的地戏（由“地”字引起的、关于田间地头的联想，使这个名称在当时具有足够的合法性甚至进步性），跳神或神起码在官方那里与戏分离，并被取消了。此时，跳神只是从字面上消失，尚可改头换面、隐姓埋名地登上人民群众的舞台。不过，这种改造实际上并不彻底，因为在许多村民的记忆中，20 世纪 50 年代，他们还不知道地戏这回事，还是只知跳神不识地戏。看来，50 年代的地戏只为少部分官方文人所知，流通范围较小。

以诸如“四清”、“文革”这样的运动方式，历史的车轮将20世纪六七十年代村民的跳神或者官方文人的地戏碾得粉碎，村民称为脸子的面具和称为唱书的戏本都被烧得灰飞烟灭，鸣锣击鼓的演出偃旗息鼓。人们忙于“抓革命、促生产”，暂时忘记了跳神或地戏的存在。

20世纪70年代末，事易时移，跳神在民间复苏。稍后，学术界开始研究一种也许是在20世纪50年代才被称为“地戏”的民俗——“跳神”。从前被作为封建迷信革除的审视跳神的傩的线索又被学者重新捡起来，地戏被视为傩戏，而傩戏成为戏剧发展史不可或缺的一环。那些否认地戏是傩戏的人并非站在意识形态的立场看待这个问题。否认地戏是傩戏并不是要否认地戏的封建迷信色彩，而是要强调地戏的独特性。傩戏并非他们评判的对象。有人甚至高扬地戏的跳神特性，把“神”字作为民俗的旗帜，以“神”字来解释地戏在民间之所以具有的顽强生命力。

地戏研究是如何开始的？这个问题似乎还没人认真回答过。从20世纪30年代的两部方志中，我们得知当时民间沿用跳神而不是地戏的说法。如果50年代就有地戏的说法，这种说法也只限于官方层面，民间很可能没有接受这个说法。令人奇怪的是，1934年与20世纪50年代相隔不到30年，同为文人和官方代表的任可澄与《平坝县志》作者为什么没有用地戏一词来指称跳神？任可澄已经把跳神雅称为“跳神戏”，《平坝县志》作者也说跳神“近戏剧”。很可能他们根本不知道、而民间也不流行地戏这一说法。这与20世纪90年代几位本地学者的记忆和判断相符：解放前，安顺并无地戏这一说法。如果20世纪30年代还没有地戏的说法，那么20世纪50年代与跳神画上等号的地戏说法又是如何出现的？1827年的地戏，是怎么跨过1934年的跳神，在20世纪50年代于文字中重现？1827年到1934年这段时间“地戏”又到哪里去了？为什么没有直接的文字记载？这些问题至今无人回答。即便地戏就是跳神，跳神最明确的描述也不过是1932年和1934年的两段文字。再往前，就连直接出现“跳神”一词的文字都没有了。也就是说，在史料的蛛丝马迹中，有地戏的地方没有跳神，有跳神的地方没有地戏，而在那些被认为是描述地戏的文字中又没有“地戏”和“跳神”二词出现。

在这样的前提下,我们来设想地戏研究是怎么开始的。一种可能性是,20世纪50年代文艺汇演时,民间称为跳神的演出要登上大雅之堂,必须有一个符合当时意识形态的雅名。有人提议用地戏一词来称跳神。这个词要么来源于《安平县志》,要么是根据其在平地演出的场景而创造出的新词。80年代的地戏一词,要么是沿用50年代官方的说法(无论其来自县志抑或创造),要么是直接来源于《安平县志》(如果50年代还没有地戏一说的话)。由于当时的学术写作尚未建立后来那样严格的参考文献规范,从文献上无法知道人们最初如何开始谈论地戏,谁是地戏研究的先行者。我们不能肯定50年代的地戏一词是否出自《安平县志》(假如那时官方确实使用过地戏一词),但可以肯定这个词与《安平县志》中的地戏一词明确联系是在80年代。正是在这个时候,学术界开始研究地戏。

九溪村地戏演员

令村民想不到的是，学者研究的地戏就是他们的跳神，跳神凭着地戏之名受到学者青睐。许多老人回忆说，直到20世纪80年代，他们才听说地戏这个词，也是在那时才渐渐明白祖祖辈辈传下来的跳神原来是地戏。习惯了的说法一时间要改过来还是有些困难，有的人甚至产生了抵触情绪，说“跳神不是演什么戏”。确实，在字面上地戏与跳神相去甚远，一下子看不出二者有何联系。而且，就算学者认为给了跳神一个更文雅、更恰当的名字，村民却不一定非要这样认为。祖祖辈辈没有告诉他们跳神还有一个名字叫地戏，戏的地位难道比神还高吗？也许，在他们看来，戏和戏子一样是不入流的名称。

村落外面谈论地戏的声音越来越密集、强烈和响亮，外面的人越来越多地涌入村落。在接待来访者的过程中，村民一遍遍将跳神介绍为地戏，有的村民与学者交往日深……村民逐渐学会站在外来者的角度看跳神，以地戏话语说跳神。20世纪80年代以来，中国社会以不同以往的方式实现着现代化转型。农村人口的流动范围和规模加大，无孔不入的现代信息深入农村，农村生活方式和娱乐渠道更新，使传统民俗的神圣性进一步消解。面对新的娱乐方式，其本有的娱乐性也缺乏足够的竞争力。除了名称、话语的变化，现代娱乐方式和生活观念的挤压使跳神渐渐丧失本来的观众——也就是村民自己，游客和学者成为新的观众。失去原有神圣性、娱乐性和观众的跳神，在失去其名后，又失去其实，在这种转变下被称为地戏，可谓名副其实。

但是，村民之间所使用的仍是跳神话语。即便对外说地戏，也常会露出跳神的马脚，并不自然。说地戏，还是说跳神，对于说者和听者似乎都成了区分本地人与外地人的标志。村民掌握了对内、对外两种不同的话语：对内仍然保持跳神话语，面对外人则使用地戏话语。这是一个典型的过渡阶段，地戏与跳神双语并存，同时地戏正在征服跳神。此前，村民只有（只知）跳神，而此后村民可能只有（只知）地戏了。当官方和学者放弃对傩或神进行攻击时，村民却开始向戏靠拢。也许在不远的将来，地戏会彻底“文化”（雅化、驯化）跳神。村民不再跳神，而只会跳地戏、演地戏或唱地戏。到那个时候，跳神就成了地戏的附庸，在地戏背后的括号中再也出不来。跳神会成为一个寻找着所指的能指，就像20世纪80年代以来的地戏一样。

在村民为跳神与地戏而苦恼的时候，学者也不安宁。虽然他们不需要向村民交代跳神为什么是地戏（这个问题要么根本就没有被意识到，要么根本回答不了），但他们必须为地戏这一说法的历史根据和渊源而战，当然也为诸如地戏是否傩戏这样的问题而各执一词。史书是最大的证据。于是，《安平县志》中的地戏二字成了道光时期就有地戏的证据。其他没有地戏二字的史料也被推断为关于地戏的描述。于是，地戏存在的年代随史料年代不断变换。根据什么来判定史料所述是地戏呢？最大的依据就是今天村民称为跳神的活动。一方面学者告诉村民跳神就是地戏，另一方面，学者却要通过村民的跳神来判断什么是地戏，什么是地戏的史料。如果《安平县志》中的地戏就是今天学者说的地戏，也许村民祖祖辈辈曾经把跳神称为地戏，后来又从地戏改为跳神，学者只不过把村民遗忘了的名称再次唤醒，唤回到安平县的道光时代。然而，没有证据表明《安平县志》的地戏就是今天的地戏。

通过设想这段不为人关注的历史，我们看到围绕着一个词的研究是如何以偶然的方式开始的。一旦开始，它就停不下来了。创造这个词的人，重新提取这个词的人，或是将这个词初次与跳神联系起来的人，把解释这个词、论证这个词与跳神画等号的重任留给后人。前者与后者之间是断裂的，后者的工作既是解释与论证，也是一种新的创造。地戏一词要么一直就是官方和文人对跳神的雅称，要么是一种新瓶装旧酒的发明。如果20世纪50年代的那几次演出并没有启用地戏之名，这个词就是20世纪80年代的发明。这也许就是地戏研究呈现谜团的原因。

跳神正在远离村民，地戏正在取代跳神。就算地戏与跳神是一回事，学者和村民在说着不同的话，并通过这种方式进行着对话。对话的结果，就是跳神的地戏化。村民知道跳神是祖祖辈辈传下来的，学者却不知道地戏从何而来。这个不知从何而来的词，最终会战胜祖祖辈辈传下来的跳神。

五、小　结

所有的问题和意义都来自地戏与跳神的双峰并峙，甚至有时的针锋相对。在学者大谈地戏、为地戏而争论时，村民说地戏不是戏。在学者对村民话语的引述中可以间接听到村民的声音。出现于地戏背后或括号中的跳神正是这种声音的表征。村民的声音许多时候只能充当学者自我解释的证据。就像两条平行线，其中一条的某小段被截取到另一条上。有时，截取的这小段恰恰会流露出对主线的否定，从而对主线构成威胁。这时，我们就会听到村民真正的声音（心声）。直到2007年，我们仍然可以听到这种声音，一位村民说“地戏不是戏”①。这种声音就好像是1990年那位村民“跳神……不是演什么戏”的回音。雅、俗的分野在文本中闪现出来，借着被描述的民俗事象，同时表征村民话语和文人、学者陌生感的“俗称”躲过文人、学者的话语监控，从本不属于自己的文字（史志或论文）中“溜”了出来。就像一种文化寄生虫或者一颗潜伏于光照下的定时炸弹，等待浮出水面或引爆的机会。

假如村民从来就说地戏，或假如学者像那样说跳神，而他们一致的说法又与史料一致，那么即便村民与学者实际上是在不同的意义层面说着同一个词（地戏或者跳神），他们之间的分歧也不会如此鲜明、尖锐，以至为我们创造出一个有意义的案例。就此而言，地戏与跳神的并称、并存挑明了问题，把它放在台面上。于是，我们看到学者的不同表现、不同处理方式，或者置之不理，或者为之困惑，或者将跳神放入括号，等等。我们也听到村民反抗的声音，直露的或者通过模仿学者而变相的反讽与戏拟。村民与学者口径不一。这样，表面上的认识论问题骨子里却暗含着政治学的冲突。

我们可以设想当村民自称为跳神的活动初次与旧时代的文人或新时代的学者遭遇时的情景：对于文人、学者而言，这项活动既陌生，又让人浮想联翩。他必须“以意推想”（民国《平坝县志》），为这陌生之物在自己熟悉的世界中找一个位置，用自己了解之物（古傩意、近戏剧）来对比、言说这一莫可名状之物，否则他的内心就无法安顿。转生为熟，用文人世界或学术视野

① 与此同时，一位学者试图再次为地戏正名，重提当年学术界关于地戏是否傩戏的旧事。“安顺地戏”摇身变为“屯堡地戏”，但地戏是否傩戏仍有争议。参见谭佛佑：《屯堡地戏非傩戏论——为屯堡地戏再“正名”》，2007年沈万三暨天龙屯堡文化高峰论坛论文。

的坐标对陌生之物定位，甚至重新命名。这种冲动在旧时代的文人和新时代的学者那里并无二致。

对于跳神这样的民俗，新旧时代文人、学者的理解之间存在的分歧并没有文人、学者与村民之间存在的分歧大。在一定程度上，新旧时代文人、学者之间享有一种共同话语，正是在这种共同话语中新旧时代的文人、学者进行古今对话的。对于文字、话语权和正统地位的控制，新旧时代的文人、学者并没有本质区别。同样，新旧时代的百姓、村民之间也共享着一种话语，进行着也许是另一种类型的古今对话。古今之间的距离也许并不比同时代雅俗之间的距离更大。

在古代与现代，我们都看到一上一下的两条线索。上面，官方、文人、学者使用像地戏这样的雅词记录、描述、解读民间类似跳神的活动，通过正史、方志或论文等文献延续自己的知识和传统，进行着自己的创造。下面，民间进行着自己类似跳神的活动。姑且不论明代以降的史料记载是否今天学者文本中的地戏或村民生活中的跳神，它们显示了从古至今一脉相承的上下、雅俗之分，以及上对下的认知与规训。雅、俗并行是雅、俗熏染的前提。雅、俗双方互动，各自在对方那里留下了痕迹。雅文化一直试图改造俗文化。但民间的力量很顽强，直到今天跳神的说法仍没有从民间消失。文人、学者不得不在自己的文字中转录村民对民俗的自称（即俗称），几乎所有学者谈到地戏时都会说“地戏，俗称跳神”，或在地戏后面紧跟加括号的跳神二字。旧时的文人和现代的学者都试图用自己熟悉的话语来解释民俗。后者也在前者的描述和命名中发生着变化。

地戏首先在现实中，在村民自己的生活与回忆中，在村民对外进行的表演中。它也在历史中，所以今天的地戏不同于往昔的地戏。地戏所处的现实具有历史性，就像地戏本身，它也是有所变化，甚至是变化巨大的。地戏出现在各式各样的文本中。这些文本包括学术性文本，也包括官方文件和商业性读物。我们在1827年清朝地方官员所修的方志中首次见到“地戏”二字，我们也在2006年国务院颁布的国家非物质文化遗产名录上见到“地戏”，看到它的编号、所属类别和简介，也在项目申报书上看到关于它更为详细的描述。所有这些文本都在传达关于地戏的消息，也在塑造着地戏。

地戏既在现实中，也在文本中。文本中的地戏与现实中的地戏是一回事吗？文本中的地戏与现实中的地戏又有什么关系呢？

我们的讨论是从地戏这个词开始的。一个词究竟指称什么？这是值得我们深思的问题。在不同的时代、不同的人群和不同的文化语境中，同一个词的所指有无变化？所指的究竟是不是同一个对象？在不同时代和不同的人群与语境中，同一事物是不是有不同的名称呢？这样提问，其前提是对词与物所具有的恒定关系的怀疑。从符号学的角度，词可以分解成能指和所指两部分。能指由语音和文字构成，所指由外延和内涵构成，也就是该词的意义。能指与所指构成词，词对应于经验世界的事物或观念世界的概念。但是，这种对应永远固定不下来。词在时间和空间中传播。在传播过程中，词会发生变化。词的能指与所指的关系、词与物的对应不是恒常不变的。最初，一个词被发明出来命名某一事物，它的外延与内涵（意义）在命名者那里基本上是明确的。经过传播，该词的外延与内涵发生变化，扩大或收缩。到最后，很可能完全丧失它最初的本义，被后人曲解或变得彻底不可理解。于是，最初建立的能所关系就被新的能所关系取代。表面上词还是那个词，实际上，不变的可能只是该词的能指，该词的所指已经被替换掉了。与此同时，在经验世界中，词所对应的物也在变化，变异、更新，甚至消失。物、词、词与物关系的变化有的是延续性的，有的则是断裂性的。在断裂性的变化中，会出现许多有趣的现象。这些现象往往成为难解之谜。地戏/跳神就处在词与物的这种断裂带上。学者在史料的能指（地戏、跳鬼）与现实的所指（跳神）之间穿梭，将史料提供的能指从其历史语境中抽离出来，按照现实语境的要求重新组合，建立新的关系，再反过来解释现实中的跳神。史料中能指的所指被替换为现实中的所指，再用这种重新建立的能指与所指关系证明现实的所指在史料中的存在。整个变换得以成立的前提，就是“地戏即跳神”。

地戏一词就像一粒偶然落入蚌壳的沙子，被知识生产共同体分泌的意义不断包裹，最终成了一粒珍珠。这粒珍珠的价值并不因为它是从沙粒开始的就会被否定。不仅地戏有从沙粒到珍珠的蜕变，因为跳神与地戏的勾连（这种勾连已经达到这样的程度，在学者看来，它们简直就是一回事。渐渐地，在与学者对话的过程中，村民也开始这样认为），它也成了这样的珍珠。蜕变既发生在地戏研究上，也发生在现实的跳神活动中。

我们的叙述源于一种怀疑。当许多学者把“地戏即跳神”作为一个自明的命题接受下来并以此为前提展开研究时，我们发现这个前提是可疑的，因为无论史料还是村民都没有提供关于这一命题的证据，学者也没有提供关于这一命题充足的证明。同时，我们发现地戏和跳神的定义也流于望文生义的想象，并无史料支持。也就是说，在不清楚“地戏”一词和“跳神”一词究竟是什么意思的情况下，地戏被认为是跳神，而这种认为也是未经证明的。

另一方面，我们的目光从知识生产对象转到知识生产本身。我们把研究本身视为一种特殊的叙事，既是表达，也是历史。从“地戏即跳神”开始的研究，讲述的既是作为对象的地戏与跳神的故事，也是研究它们的学者的故事。而一旦怀疑“地戏即跳神”，我们就看到并讲述与“地戏即跳神”不同的故事，其中有学者通过也基于“地戏即跳神”而实现的有意识或无意识的意识形态谋略，也有村民通过坚持“跳神不是地戏”或者利用学者的“跳神即地戏”所进行的回应与反抗。我们看到地戏与跳神之战及其表征的政治学。我们叙述的是关于地戏的认识论如何转变为地戏与跳神的政治学，或者说这种政治学是如何以认识论的方式展开的。

第三章 如何书写村落历史

从1989年开始，退休干部宋修文为本村修志。七易其稿的《九溪村志》为我们了解村落提供的帮助，不亚于2005年出版的《屯堡乡民社会》。我进村时，宋伯已故去。以铅字出版《九溪村志》，据说是老人最终没有实现的夙愿。记录历史的人，也成了历史。通过解读《九溪村志》，我们可以窥见村民理解的九溪历史。更重要的是，可以窥见学者与村民有关地方知识的互动。

一、《九溪村志》的书写

和其他村志的书写如出一辙，《九溪村志》（以下简称"《村志》"）将村落的起点推向600年前的"征南"屯军。十位军士在九溪定居下来，"草莱开辟"（《续修安顺府志》）、繁衍生息。这就是"十大姓开村"的故事。说是故事，也许不恰当。因为并没有开村故事更多的细节，只是列出十个姓氏有哪些，哪些又迁往何方。十大姓在村落已所剩无几，但为什么衰败，却没有更多的故事。600年前的"十大姓开村"就像"调北征南"一样，模糊而虚幻。《村志》中的许多部分都以明朝开头，叙述中也时时穿插明、清的时间刻度，但所述最详还是20世纪以来之事，甚至并非信史的传说也是这样。原因其实很简单，宋老伯和他所走访的村中老者记忆的上限决定了《村志》真正的上限，此前的历史只有借助于正史、方志，或者就一笔带过。正如村民张伯在序言中所说，"史料记载不多，查找困难，村内年高老人也只能提供其经历或听上辈传述之事；本着详古略今的原则，只好对明、清两代有史料者列入，虽有传说而无佐证者舍去；有传说而合情合理者则注明‘传说’予以记叙。对民国以来所发生的事件，则多方查证，按实记叙”，或如宋伯自己在“编后”中所说，采取“厚古薄今、远概近细”的书写原则。正因此，《村志》的许多内容就具有某种程度的可靠性。

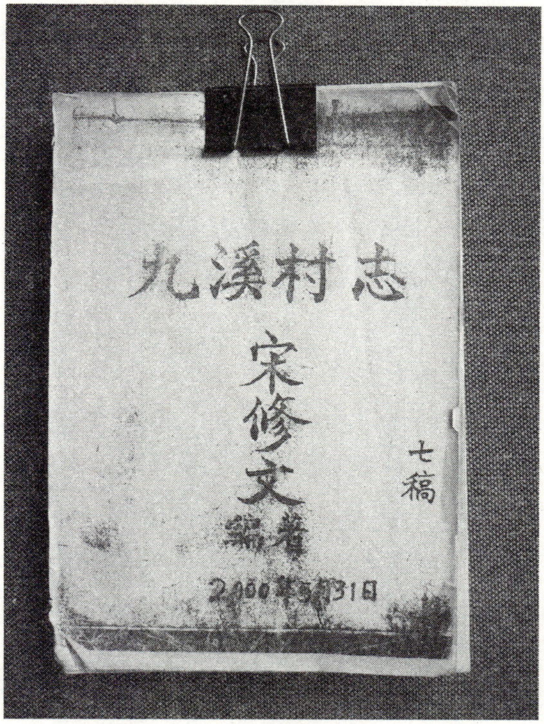

《九溪村志》手稿封面

1.“十姓开村”与村名由来

《村志》（第七稿）共分13章，依次涉及九溪的自然环境、村寨、氏族与人口、政治、经济、文化、社会、生活状况、言旨话及其他、名胜古迹及民间传说、杂记、民间组织，最后还附有“九溪村田土名录”。以下摘引《村志》关于九溪村建寨、村名、人口的描述，并作分析。

明朝建立后，洪武十四年（1381）和二十一年（1388）进行了两次南征。第一次南征明军于安顺屯兵之际，称之为“十姓”的屯军家属先来开辟九溪。他们是：朱、姚、冯、余、陈、梁、胡、洪、童、吕姓。先民们于此辟草莱，斩荆棘，为开发九溪奠定了基础，至今已六百余年。

“明初”这个时间起点会在《村志》中一次次出现。此处的“开辟九溪”、“辟草莱”有《续修安顺府志》的痕迹，“黔中人民，多来自外省。当草莱开辟之后……”想来宋伯读过《续修安顺府志》此段文字。这段文字多年来被学者广为引征。很可能他是通过学者了解到这段文字的。

明朝初年，元梁王把匝剌瓦尔密镇守云南，对朱元璋旨意多次违抗，甚至明目张胆地杀死明朝使臣。为巩固西南边陲，朱元璋派颍川侯傅友德为征南将军，率步骑兵二十万征南，于洪武十四年(1381)九月出发，大军分两路入云南，一路由郭英、陈桓等率领，从永宁(四川)、乌撒(威宁)入滇，大军由傅友德率领由辰源(今湖南)进入贵州地界，十二月到达普定(今安顺)，在此大量屯军。朱元璋令安陆侯吴夏在阿达卜择地修建了现在的安顺城。待云南平定后，安顺和安顺周围便成了明军的大本营。安顺周围至今留下了许多屯、堡、旗、关、哨、所等一类军事性质的地名。明军两次南征，傅友德两次被任命为征南大将军，战事一直延续了好些年，而军事镇压结果，西南这块土地很难征服。朱元璋从实践中悟出了一个道理：要想征服西南，必须采用安抚和征剿并用的两手。因此，他积极推行了屯田制度，使大量屯军家属和当地老百姓共同生活，共同劳动，以达到感情上的融洽，“待以岁月，然后可徒(应为‘图’——引者)也”(《洪武实录》卷192)。

回顾那段著名的历史，强调屯军和屯、堡等地名的由来，类似描述在其他屯堡村志和更多的学者文章中一次次出现。真有一种本雅明所说“机械复制”之感。我对比了《村志》此段文字与学者沈福馨《安顺地戏的形成和发展》一文的相关文字①，发现二者几乎完全相同。作为最早到过九溪的学者，沈福馨与宋伯有过接触。《村志》文字应该来自沈文。

复制的应该不只是文字和历史想象，也有其他东西。可能是什么呢？

① 参见沈福馨：《安顺地戏的形成和发展》，载沈福馨、帅学剑等：《安顺地戏论文集》，第13页。

复制的原型何在？村民可能会有渺远而模糊的传说、口碑，但肯定不会如此清晰。按照日本学者塚田诚之的分析，今天所谓屯堡人在不同时代的文献中族群定位并不稳定，摇摆于汉、苗之间。民国以来，他们所谓明代祖先的那段历史和屯堡人这个概念才越来越被强化①。在他识与自识两方面，恐怕都是这样。复制的原型可能来自过去的某种模糊的记忆和转述这种记忆的方志，其中有某种一直持续压抑着的被伤害的自尊心——“我们的祖先是骑着高头大马来征南的”、“我们的祖先曾经阔过”。我们要肯定的，首先是复制的存在，其次是复制中的研究性影响，正是这种影响使得村民本来模糊的复制和表述清晰起来。

> 傅友德亲领的大军，随征剿平息，屯军驻扎于安顺周围。屯军家属中的十姓，实为开辟九溪的先民，他们到后不久，把九溪的山川河流各自占为己有。如九溪河上至白大坝下至仙人坝乃朱姓所有，民国初年，谁在河内捕鱼或于河畔建房，朱姓将索取费用。至今九溪周围的许多地名如朱家冲、冯家山、佘家凹、梁家井、姚塘头、胡家大坡等，是当时各占地盘的佐证。几百年来，朱姓虽迭遭变迁，人丁较为发迹。陈、梁、胡姓次之；冯姓外迁者多（下九溪）；姚、佘两姓人户更少；洪、童、吕三姓至今已无一户。吕姓仅有吕元勋一人，于民国三十年（1941）至平坝属之天龙镇招赘落户。

从傅友德到屯军十姓，这中间巨大的跨度和将二者衔接起来的难度，恐怕宋伯与我们一样清楚。关于傅友德其人，正史、方志多有记载，但开辟九溪的“十姓”何处查证？许多家谱按同姓即亲的原则，向正史寻根问祖，附会其事。比如，将梁武帝萧衍视为萧姓始祖，而江南巨富沈万三成为天龙沈姓的祖宗。攀附名人，一则出于人性通病，二则除了正史所载同姓名人，实在也弄不清自己真正祖先的来龙去脉，不搬正史为据，确也无话可说。宋伯还算没有落入俗套，也就落得个语焉不详。从明初一下子跨入民国，可写之事便多起来。十姓凋落，唯余地名。朱姓所记最详，但像“几百年来，朱姓虽迭遭变迁，人丁较为发迹”的“几百年”，如以民国初年朱姓地产之大为据

① 参见杨然：《穿青人问题研究》，中央民族大学博士论文，2006年，第114—115页。

实在说不过去，即便以方志所记“咸同之乱”中九溪村朱姓之祸来说，也就140来年，距明初尚远，距民国初年却近。同样，吕姓的踪迹也只于民国可循。另外，“屯军家属中的十姓”这一短语也显得模棱两可，“屯军家属十姓”是否就等于“屯军十姓”（“十军士”）？而在《村志》（第六稿）中明确说的是“十军士”。表述上的这种细微差异也许纯属偶然的一念之差，但也可能意味着某种更深远的东西，比如作者的谨慎和自我怀疑。无论如何，通过《村志》，也通过引述《村志》并加以点评的学者论述，“十大姓”或“十军士”“开村”的故事逐渐深入人心，越来越明确。

> 随后不久，宋、黄、顾、张、赵、高、钟、杨、马、代等姓，相继来九溪定居。以上诸姓，第一次南征时，先居安顺、平坝等地，后迁入九溪。安顺之顾府街（今民主路）因顾成住过而得名。宋忠也曾居住过安顺，故有“宋官巷”街道之称。

顾、宋二姓，不仅在今天是村中显姓，而且在历史上的安顺城也留下有据可查的地名（虽然这地名未必有几百年历史），地名甚至延续到了晚近。先居安顺等地，后迁入九溪，因此在安顺留下遗迹。与后来的诸姓相比，除朱姓外，“开村十姓”的其他九姓先后凋敝。

> 洪武二十一年（1388）第二次南征不久，大量移民则往西南充实，历史上叫做“填南”。由于九溪有得天独厚的地理环境，来九溪定居者日趋增多，这是尽快形成大村的主要原因。从明初至清康熙的三百年间，九溪达千余户，六千多口人，是人户鼎盛时期。

“填南”是另一个人口来源。“填南”的时间跨度比“征南”大得多，却又乏善可陈。不过，“从明初至清康熙的三百年间”的“填南”足以解释九溪“千余户，六千多口人”的来源。九溪村称为“屯堡第一村”的原因之一，就是它的人口。《村志》作者像其他村民一样为自己村落人口众多、人气旺盛而自豪。

> 九溪是明代屯军之地，明军驻扎的地方，都曾有带军事性质的地名，如屯、堡、旗、关、哨、所等。屯军眷属到九溪作为永久定居而开发九溪之初，把定居点叫做“大堡”。随后由于第二次南征，到九溪定居的人户增多，“大堡”容纳不下了，就另外发展，后来者的发展就称“小堡”。

九溪既然是明代屯军之地，在地名上就要有所体现。“大堡”、“小堡”就是这样的地名。第二次南征距第一次南征不过七年，从“大堡”到“小堡”，人口的涨幅很大。

> 移民陆续涌来，则由两处延伸向后扩展，并逐渐形成三大街，这时的九溪已是百户以上的村寨了。乃至中间街道形成后，村名“九溪”，便自然形成。三大街于清乾隆五十五年(1790)年，修建门洞六个，至今二百多年，大堡门洞上端尚有清乾隆五十五年(1790)的石碑记载。民国时期，为防匪患，大堡门洞上端及袁家门楼上均修有石碉，驻有乡丁防守。

《村志》(第六稿)与《村志》(第七稿)的叙述稍有不同，是这样的：“屯军眷属到九溪作为永久定居而开发九溪之初，把定居点叫做‘大堡’；以后，到九溪定居的人户增多，‘大堡’容纳不下了就另外发展，后来者的居住地称‘小堡’；之后移民陆续涌来，则由两处延伸向后扩展，他们的居住地则称为‘后街’。”《村志》(第七稿)增加了“小堡”居民与第二次南征的联系，略去了“后街”这个地名，只模糊地说“三大街”、“中间街”。“后街”这个地名不好处理，一则它与屯军“征南”毫无联系(当然，也可以用第二次南征后不久的“填南”解释其居民的来源)，二则失去两次南征的时间参照系，“后街”这个地名的时间起点就无从说起。可能出于这些因素，《村志》(第七稿)对《村志》(第六稿)的表述做了调整。

> 经笔者走访年过古稀的朱仲明、高德昌两位老人座谈，据先辈传述，九溪村名至少经过明代八个皇帝，经考证约在公元1457年即明英宗天顺年代形成，这时距九溪开发近八十年了。九溪村名是那时一些文人秀士经过一番思考而取的，称为“九溪坝”(过去误叫九其坝)。

古稀老人、古稀老人的先辈、明代的文人秀士、明代八个皇帝和1457年(明英宗天顺年间)，建立谱系的支点是老人的记忆和先辈的传述。古稀老人和传述这两个词在《村志》其他地方多次出现，比如，“九溪米糖从明洪武年间就有了。创始人为钟姓始祖钟大吉。钟姓原籍四川成都。明洪武十四年(1381)，奉调征南入黔，不久，来九溪定居，随将制糖之工艺传授一些村民。据古稀老人谭盛清口述：初期只有三五家制糖，以后逐渐发展到百户以

狭窄的巷道造就复杂的人际关系

上”。“传述”一词既体现了《村志》作者的严谨，也可能随时动摇传述内容的可靠性。古稀老人的先辈离 1457 年既可以说远，也可以说近，就看我们如何理解先辈这个词。明代文人秀士取名“九溪坝”，过去却误叫“九其坝”。“溪”在当地读作“其”，“九其坝”有时写作“九渠坝”。《大西桥镇志》说，“明崇祯九年以九条渠流水汇聚得名‘九渠坝’。1958 年，人民公社化时，将‘渠’改为‘溪’，去掉了‘坝’字，故称‘九溪’而得名”①。何谓九

① 安顺市西秀区大西桥镇志编委会：《安顺市西秀区大西桥镇志》，贵州人民出版社 2006 年版，第 454 页。

溪？古稀老人和先辈看来也没有留下答案，《村志》作者只得自己寻求答案。

> 村中一些人都知九溪系九河汇集而成，但究竟是哪九条溪水鲜为人知。笔者为弄清九条溪水的来历，查阅了《安顺府志·安顺志》中的有关记载，终于查清了九条溪水的真实情况。九溪河源头上有二官大井、清凉洞、仁岗屯之野鸭塘等处，流经水桥、郑家屯归入三铺河（府志称为中铺大桥），统称为一溪也；鲍屯水流入则称为二溪；西陇水流入为三溪；背陇、安庄水流经大西桥为四溪；小寨水流入为五溪；黑寨（今和桥）流入为六溪；吉昌河水流经中所入马场为七溪；马场地下水流入为八溪；鲊塘河洞水流入为九溪。上述九条水经大龙潭伏流里许而归入九溪河。这就是“九溪”村名的来源。

“九溪”是九条溪水的统称。是哪九条呢？《村志》作者在《安顺府志》中找到了答案，解了自己的心结。今后，如果有爱钻牛角尖的人问起“九溪是哪九溪”，就可以给他一个明确的答复。不过，经宋伯考证的“九溪”，连同王伯在《屯堡第一村——九溪》中加以调整的“九溪”，在有的村民看来，都有牵强之处。因为宋伯、王伯列出的九溪，有些只是沟中流水。按照这样的标准，“九溪”恐怕不止九条。但无论如何，在没有新的说法产生之前，现在解释的九溪聊胜于无，也被引用《村志》或《屯堡第一村》的学者接受下来，得以推广。

> 洪武二十二年（1389），开始的大量移民，充实西南地区，来九溪定居的移民也随之增多。加之战乱平定，明军中一部分转为当地居民等因素，九溪人户的发展更为突出。
>
> 据村内一些年老人传述，至明朝末年，九溪是一个很大的村寨了。清康熙年代，人丁更为兴旺。据古稀老人朱仲明口述：他清楚地记得并亲眼看到后街龙泉寺内立有一块石碑，记载有九溪的历史。清康熙二十二年（1683），九溪有一千二百零三户，五千七百一十口人。自康熙至咸同的二百年间，是九溪人口发展的鼎盛时期，户近两千，人口八千之众。

又是老人传述，又是明朝。古稀老人朱仲明再次出来作证，清楚记得并亲眼看见一块记载九溪历史的古碑(当然,像许多历史证据一样,这块碑被毁了),碑上说,九溪人口曾经达到八千之多。

> 其中朱姓一族于洪武初年先于九溪安居,人户繁衍近二百多户,人口一千余,是大姓中极盛的旺族。至同治初年,全村遭受严重的战乱,朱姓一族损失尤为惨重,人丁大伤。《续修安顺府志·安顺志》载:"同治二年(1863),二月十四日,许大八部由安平(今平坝),至乐平,四乡失稻坉,洞指不胜屈。""九溪村朱姓合族守狗爬岩坉,坉破时数十户死亡殆尽。""后街村民则躲于晓礼坉内,虽有城墙可阻,但坉上人多,又缺水,只有捐金始得免。"今日大堡一带尚存昔年残垣废墟遗址。

朱姓于洪武初年定居九溪,于同治初年人口损失惨重。从古稀老人传述的古碑,转入《续修安顺府志》所记,再到今日大堡残存遗迹,记忆中的古碑、方志、历史遗存,勾勒出九溪朱姓从明初至今的脉络。但是,古碑只是口碑。关于九溪朱姓的文献记载,在同治之前是漫长的空白。即便古稀老人强调自己的记忆清楚、眼睛明亮,空白还是空白。

《村志》的上述文字是学者引用率最高的部分。从《贵州安顺地戏调查报告集》开始,《村志》对于研究九溪的重要性就体现出来。之后的学者对它更加重视,比如《屯堡乡民社会》共引用《村志》14次,在2008年出版的一本专著①中《村志》仍被列为参考文献。以参考文献或直接引征的途径,《村志》被链接进学者的知识生产。学者对待《村志》的态度是把它作为一种证据,用它来为自己说话。

不过,《村志》也有自己的"生命"和故事。我想讲述文本中的九溪的故事,讲述《九溪村志》书写的故事和这一书写背后的故事。这类故事有许多来自并触及与学者有关的知识生产,隐含着学者的知识生产。如果说《九溪村志》记录的是九溪的历史,那么我的工作就是对《九溪村志》本身的记录。

2. 村志书写者与学者

宋修文家住九溪后街,出身书香门第,幼承庭训,上过私塾和三年现代

① 参见朱伟华等:《建构与生成》。

学堂，小学毕业。曾经是县供销社的干部，也做过短期的县税务干部。退休回村后，闲来无事，喜欢舞文弄墨。1989 年上半年，在安顺县志办“宋畔同志”的鼓励和指导下，宋伯开始修志。历时半年，于 1989 年底完成《村志》初稿。此后，就是耗时十年之久的反复易稿。其中，1989 年初稿，1991 年二稿，1992 年三稿（4 月）、四稿（10 月），1994 年五稿，1999 年六稿。2000 年 5 月 31 日，宋伯写下第七稿的编后语，并注明所志截止时间为 1999 年，而自己的身份是原安顺县供销合作社退休干部。我从安顺学院屯堡文化研究中心得到的就是《村志》第七稿的复印本。据说，这也是最后一稿。它的原件据说被来自贵阳的张教授取走，拿去出版。但是，宋伯没有等到这一天。2004 年，他离开了耗尽晚年心力的《村志》，离开了对他褒贬不一的九溪人，享年 76 岁。

2004 年初，《三联生活周刊》记者朱文佚为写作《贵州傩戏：活着的传奇》一文，曾在九溪采访过宋伯。这恐怕是宋伯给外界留下的最后文字：“屯堡九溪村 76 岁的老人宋修文回忆他童年岁月里的春节味道：烟熏的腊肉和神龛前的烛香，猪血和豆腐做成的‘血豆腐’弥散的腾腾热气，傩戏里形状各异的‘花脸子’所张扬的夸张而浓烈的色彩……现在，一切依旧。关于乡土和民俗的印记温情脉脉地植入了他的心底，演变成了数百年间石头、土地和神的故事……”①第二年，在另一篇文章中朱记者回忆说：“我在村里采访的一个叫宋修文的老人，已经手脚颤微，神志迷离了，可这个老秀才执著着一个事业，他从 1989 年开始根据寻访和记忆撰写他们村的村志，每年重新誊抄一遍，至今手写了上百万字。临走的时候，他把《九溪村志》早些时候的一手抄本送给我，那上面字迹清晰刚劲，可是纸张泛着经年累月的蜡黄，已经有点破损。这厚厚的一本书我小心翼翼地收在办公室的书柜里，似一神物，沉甸甸，岁月深深。”②

① 朱文佚：《贵州傩戏：活着的传奇》，《三联生活周刊》2004 年 1 月 19 日，总第 273 期。这是一篇严肃而诚恳的报道，尤其是它让村民再次发出自己的声音，对于外界理解地戏和村落、强化村民的文化自信和某些村民的威望，其影响力非同小可。

② 朱文佚：《三联三年，一次理想主义邂逅》，http://www.xici.net/b244699/d60450173.htm。

他被村民反复记起的两件事，一是编写《村志》，二是他管理的储金会受到政策冲击，不了了之①。他曾担任九溪老协会②副会长，但在 2001 年“百村”课题组进村时，他却退出了老协会，原因是“对集体的事务不太热心”③。村民对他的评价是“高傲”、“看不起人”。

在《村志》编后语中，宋伯感谢帮助过他的人，包括为《村志》作序的张伯和提供信息的村民。其中，我见到房东刘伯的名字。他提到那些为《村志》作证的“古稀老人”的逝去，像宋伯、刘伯、王伯、牟伯这样的九溪活字典，最终将告别来九溪的学者，只将名字和言论留在学者的文本中。

《村志》规范的方志体例应该归功于宋畔，“得到他亲自审订目录和建议以村志模式来写九溪村各方史料，从而使笔者下定决心，克服困难来完成这一夙愿”。宋畔何许人也？除了知道他在县志办工作，其他信息不太清楚。在屯堡文化研究方面，宋畔显然不太活跃，否则我会看到他的相关成果，但他仍然可以称为地方学者。宋伯还与其他学者接触过，比如那位带走《村志》原稿的张教授。虽然他只字未提这些学者的名字，但他们对《村志》书写的影响仍然有迹可寻。

我仔细对比了《村志》(第七稿)关于“五显华光”的解释④(被镶嵌在九溪的地方场景中)与《安顺地戏》的相关文字⑤，发现二者有惊人相似之处，甚至引用清代文人的《竹枝词》来为“五显”作注的方式也如出一辙。二者都没有更多的出处说明。根据《村志》出现的引用笔误，我初步判断这段文字来自别处，很可能就是《安顺地戏》，也有可能是《安顺地戏》与《村志》共享的另一个出处。从引征的史料明代文人《留青日札》和清代文人《竹枝词》看，这段文字最初来源于学者。完稿于 1985 年、出版于 1988 年的《安顺

① 宋修文在《村志》中为自己做了辩解，同时批评了同一年创办的文化站，文化站的负责人是顾之炎。

② 九溪村老协会成立于 1989 年。20 世纪 90 年代中后期，村、支两委对村落事务疏于管理，屯堡文化越来越受到关注，每年都有不少人来参观、考察，大多由老协会参与接待。

③ 孙兆霞等：《屯堡乡民社会》，第 160 页。

④ 参见宋修文：《九溪村志》(第七稿)，第 241—243 页。

⑤ 参见沈福馨：《安顺地戏》，贵州人民出版社 1989 年版，第 32—33 页。

地戏》,其作者是沈福馨。除了早年曾在九溪小学代课的杨老师,沈福馨恐怕是最早到九溪村做调查的地方学者。这个例子,连同前面提到的《村志》对明初"调北征南"史实的复制,说明《村志》书写与学者书写的关联和渗透。

1992 年 4 月和 10 月,宋伯完成了《村志》的两次修改。这在他的《村志》书写史中是绝无仅有的一年。它引起了我的注意。不排除其他原因,有件事却不能不提。那年 5 月,为撰写《贵州安顺地戏调查报告集》①,台湾学者王秋桂和陪同他的本地学者沈福馨、帅学剑、谢振东等人来到九溪村,召集包括宋伯在内的几位村民进行了一次座谈。这两件事聚在同一年,也许是巧合,但也许互为因果。

从文字记载看,宋伯在会上第一个发言,表现积极。面对学者,宋伯慷慨陈词。谈到自己编修的《村志》,谈到自己对屯堡、地戏尤其地戏断代的看法,也谈到自己正在参与编修的《宋氏家谱》和始祖宋龙(可能就是《村志》所述洪武年间落户安顺市宋官巷的"宋忠"),引经据典,提到的史料我已经很眼熟,就是我分析过的被学者们广为引用的那几条。也谈及与学者们的交流,"省文联有位先生给我看过康熙时候的《贵州通志》,其间印有画图'土人跳鬼'……省剧协谢先生拿一本《中国舞蹈史》翻给我看"②。这里提到的"谢先生"正是记载宋伯上述言论的《贵州省安顺市九溪村小堡地戏考察》一文的作者。

受邀座谈的还有张寿齐("过去的大学生")、王厚福("唱本刻印家")、顾光兴("小堡地戏班成员")、顾之炎("五十一岁的农民,地戏班头")。当时,顾之炎还没有"地戏教授"的头衔,那是在 1995 年,也就是《调查报告集》出版一年后的事。宋伯的身份是"农村私塾秀才"。在这篇题为"地戏议源"的座谈记录中,学者隐去了自己的声音(那么,谁来提问和发起话题?学者在正文隐身而在注释现身,耐人寻味),把所有声音都留给了村民。与此同时,村民的声音中却有大量来自学者的注释,尤其是宋伯的声音中又有大量与学者共享的文献信息。令我惊讶的是,村民的观点,甚至无意间举证

① 参见王秋桂、沈福馨:《贵州安顺地戏调查报告集》,1994 年。

② 王秋桂、沈福馨:《贵州安顺地戏调查报告集》,第 353 页。

的史实都能在学者所加的注释文献(正史或方志)中找到相应的根据。村民思考的问题、引用的史料甚至得出的结论与当时学界如出一辙。

与学者和村民的和谐相比,座谈会上的村民之间比如顾之炎和其他几位,倒有点儿观点冲突。顾之炎想强调地戏之古,而其他几位并无此意。最终,宋伯认为地戏起源于乾隆年间,有二三百年的历史。村民对地戏与跳神双重话语的处理,也很有意思。王伯说,"后来也叫屯军不丢掉武艺,练兵习武。这可能成为地戏为哪样尽演打戏有关系。它是非打不跳,非史不演。以后转兵为农,又有香火赛社,地戏跳神"①。但是,宋伯却说,"明朝(根据大家说的),军屯练武、农垦跳神,……在屯堡跳神,戴脸扮神将迎春塞社中表演了,旨在庆丰驱鬼,但还没成今天的地戏"②。究竟是先跳神,还是先有地戏,二人观点不一。他们把地戏和跳神分成两个时段的事,值得再次注意。在座谈记录的最后,"顾光兴说:我们屯堡村寨的农民,看书不懂,见识也少。叫我们捉摸地戏、跳神的历史,只有就自己参加演出的,过去见到听到的讲出来,供大家参考,我们也不怕笑。王厚福说:笑,我们也听不到。哈……"③

真的听不到吗? 2008 年出版的《建构与生成》一书引证了这次座谈会所记录的村民观点,包括地戏起源断代和清代小说在贵州的兴盛对地戏的影响④。学者和村民的观点镶嵌在一起。从 1992 年的九溪座谈到 1994 年的《地戏议源》文本,再到 2008 年的《建构与生成》中《地戏起源及其性质的重新探索》,村落与学界的互动呈现出一条隐约可见的轨迹和一种持续着的互文景观,其中似乎可以梳理出某种"因缘际会"的逻辑:如果没有《调查报告集》作者到九溪的研究活动,就没有那次座谈会,就没有那份"最值得重视"⑤的座谈会记录,也就没有 16 年后座谈记录在另一个文本中的复现。村民的声音是学界唤起的,在学者的文本中保存下来,延续、传递,仿佛有了

① 王秋桂、沈福馨:《贵州安顺地戏调查报告集》,第 357—358 页。
② 王秋桂、沈福馨:《贵州安顺地戏调查报告集》,第 358 页。
③ 王秋桂、沈福馨:《贵州安顺地戏调查报告集》,第 361 页。
④ 参见朱伟华等:《建构与生成》,第 245 页。
⑤ 参见朱伟华等:《建构与生成》,第 245 页。

不朽的生命，也像是被吸附进去的寄生物。《村志》发出的声音也是这样，在诸如《屯堡乡民社会》这样的文本中保存并传递给《屯堡乡民社会》之后的文本，构成另一个序列的轨迹与景观。

3.“菩萨打架”的传说

“百村调查”课题组采集到一些《村志》未载的故事和传说，其中“菩萨打架”的传说最有意思。

在2002年7月“百村调查”课题组的访谈记录中，“菩萨打架”的传说极为简略：“据老辈人说，清朝时，从大堡的汪公庙抬汪公菩萨到大龙潭，抬到水井边时，抬不动了。天上有两只老鹰在打架，人们说这是五显庙和玉皇大帝不让过，汪公的级别小点。于是，这一次只能从后街的25眼桥过去。以后，也就抬观音菩萨（级别大）而不抬汪公了。”①

到了《屯堡乡民社会》，这则传说发生了细微的变化，并得到寓意深刻的诠释：“据老辈人说，清朝时，每年‘迎春会’从大堡汪公庙抬汪公菩萨到大龙潭，有一年抬到后街水井边五显庙时，抬不动了，天上有两只老鹰在打架，人们说这是‘五显菩萨’（显聪、显明、显正、显直、显德兄弟五人，为屯堡人崇尚之神灵）不准过，汪公的级别不够，于是这一次只能从后街的二十五眼桥过去，以后也就抬观音菩萨（级别大）而不只抬汪公了。这表面上看起来，只是一个有趣的传说故事，但故事的后面我们却看到了后街对大堡权威的挑战。年年都从后街经过的汪公菩萨为什么突然不能经过了？这显然是由于后街力量变化的结果。天上的两只老鹰，表面上是代表汪公和五显菩萨，实际上则是对应着大堡与后街。大堡改抬观音菩萨而不只抬汪公实际上也是大堡向后街的让步。通过菩萨打架并没有使迎春会的活动消失，反而使得活动更加热闹了。实际上是通过这一事件整合了各方面的势力，使社区力量得以平衡，社区活动得以加强，得以规范。”②

① 转引自“百村调查·九溪村”课题组访谈资料“2002.7.24上午。牟世国：菩萨打架”（采访人孙兆霞）。

② 孙兆霞等：《屯堡乡民社会》，第178页。

先我入村的一位博士生还原出“菩萨打架”的传奇故事，将其扩展到数千字，具有了一种魔幻现实主义的色彩。在他的叙述中，“菩萨打架”发生在1928年，与次年九溪恢复抬亭子迎春的旧俗互为因果，这样，他完成了其从“历史的事故”到“历史的故事”的叙事①。初次在《屯堡乡民社会》中看到这则传说，我就为之心动，觉得其中大有文章可做。似乎有某种权力、结构的隐喻藏在这则传说的底层。一些日子后，我有幸拜读那位博士生关于“菩萨打架”的叙事与诠释——这种诠释显然受到《屯堡乡民社会》的影响，不由得叹服其想象力。

对比“菩萨打架”三个版本是件有意思的事，它让我看出知识生产在村落与学者之间的流动、过滤、扩展、衔接，看到被反复再生产的“菩萨打架”。完全有这种可能，将来会有另一个学者基于现在的“菩萨打架”生产出更新的“菩萨打架”传说。

二、“弘扬屯堡文化”：一个书写角度

曾经参加1992年那次座谈会、被称为“唱本刻印家”的王厚福，在2003年印制了一份名为《屯堡第一村——九溪》的文本。这个文本很像是《村志》的简写本，但又对《村志》的某些说法做了修正。我不知道如何称呼它，与《村志》相比，它更像是一份详细的宣传手册。虽然《村志》的部分文字早已变成铅字，一次次出现在学者的文本中，但我始终没有见到《村志》全本的打印稿。王伯的《屯堡第一村》却是打印稿，这就是技术的力量。王伯善于从外界接受新事物，与时俱进。他为此而骄傲。

对比《村志》和《屯堡第一村——九溪》，可以发现一些隐含的微妙所在。《村志》中不明显的两个概念“屯堡”和“屯堡第一村”在《屯堡第一村》中得到彰显。这可能与“屯堡”概念的推广进度和它越来越深入人心有关，也与宋伯、王伯对这个概念和学者的认同程度有关。《村志》中还没有九溪

① 张原：《在文明与乡野之间——贵州屯堡礼俗生活与历史感的人类学考察》，第183—187页。

是屯堡第一村的明确说法。它是怎么来的？据《屯堡第一村——九溪》说，“2001年中国百村调查，经过各方面的论证，把九溪定名为‘屯堡第一村’。”后来，与安顺学界过从甚密、写过《一个人的安顺》一书的贵州省书法家戴明贤题写了这五个字，留在九溪。这一命名进一步获得确认。王伯写道，“屯堡第一村”，“这是名副其实的”，有他的诗句为证：“历史悠久文明地，屯堡之最堪第一。”在有的文本中，我看到类似这样的表述：“九溪村素有‘屯堡第一村’的美誉。”2001年的命名可以称为“素有”吗？无人深究的事实已经具有了历史感。在九溪，我曾邂逅贵州省电视台安顺记者站的陈记者。他说，当年自己建议将九溪命名为“屯堡第一城池”。“第一城池”比“第一村”更符合屯堡的军事概念。

2007年，九溪的邻村鲍屯提出自己是“大明屯堡第一屯”，在公路边挂出招牌。那里是杨老师的地盘。像当年的九溪村一样，那里上演着另一段知识生产故事。2008年，杨老师与来自北京的专家合作出版了《大明屯堡第一屯——鲍家屯》一书。鲍屯成为官方认可的“历史文化名村”，就像九溪，鲍屯也成了一种“现象”①。

在《屯堡第一村》的封面，一个箭头将“屯堡第一村”指向“九溪”。《屯堡第一村》的正文体现出比《村志》更多的屯堡色彩，其中也有《村志》中缺席的学者的在场。在《九溪的屯堡文化》中，王伯写道“九溪……至今仍保持六百多年的大明遗风——浓郁的屯堡文化”，对九溪“屯堡文化”进行了学者式的分类：建筑文化、服饰文化、语言文化、饮食文化、戏剧文化、宗教文化，并说“改革开放以来曾有许多国内外专家、学者、诗人、作家、记者、艺术摄影家、画家……都到这里考察、采访、拍照”。我注意到，王伯不仅对屯堡文化做了学者式的分类，对外来者也进行了分类和排序，其中专家、学者排在前列。在“九溪地戏”中，他写道：“据有关专家考证，地戏属傩戏演化而成，是戏剧的活化石，但也有学者认为地戏是练武形成，然而，在九溪的流传是后者说法。”为什么？王伯将地戏起源归功于征南先锋顾成，“顾成曾多次号令各屯堡村寨，每年孟春月、孟秋月练习武事以御外侵……就这样，逐

① 杨友维等：《大明屯堡第一屯——鲍家屯》，“后记”，巴蜀书社2008年版，第262页。

渐地形成跳神，演地戏。实属一种特具古代军事文化在屯堡社区的延续。”其中，提到安顺那条因顾成得名的“顾府街”和顾之炎也曾谈及的“同室操戈”成语由来，甚至九溪周边的屯堡村寨也被纳入顾成曾经的麾下，似乎是顾成缔造了屯堡。王伯告诉我，有位学者撰文说，屯堡文化的起点是顾成——包括顾之炎在内的九溪顾姓奉顾成为始祖，《九溪顾氏族谱》的叙事起点是顾成，九溪河畔的塔山上有顾成墓。

紧接着“军事文化”、“屯堡社区”这两个学术性概念，王伯引入具体的学者研究成果：“据贵州省文联沈福馨和台湾清华大学教授王秋桂经历了近十年来对屯堡社区地戏的调查了解，作了详细的记载，合写了一本《贵州安顺地戏调查报告集》，在此书中，376 堂地戏有三堂地戏、三座大庙宇、三条大街、一条大河的村寨独有九溪。”如果说《村志》中九溪对外是封闭自足的，那么王伯的文本具有更多的开放性，除了学者的影子，游客和官方的发展规划也在其中，比如“抬亭子（迎春会）”：“曾有国内外新闻记者、电视摄影，还有美、法、日、中国台湾、新加坡、马来西亚等许多朋友，也来看我们的‘迎春会’抬亭子活动。”又如“经世界旅游组织、国家旅游局、贵州省旅游传播中心、省旅游局评为 A 级屯堡文化中心。在党的十六大精神指引下，为加快实现全面小康社会的发展进程，得到各级党政领导对九溪的高度重视及关心，以调整农业产业结构，带动屯堡旅游业的发展，初步规划以 2300 多万元的项目资金开发建设九溪”。在《九溪“河灯节”史略》最后，王伯写道“为了遵循传统习俗，弘扬屯堡精神，经研究，我村月半节七月十四定为‘河灯节’”，这也是《屯堡第一村——九溪》最后的文字。“弘扬屯堡文化”，这是王伯对我讲过多次的话题，也是这份《屯堡第一村》不同于《村志》的旨趣所在。

九溪周边的村落也修了自己的村志，修志时间比《九溪村志》晚，下的功夫大多不如《九溪村志》。《中所村志》（1998 年）、《雷屯村志》（2003 年）、《鲍屯村志》（2004 年）、《曹屯村志》（2004 年）①，其中完稿最早的《中

---

① 参见吴羽等：《安顺屯堡史料类编》，2002 年贵州省哲学社会科学规划课题结题报告，2003 年。

所村志》也比《九溪村志》初稿晚了近十年。十年之中,屯堡概念越来越深入人心。后修的村志具有更明显的屯堡色彩。所有村志都把六百年前作为自己的叙事起点,充满想象,但有时却因此陷入叙述困境。

元末明初,这里居住约二三十户人,苗族和布依族,他们住地以姓为名……如今这样的地名还在叫着。明洪武十四年朱元璋执行南征……应征的张、尚、李随征入贵州……这些名称叫了数十年,明代有边防驻军驻于此地,在当时的军事机构中,分有大所、小所、中所的名称,这里称为中所,从此批发文书、来往的信件在地址上都写到中所……中所是现在的简称,民国年代还叫"中所屯"。①

明朝初朱元璋登基统一了中国,但在西南等省还是非汉人居地,而是蛮夷之乡,他们都不服王化,故派傅友德大将军与顾成和沐英两位副将于洪武十四年率领三十万大军征南……我们的祖先龙公、日华公系属沐帅下将军……留守此地,故名雷家屯。②

公元1370年,明朝开国皇帝朱元璋,为完成统一大业,派三十万大军征服滇黔,战后,……让三十万大军,驻军留下来屯田守土……上述屯堡村寨的后裔,二十世纪八九十年代,历史学者称为"屯堡人"。③

屯堡概念的推广带来的是"屯堡化",一切事物都被放在屯堡这个概念框架中叙述和解释。村民与学者同样要面对六百年前这个叙事起点制造的巨大空白。在竭尽全力填充这一空白时,年代会因过度想象而错位。村志作者既要吸纳学者的研究成果,又要处理它们与本村地方记忆和知识的串联、拼贴难题。

一七九七年(嘉庆二年)因我屯人口逐渐增长,经济逐渐发展,加之四方游客及宗教信仰的人们,到每年春季都要到我屯来参加各种会期和游览,热闹非常,但缺乏的是文化,加之当时的治安不够安静,青壮年们为了防盗贼的侵扰,经常团结在一起,互相想出办法来,收集历史

① 张尔俊:《中所村志》,未刊稿,1998年。
② 雷国昌:《雷屯村志》,未刊稿,2003年。
③ 鲍中全:《鲍屯村志》,未刊稿,2004年。

书籍，经过群众的选择同意，以唐李世民的一段故事（四马投唐）来按故事中所写的人物特征来刻制脸谱，进行操练各种战斗的武功拳术，这样既可供群众观赏，又可以李世民及其将帅等的忠勇仁德来教育民众，……代代相传。①

经济发展与游客增多，会期与游览，"缺的是文化"，治安状况恶化与团结在一起，群众的选择同意，供群众观赏与教育民众……这一切，怎么看都不像嘉庆年间的事，倒是汇聚了1949年至今的诸多官方话语，最终指向的还是弘扬屯堡文化。

三、小　结

村志作者和学者一样，热衷于寻找屯堡文化的历史源头。所以这些村志都有"小地方、大历史"的特点，村落历史、人口来源、民间信仰、民俗活动被放在屯堡文化的框架中分类、描述和解释，叙述框架有可能受到学者知识的启发。在这方面，新修的家谱与村志很相似②。我们也看到，在村民心中历史的源头在很大程度上影响着村落的现实定位，决定村落朝什么方向去包装和发展自己，所以"弘扬屯堡文化"成为村志书写的目标。

村志用"明初"表述的是祖先的荣耀，用"清末"、"民国"表述的是现实的苦难。村志叙述最详者大多是20世纪20—40年代的人和事，诸如第一次"过河会"、第一次"抬亭子"迎春会这类对后来的九溪村恢复文化再生产具有示范意义的事情都发生在这段时期，村志所记的大部分九溪"人物"都活跃于这一时期。从古稀老人的记忆看，这段时期最清晰。民国政府向民间推行新生活改良运动，鸦片种植导致人口迁移③，土匪猖獗，大户人家修

---

① 雷国昌：《雷屯村志》，未刊稿，2003年。

② 参见张金奎：《贵州安顺屯堡社会调查报告》，载万明主编：《晚明社会变迁问题与研究》，商务印书馆2005年版；吴羽：《屯堡历史在屯堡人中的"复活"》，载Tim Oakes、吴晓萍：《屯堡重塑》，第132—144页。

③ 参见卢百可：《贵州省安顺市附近"屯堡人"祭汪公活动的变迁和意义》，载Tim Oakes、吴晓萍：《屯堡重塑》，第191—193页。

筑高墙碉楼,九溪的门洞、门楼,邻村云山屯和本寨的所谓古建筑都出现于那时。看来,苦难与荣耀都容易被选择为表述自我的主题。

然而,有的学者引征的村志内容恰恰不是发生在清末后的人事,而是有关村落、村民来源的传说和地方历史,其中不少是学者知识的复制品,也就是说学者的知识很可能经过村志处理后又变成学者的证据。

第四章　影响深远的调查

在一次名为"学院与草根的对话"座谈会上，顾之炎说"博士大人来九溪，百村调查的老师来九溪。我给九溪的人说九溪的难期满了"①。悬挂于九溪屯堡大楼的"新世纪九溪村发展大事记"第一条记载"二〇〇一年七月'中国百村经济调查·九溪村'课题组正式进驻九溪，从此翻开了屯堡文化发展新的一页"。

未到九溪，我细读过《屯堡乡民社会》。到了九溪，我仍不时翻看它，也和村民一起读它。它是我进入九溪的"指南"，使我了解到九溪的许多情况，具体的事件、真名实姓的人物、某些人物的个性，从而在进村后有按图索骥的线索。

但我更关心书写它的"百村调查"课题组研究九溪的故事：如何进入，如何与村民互动，如何参与到九溪的发展中。对我而言，这种信息的重要性绝不亚于前一种信息。我得以了解它的知识是如何生产出来的，这种生产又如何影响到村落自身资源与关系的再生产，从而成为村落历史的一部分。

---

① 博士大人指的是来自北京的"中国百村调查"项目协调管理人王春光。2002 年 4 月初，他来到九溪。临别前，他与部分九溪村民和安顺师专课题组老师一起召开了一次座谈会。他说："今年九溪有好多历史的第一：到安顺拜年是第一，600 年没有过；师专跟九溪合作也是历史没有的，也是第一。我们到这儿后第一个很好的感觉就是我们知识分子终于找到了一条能为老百姓和村里发展做事的路径。"在座谈会的最后，顾之炎说出上述这番话。（孙兆霞等：《屯堡乡民社会》，第 407 页。）

九溪村大事记

一、“百村调查”

去九溪前，一本写九溪的著作《屯堡乡民社会》成为我了解该村落的指南。一些日子后，我遇到《屯堡乡民社会》一书的作者。我对他们说，这本书是我的“田野指南”。带着描写即将抵达之地的文本去做田野，这在我是从未有过的经历。后来，我发现几乎每个前往九溪的调查者都以《屯堡乡民社会》为指南。当他们在九溪邂逅，共同的话题除了九溪，还有《屯堡乡民社会》。如果某个人对你说，他在研究九溪，而又没有读过《屯堡乡民社会》，那就有点不可思议。

1. 孙老师

我一次次听人们讲起孙老师。在安顺师专，孙兆霞老师曾经是一面旗帜。1958年出生的她，性格豪爽、精力充沛，颇有女侠风范。1981年，她从贵州大学哲学系毕业，成为安顺师专的青年教师。1983年，她放弃了正在准备的考研，留下来组建该校政教系。不过，真正让她留下来的却是另一件事。2000年，孙老师参加中国社会科学院重点课题"当代中国社会结构变迁"镇宁子课题的调研，完成研究报告《镇宁科技人员结构研究》。2001至2004年，孙老师主持国家社科基金"九五"重点项目"中国百村调查·九溪村"分课题，2005年课题组出版《屯堡乡民社会》一书。2001年9月，安顺师专成立"屯堡文化研究中心"，孙老师是实际负责人。

九溪"屯堡山庄"立房那天，人潮涌动中，我与孙老师匆匆照面。再次谋面是在天龙镇，在《天龙秘事》一书的首发式上。后来，我到贵阳专程拜访了她。最初对我只是作为《屯堡乡民社会》作者的孙老师，成了与我面对面的孙老师。这样的转变使我对《屯堡乡民社会》和"百村调查"的知识生产故事有了更深刻的了解。我对她说，《屯堡乡民社会》有两种读法。一种是通过它获取九溪的信息，另一种是读出其中的知识生产故事。我更愿意强调后一种读法的意义，因为它被人忽视。我也举了一位先我半年到九溪的博士生的例子，他说自己的研究从《屯堡乡民社会》的终点开始①。我说，"我想把您，把《屯堡乡民社会》和'百村调查'的知识生产故事写下来。您将成为我书写的对象"。她说，"好啊！看过你的论文，我很激动。你的思路很有意义，别人没有注意到的东西，你注意到了。写出来，一定是个很有意思的东西"。作为当事人，她的肯定使我备受鼓舞。实际上，在书写《屯堡乡民社会》时，课题组就注意到几年后的我所关心的东西，否则不可能在《屯堡乡民社会》中留下那些重要线索。即便当时没有将它们作为研究主题，也有所意识。孙老师说，"论证'百村调查'课题时，有专家建议呈现研究过程。我们很赞成。后来，欧挺木邀请我参与他们的课题，我很快就明白他的思路，写出《地方专家学者与屯堡村的发展》一文。他很满意，没做任何修改"。

---

① 参见张原：《在文明与乡野之间——贵州屯堡礼俗生活与历史感的人类学考察》，第14—16页。

《屯堡乡民社会》留下了知识生产线索，我想沿着这一线索，使知识生产叙事进一步明朗化。那位博士生选取的是《屯堡乡民社会》指向对象的路径、问题、资料和空白点向前走，我选取的是《屯堡乡民社会》指向研究自身的路径等向前走。他从《屯堡乡民社会》继续向外，我则从《屯堡乡民社会》继续向内，进入知识生产机器内部来叙事。在孙老师们之前也有学者进入九溪，例如 1983 年的沈福馨、1992 年的王秋桂等人和 2000 年的张晓松，但“百村调查”的规模、持续时间、卷入九溪的深度、造成的效应却是前所未有的。“九溪大事记”说它翻开了九溪历史新的一页，毫不为过。

我的访问勾起孙老师对当年的回忆。直到 2004 年调到贵州民族学院，孙老师在安顺学院（其前身是安顺师专）度过了 20 多年的岁月。对于安顺学院和安顺这片土地，她怀有抹不去的情感。《屯堡乡民社会》回顾了 20 多年前的往事：“随着包产到户在全国的普遍推行，同一政策在不同地区产生不同结果的区域性差异，立刻受到了‘中国农村发展问题研究组’的高度关注。发展缓慢的贵州由此进入该小组的研究视野。1981 年秋，受命于中共中央农村政策研究室作农村调查的‘发展组’成员、贵州籍人士孙方明，刚一结束安徽四县调查，就风尘仆仆赴贵州作比较调查。……在他的积极奔走和多方协调下，终于先后组成了两个课题组，这就是成立于 1982 年的‘贵州经济社会发展研究’课题组和成立于 1984 年的‘山区经济发展战略研究’课题组。……后者以安顺师专部分青年教师为骨干，承接了中国农村发展问题研究组承接的‘六五’哲学社会科学全国重点科研项目——‘中国农村经济发展战略’的分课题。……‘山区经济发展研究’课题组以《改革：商品经济原则的引入和确立与落后省区面临的挑战与选择》为题，形成结题报告。”①当时的孙老师是“山区经济发展战略研究”课题组负责人。多年的研究使她积累出丰富的经验，包括如何组建一支团队。

1984 年开始的那次研究体现出强烈的现实关怀，一方面它表明孙老师当年的立场，即便这种立场很模糊、幼稚。另一方面，那次研究经验进一步坚定或塑造了她的立场。这种立场贯彻到 2001 年开始的九溪村调查和《屯

① 孙兆霞等：《屯堡乡民社会》，第 7—10 页。

堡乡民社会》书写中。这是一种什么样的立场呢？通过研究来促进农村的发展，不是以一种旁观者的姿态去研究，而是积极投入社会改造中，过问民生疾苦。《贵州日报》的一位记者曾经采访过孙老师，文中写道："年轻的孙兆霞被她所供职的安顺师专指派参与组建政教系，由她带队到紫云、关岭、镇宁等自治县的农村中小学去开展社会调查。调研开展了半月，她就哭了半月。……2000 年，她到镇宁自治县六马乡纳坡村做调查，……当他们在 7 月雨季里无数次蹚过山间溪流，穿过若隐若现的羊肠小道才到达纳坡村时，她真正从心底理解了农民脱贫致富的强烈愿望。……做了近半辈子学问的孙老师却做起了民间的草根志愿者。她说，以前，她都是在做思考，现在，也想在思考之余做做行动了。她不仅担任了省内某本土民间组织的顾问，也时常参与到一些 NGO 的公益活动中去。"①孙老师过谦了。比起大部分闭门造车的学者，从一开始涉足研究，她就已经在行动。2008 年，她对我重申行动的重要性，提到印度喀拉拉乡村研究经验。她的观点体现在《地方专家学者与屯堡村的发展》一文中。参与式研究，这是她多年来的主张，也是对"百村调查"的回顾性总结②。

2. 调查故事

20 世纪 80 年代的"地戏出国"轰动一时。之后，地方政府推广旅游业，观光客、调查者、摄影爱好者的频频造访，"一次次对文化事象和族群来源的追问"，增强了村民的文化自信，也使他们中的某些人嗅到一种发展的契机。村民整理自己的文化，印刷佛歌、唱本，编写村志、族谱，也开始"清点本村'屯堡文化'资产"③。"虽然还处于无组织状态，但九溪精英们各自利用自己的社会资源，将海内外的观光客、摄影师、文化研究者、政府官员等尽可能地拉到九溪。例如从 80 年代至 2000 年，'地戏教授'顾之炎家几乎每

① 《草根志愿者》，《贵州日报》2006 年 11 月 29 日。

② 参见孙兆霞：《地方专家学者与屯堡村的发展》，载 Tim Oakes、吴晓萍：《屯堡重塑》，第 69—70 页。

③ 孙兆霞等：《屯堡乡民社会》，第 275 页。

年春节都要接待前来采风、作民俗调查的专家学者和文化工作者，老协会的大门也永远朝外来者开放。其他九溪村民将前来观看村里大型民俗活动的外村人、城里人视为贵宾，能接待则接待，人们将此视为一种荣耀，因为在为本村出力。”①但是，尽管村民卖力地接待宾客，九溪的屯堡文化还是没有发展起来。村民苦恼地自问：“九溪的‘屯堡’怎么就搞不起来呢？”

周围有的村寨却遥遥领先。云山屯以其保存还算完好的古建筑赢得地方政府的青睐，早在20世纪80年代就成为当地旅游业的窗口。在胆子大、点子多的梅支书“导演”下，本寨2000年演绎了一周的屯堡风情。天龙也打出“天龙屯堡”的名号，成立私营旅游开发公司。九溪人备受刺激，很不服气。当听说吉昌1999年办“过河会”赚了钱，几个老人再也坐不住了。村民牟世国回忆说：“宋魁元、我和王厚福几个老人说吉昌屯前一轮甲子‘过河’赚了钱，正月间我们约着去看他们‘抬汪公’，但主要是去看扎的那些菩萨，扎了东岳大帝等，但没有九溪扎得好。于是，以老协会为主，村支两委协办，全村人上前，九溪举办了70年后的‘过河’”。②《屯堡乡民社会》评论说：“不管是出于不甘人后的不平衡心态，还是出于更实际的找点小钱的目的，2000年的‘过河’可看作九溪村人对自身处境不满的一种表示”，“在即将开场的市场经济舞台中彩排试演，汇集能量，在自我能量的积聚中面对他们已经预感到的‘历史机遇’”。③ 也许“百村调查”就是九溪等待的“历史机遇”。

2000年，九溪村干部改选，任村支书不到一年的顾之炎受到弹劾，原村委主任朱华昌被任命为支书，村民张胜刚当选村委主任。总之，村、支两委不和，村落权力“真空”④。课题组的到来是否能结束九溪发展屯堡的“无组织状态”呢？

借助《屯堡乡民社会》的相关描述，结合在课题组成员和村民那里了解

① 孙兆霞等：《屯堡乡民社会》，第275页。

② 孙兆霞等：《屯堡乡民社会》，第275—276页。

③ 孙兆霞等：《屯堡乡民社会》，第275页。

④ 孙兆霞等：《屯堡乡民社会》，第38页。

到的信息，我想再次讲述当年“百村调查”在九溪的活动。它包含两个层次的内容，其一是发生在课题组与村民之间或课题组所触动的事，其二是课题组的反思。这种反思筹划出课题组与村民下一步互动的方向，因而带动出新的事。在相应的地方，我作出自己的分析。我不仅关注当时发生了什么，也关注当时课题组想什么以及这一切在村民那里产生的效应；既关注《屯堡乡民社会》传达的事实，也关注《屯堡乡民社会》通过记录这些事实进行的表达。要特别注意的是，不仅作为一个事件的“百村调查”在九溪引起的变化，而且关注记录这些变化并作出评判的《屯堡乡民社会》出版后可能产生的效果，比如在《屯堡乡民社会》中某些村民被命名为精英，当他们或其他村民看到、了解到这一点时可能有的反应。

> 2001年7月15日，课题组师生38人在九溪村小学仪仗队、妇女秧歌队等1000余人的夹道欢迎和鞭炮声中进入九溪。由村支书朱华昌和老协会负责人之一王厚福致欢迎辞后，课题组在九溪小学四个教室里以高低参差不平的课桌、板凳拼合搭铺，自办伙食，开始了为期半个月的农户全数问卷调查和部分个案访谈调查。这一天九溪村热闹非凡，欢迎课题组的标语口号、安民告示如期张贴，老人和孩子们奔走相告这是调查研究队伍①。

七月农闲，村民有足够的时间接待来访者。此前，课题组有成员到过九溪，但就像是暗访，没有把事情挑明。此刻，有村民在村口遥望，一声令下，燃放鞭炮，锣鼓喧天，齐声欢迎。鞭炮声止息后，双方代表在村广场相互致辞。师专领导也来了，代表课题组说明来意。代表九溪致辞的朱华昌后来与课题组渐行渐远。我进村时，他已离开九溪的政治舞台。除多了访客，村里还多了红底白字的欢迎标语和正在张贴的“安民告示”。“老人和孩子们奔走相告”，解释着课题组的身份和来意。即便如此，除极少数人外，大部分村民对这热闹的仪式和这群人究竟所来何为还是一头雾水。从老协会传出的消息是，有十多个国家的外国客人要来，所以当看到从车上下来的客人

① 本小节的楷体字部分出自孙兆霞等：《屯堡乡民社会》，第276—288页。以下不再一一标注。

如此普通,还有许多学生面孔时,村民大为失望。当然,欢迎仪式还要照常进行。课题组可能不知道村民面对他们时的窃窃私语和复杂心态。对于来访者,有时会出现令前者不可思议的猜测与传言。

在课题组进村前,虽有沈福馨、张晓松这样的学者不断造访九溪,他们的接触面只限于顾之炎那样的村民,影响力很小,也没有此次这样的群体对群体的仪式。接下来的日子,课题组的身影在老人们的引导下,出现在整个村落。在入户问卷的覆盖和发生在不同家户的访谈声中,九溪村似乎被翻了个底朝天。每天傍晚,九溪小学就开始流传白天调查的故事和笑话。

> 7 月 16 日一早,九溪老协会二十余位被选拔出来的既熟悉社区情况又德高望重的老人,开始了为期半个月为调查组服务的工作。具体的任务是,这些老人拿着调查组为此次调查所写的《致九溪父老乡亲的一封信》,将调查员逐一带领入户,进门先宣讲此次调查的目的、规则、意义等内容,使农户消除以为是“计生工作”和“收款”工作的余虑。如果没有他们的帮助,要在半月内完成近千户的普查和数十人的访谈是难以做到的。

课题组带来了市里的官员和电视台,显示出它的能量。村民报以更多的方便、额外的演出和热情的招待。

> 课题组入村不久,安顺市政协屯堡文化考察组闻讯赶来九溪做调查,听课题组对九溪屯堡文化事象及九溪河受污染的情况介绍,并与九溪村部分村民座谈。安顺电视台也专程到九溪做了专题片。九溪人将“政府”对九溪的重视归功于课题组的到来,于是全村上下尽量为课题组工作提供方便,老协会邀请课题组参加他们一年一度的“秧苗会”的聚餐,认为这是老协会的一份光荣。其间课题组观看三个地戏队和九溪花灯队给课题组的专场表演。村民家中有结婚、“做大客”等喜事,调查员们前去观看,会被主人家认为是一种福气,笑脸相迎。
>
> 课题组于 7 月 31 日完成首次调查离开九溪村时,九溪千人空巷,人们自发地挤拥在村中广场为课题组送行,妇女们还唱起了原本只在村外才唱的山歌。歌中唱道“若是你们的汽车装得下,请把我们的思念全带走”,其情其景,颇有“十送红军”的意味。

从“老人和儿童奔走相告”、“九溪的父老乡亲”到课题组离去时“十送红军”的场面说明了九溪人的热情，但他们并不因此而变得简单。这一点，课题组将越来越深切地知道。

> 2001年8月7日，在课题组陪同下，王春光、朱伟华访问九溪。王春光在老协会座谈，阐述“百村调查”的意义。老协会副会长王厚福介绍老协会运转情况及屯堡文化事象。王春光意识到九溪是一个自组织机制极强的村庄，产生了研究其公共空间的想法。

作为“百村调查”课题的协调管理者，王春光是更大的专家。他的话既决定课题组的方向，也会更具权威性地影响村民。作为社会学家，公共空间和民间精英是他最为关注的问题。《屯堡乡民社会》关于精英的研究视角和分类模式，深受他的启发。

> 2001年9月，九溪村邀请课题组参加“河灯节”。这是九溪村第一次邀请学术界参与民俗活动，“目的很明确，让老师们亲眼见识一下九溪村屯堡文化的气势”。这是课题组“第一次不带任务做客九溪”，“以客位立场进行观察，或许更能超脱地得出结论”。观看“河灯节”，课题组初次见识九溪传统文化的魅力和强大的自组织力，不由得深思“这种社会文化能量怎样才能在经济上造福于九溪人民呢？”

“河灯节”既是邀请，也是展示。课题组很清楚这一点。初次见识九溪的能量后，课题组开始思考怎样转化这种能量。

“河灯节”靠的是九溪河。上游的化肥厂多年来一直在污染九溪河，村民积怨已久，却也无可奈何。因为它给地方政府带来利税。上个月邀请课题组参加“河灯节”，是否为的就是今天处理这件事？欣赏过如同黄浦江夜景①的九溪河灯节，课题组岂能坐视不管。给市长写信后，课题组进一步卷入九溪，角色发生改变，参与式研究的立场渐渐确立。

> 2001年10月，本已停产、紧邻九溪的安顺化肥厂排污入九溪河。课题组为九溪村起草并递交“致市长的一封信”。将九溪的事看成自

① 语出王春光。看过课题组“九溪河灯节”录像后，生长于江南的他，说这真像黄浦江的夜晚（孙兆霞等：《屯堡乡民社会》，第279页）。

已的事，课题组的角色定位在发生改变。同样，九溪人也将课题组视为"自己人"而相托相依。课题组与九溪人之间，从工作的互动衍生出了情感的互动。

2001 年 12 月 29 日，在课题组陪同下，黄平一行三人访问九溪。村民夹道欢迎，表演地戏、花灯。欢迎仪式由村委会和老协会共同主持。黄平等被村民的组织能力和"充满了发自内心笑容"的安宁与快乐所震惊，建议课题组注意村民"精神面貌与经济水平的不对等性"，从中发掘乡村文化建设的有效资源。

社会学家黄平一直在研究印度喀拉拉乡村建设经验，倡导参与式研究。九溪人的乐观精神与其生活贫困的反差刺痛了他，如何才能改变这群人的命运、把九溪这样的农村建设得更好呢？行动、参与、发展，这应该是他与课题组谈论的主题。

课题组与九溪的互动已近半年，安顺学院罗布农成为课题组的顾问。在安顺，罗老师是个名人。阅历丰富，胆识过人，每每想人所不能想，言人所不敢言。有他的参与，课题组的行动更加有力和迅速。罗老师口才好，能够很快鼓起人的勇气和信心①。在新年到来的气氛中，他的一席言论深深打动着听众，被戏称为"洗脑会"。"屯堡第一村"、"屯堡领袖"这样近在咫尺的远景吸引了大家的注意力，刺激着他们的神经。

2002 年 1 月，在课题组提议下，九溪村召开"发展座谈会"。安顺市委宣传部副部长李晓和"以策划见长"的安顺师专老师罗布农作为特邀嘉宾发言。罗老师为九溪的发展勾画蓝图，提出打造"屯堡第一村寨"和成立"屯堡文化研究会"等设想，希望以此确立九溪在屯堡社区的"领袖"地位。罗老师这一后来被九溪人称为"洗脑"的谈话，当即引起在场九溪人的强烈反响。

"洗脑会"确实激起了村民的冲动，罗老师一时间成了村民的"诸葛亮"。原先出于种种原因，与课题组保持距离，待在家中观望的精英们再也

① 安顺学院的小吕听过罗老师的讲座。他开玩笑说，听了罗老师的演讲，懦夫也能变成勇士。

坐不住了。课题组三顾茅庐而不出的顾之炎和伺机东山再起的张文顺决定捐弃二人的前嫌,联手出山①。一周内两次拜访罗老师,"开局策划"在热烈讨论中出炉。

座谈会后四天,张胜刚、方明、张文顺、顾之炎拜访罗布农。三天后,这几位村民和课题组几位成员又在罗老师家详论"九溪发展战略开局策划"。"一拍即合的反应令课题组人员更加深地对九溪的了解了",坚定了"用研究成果指导九溪的发展"的信念。"开局策划"分为四个步骤:1. 正月十二,全村动员到安顺巡游,给全市人民拜年,亮出"屯堡第一村寨"的名片,散发传单;2. 搞卫生运动,改变九溪脏乱环境,并以此调动全村人办好自己事情的能动性;3. 成立"屯堡文化研究会","以屯堡人自己研究自己的方式形成对自身文化的文化自觉与文化认同,并与600年前的江南母源地文化相联系,形成更广域视野的汉文化认同及文化变迁的自觉意识";4. 成立村民入股的发展公司,开发旅游业和综合性农业,构建"校(安顺师专)村挂钩"的新型智能企业。

课题组越来越深地卷入九溪事务,逐渐从被动卷入到主动介入,改变了做一个客观也旁观的研究者的初衷。虽然有对九溪人心理的清醒认识,但经历过一次次研究与情感的互动和外地专家对参与式研究立场的点拨与肯定,课题组决心帮助20年来遭到冷遇的九溪。九溪人也找到真正可以依托的智囊团和与外界联系的媒介。半年来,九溪在变,课题组也在变,原先相互试探的局面变得清晰起来。

2002年春节,中央电视台《金土地》、《龙行天下》摄制组到安顺,在向地方政府咨询以哪个村寨为拍摄重点时,市委宣传部推荐了九溪。一个多月后,节目播出了。在与九溪人半年多的交往中,课题组改变了客位观察的初衷,不自觉地将为九溪发展出谋划策归为己任。课题组的人暗下决心,一定要尽力帮助九溪。

1997年恢复的"抬亭子"迎春会,在2002年被赋予一项新的使命,为三

① 张文顺:《我见证和参与了九溪21年的发展与变化》,载Tim Oakes、吴晓萍:《屯堡重塑》,第250—253页。

天后的安顺"大拜年"排练。组织者也发生了改变,刚成立的屯堡文化研究会取代了老协会,成为台上的指挥,展示着自己的领导、组织才能,《屯堡乡民社会》评价说"新的权威及组织机制正式登台"①。

> 2002 年 2 月 20 日(阴历正月初九),在迎春"抬亭子"的同时,九溪村民排练正月十二的安顺巡游。
>
> 2002 年 2 月 23 日(阴历正月十二),当伴着铿锵有力的锣鼓声慢慢推进的九溪游行方阵从安顺市市东路推进到人民会场时,早已等候在此的课题组和现场的安顺市民即被震撼了。第一阵容……巨幅标牌上白底红字"屯堡第一村寨——九溪向安顺人民拜年"……紧接此牌的是横标群,上书有"实践三个代表,发展九溪经济"、"弘扬屯堡文化,传承创业精神"、"抢抓机遇,开拓创新"。第二阵容是"彩亭"车队,……第一辆车是中国的三代领导人的巨幅画像,接着是承载手执红旗小孩骑在纸扎的奔马上的两辆护卫车,再之后是通过"纸扎"民间传说故事的八辆"彩亭"车。从第三阵容起是步行方阵,由衣着传统对襟衣,胸配"总指挥"、"副总指挥"字样的张胜刚、顾之炎、张文顺排成一排横拉开约十五米宽的方阵推进。有的方阵还齐喊口号……2000 多人的游行队伍威武雄壮,先声夺人,气势锐不可当。虽有老少妇幼皆在队列中,军旅色彩仍十分强烈,让人马上联想到 600 年前的征南大军也不乏此军仪威严吧。游行队伍在市政府门前的人民会场前表演一阵后,顺着东大街经老大十字南行到西秀区政府舞了一阵,便停在南大街上表演,整个过程从 12 点开始至下午 5 点结束。中央电视台、贵州电视台和安顺电视台追随拍摄,课题组及九溪移居安顺的助威者一直跟随队伍助威呐喊至整个过程结束。

像这样混杂着地方民俗与主流意识形态,通过对国家的模仿而使国家在场的狂欢仪式在全国各地并不少见,值得注意的是课题组在其中的身影和叙述。他们既是观众,也是仪式的参与策划者。

"九溪人风光了一回","大拜年"后课题组的访问引出村民的声音。

---

① 孙兆霞等:《屯堡乡民社会》,第 283 页。

张文顺说："去安顺拜年是九溪发展的重头戏，这次活动一是宣传九溪；二是检验我们这几个人搞活动是否有能力。九溪全体村民大力支持，老协会全力配合，同时还有师专老师给予指导。通过这次活动把九溪作为第一村寨推出去，为以后的发展奠定一定的基础。"①

王厚福说："今年的拜年活动全靠师专老师指导……是九溪600年来最大的一次。"②

袁从福说："全村人都风光一回，很多记者来了，拜年给九溪人民争了光。"③

这些话语有回忆，有总结，也有自我分析。对"大拜年"的访谈和记录进一步固化这一事件，使它的影响力更为持久。村民认为九溪人以浩大的声势震撼了安顺人，这是九溪从未做过的事，也是其他村想都不敢想的事。

在接下来的一个月里，举村之人皆若狂，灯火通明，聚集在领头人周围规划着明天。配合巡游仪式，一些民俗表演组织应运而生。有的民俗获得新的创意，有的人家成为通宵达旦排练节目的场地。激发出信心的村民有了强烈的表演欲，为下一次展露自己的风采而摩拳擦掌。积蓄已久的能量被释放出来：

全村的兴奋点都处在回忆风光的"拜年"和议论下一步的行动。继正月十二的"大拜年"之后，九溪村村委办公室的夜晚几乎天天灯火通明，几百人畅谈九溪发展，每每讨论至凌晨一二点钟才肯散去，这种讨论持续了十多天。张文顺、顾之炎、张胜刚、方明等几个领头人有时晚去一会儿，就会被电话催促或干脆一伙人到家门前等候着，人们酝酿着下一步的动作，规划着明天的蓝图。依托民俗风情的民间组织又有新的创意：还在抬亭子之前，30余个小伙子在全村人的鼓励之下组成舞龙队；除了全村性的老年妇女秧歌队外，大堡、小堡、后街的青年妇女们还分别组成青年秧歌队；本村妇女不在村内唱山歌的传统习俗已被

① 孙兆霞等：《屯堡乡民社会》，第284页。
② 孙兆霞等：《屯堡乡民社会》，第284页。
③ 孙兆霞等：《屯堡乡民社会》，第284页。

改写，每遇大型活动，本村妇女的山歌对唱堂皇登场。与村委会办公室的灯光相辉映的是在许多院大屋宽的人家，各种文娱组织的排演热闹非常。在2月至3月的一个多月时间里，几乎每天晚上排演节目至凌晨二三点钟。

3月8日，街上唱起顾之炎为卫生运动所作的歌谣：

三月九日九溪村，屯堡文化搞卫生。
若有不听协调者，拿作重点受批评。
村委主任带头干，齐抓共管动人心，
搞好卫生头等事，引来港澳外国人，
卫生督导几十人，大街小巷都扫清。
九溪要想大发展，只有依靠屯堡村。
师专老师多次讲，这是屯堡一主题，
村支两委聘人事，文顺之炎这两人。①

“卫生运动”放在“开局策划”中很突兀，与其他三步极不协调。就像村落地戏的“扫场”或迎春时的“抬菩萨绕境巡游”，清扫既是实际行动，也是象征行为。“屯研会”以这样的方式把自己的影响延伸到九溪的每条巷道，探查那些隐藏着的力量，显示自己无处不在的权力，把那些不干净的东西、不和谐的因素打扫出去，梳理出一种新的秩序。他们确实遭遇到挑战，但他们代表的是全村的利益和发展的需要，背后还有师专老师们“撑腰”，以他们为“挡箭牌”，冥顽不化者无言以对。“大拜年”对外展示实力，“卫生运动”则对内惩戒、清理门户。巧妙之处在于，当时九溪的卫生状况确实很糟，不得不搞也说得通。在另一个层面，九溪的人心和格局也需要进一步澄清。这首四处传唱的歌谣，传达出很多信息，绝非“搞卫生”三字所能涵盖：“师专老师多次讲，这是屯堡一主题”，“若有不听协调者，拿作重点受批评”，“九溪要想大发展，只有依靠屯堡村”，“村支两委聘人事，文顺之炎这两人”，它真的像是一场“运动”。

此后一切步入正轨。外地学者和政府官员在九溪来来往往，做课题，搞

① 参见孙兆霞等：《屯堡乡民社会》，第287页。

调研，专家学者、政府拨款请进来，村民精英也被请出去。

2002 年 3—4 月，以王春光为组长的“村民自治的社会基础和文化网络”课题组，就民间组织、精英成长机制、社会舆论等主题在九溪调查。

课题组帮助九溪“挤进”世界银行贷款考察对象名单。为迎接考察组的到来，课题组策划展演内容，“屯研会”组织展演仪式。贵州省旅游局长破例给九溪村拨款 13 万元建旅游厕所。半年后，在《贵州省旅游发展总体规划》中，九溪村与黄果树瀑布、龙宫风景区并列为安顺的 A 级资源点。

2003 年，课题组推荐屯研会负责人张文顺到北京参加了“首届新乡村建设研讨会”①。

2004 年 7 月，课题组成员到北京参加第 36 届世界社会学大会。在相关论坛上，将九溪村个案推向世界。

2004 年 8 月，调查结束。一年后，《屯堡乡民社会》出版。

3. “屯堡文化研究会”（屯研会）

《屯堡乡民社会》将九溪人分成精英、准精英、大众和边缘群体四类②，对于精英的类型与功能，《屯堡乡民社会》也有自己的看法③：在纵向上则将他们分为三代，列数每代精英的名字和事迹④。在《屯堡乡民社会》中，“精英”一词出现约 138 次。名字出现频率较高的精英依次为：张文顺（屯堡文化研究会负责人，曾任村长和村支书）114 次，顾之炎（屯堡文化研究会负责人，曾任村长和村支书）94 次，王厚福（老协会“三巨头”之一、民间编书艺人）50 次，张胜刚（时任村委主任、榨油厂老板）45 次。

老支书朱正忠控制九溪长达 17 年（1978—1995），作为村领导，其威信

① 主办方是中国社会科学院农村发展研究所、中国经济体制改革杂志社、北京市经济研究中心。张文顺提交了自己的论文。

② 孙兆霞等：《屯堡乡民社会》，第 159 页。

③ 孙兆霞等：《屯堡乡民社会》，第 272 页。

④ 孙兆霞等：《屯堡乡民社会》，第 265—268 页。

无人能及。在“百村调查”课题组收集到的文字资料中，老支书的工作日记最为丰富，只有王厚福编印的各种唱本可与之比拟（这些材料都陈列在安顺学院“屯堡文化研究中心”展室）。由于课题组关注现实，还没来得及梳理过去，老支书的工作日记受到“冷落”。时任村支书的朱华昌始终与课题组保持距离，没有投身课题组策划的活动中，逐渐边缘化。与之形成对比的是张文顺，从课题组进村就很积极，借助与课题组的合作，与顾之炎联手，重新回到九溪政治舞台的中心。与王厚福相比，老协会的其他精英包括《九溪村志》作者宋修文都没有得到足够重视。

按照村民的说法，九溪有四套领导班子：村支两委，“老协会”和“屯研会”。作为最初的向导，1989 年成立的老协会受到“百村调查”关注的程度仅次于课题组参与缔造的屯研会。老协会的带头人被《屯堡乡民社会》称为“第一代精英”，其中三人被称为“三巨头”。1992 年王秋桂等人到九溪时，老协会就很活跃，王厚福、宋修文的名字出现在《贵州安顺地戏调查报告集》中。老协会的成立离不开时任村长顾之炎的大力扶持，他说“每次专家来搞什么活动，老人协会都非常支持我”①，“我之所以有今天是老年协会给我的，老年协会的今天也是我顾之炎当村长时做的”②。

屯研会正式成立于 2002 年底，之前的屯研会是村内组织，还没有在地方政府那里正式登记注册。屯研会成立之初的目标是“先抓屯堡文化活动，挖掘文化资源，有意识地向旅游开发过渡，最终成为全村性的文化经济发展组织”，其职能包括：承办文化活动、收集屯堡文化的有关资料，为外界学者的研究以及往后九溪的开发提供资料支撑；申报和组织实施九溪开发项目；接待外来专家、学者和官员（这一项工作与申报项目有密切关系）；维护村寨卫生、治安秩序。

《屯堡乡民社会》说屯研会是村民按照“他们自己的‘理解’”来组建。“他们自己的理解”一语意味深长，他们既可能指顾、张二人，也可能指所有村民，而“他们自己的理解”则显示出课题组不想将自己的理念过多强加于

① 顾之炎：《我与“屯堡第一村”》，载 Tim Oakes、吴晓萍：《屯堡重塑》，第 265 页。

② “百村调查”原始资料“2002 年 4 月 15 日访顾之炎”。

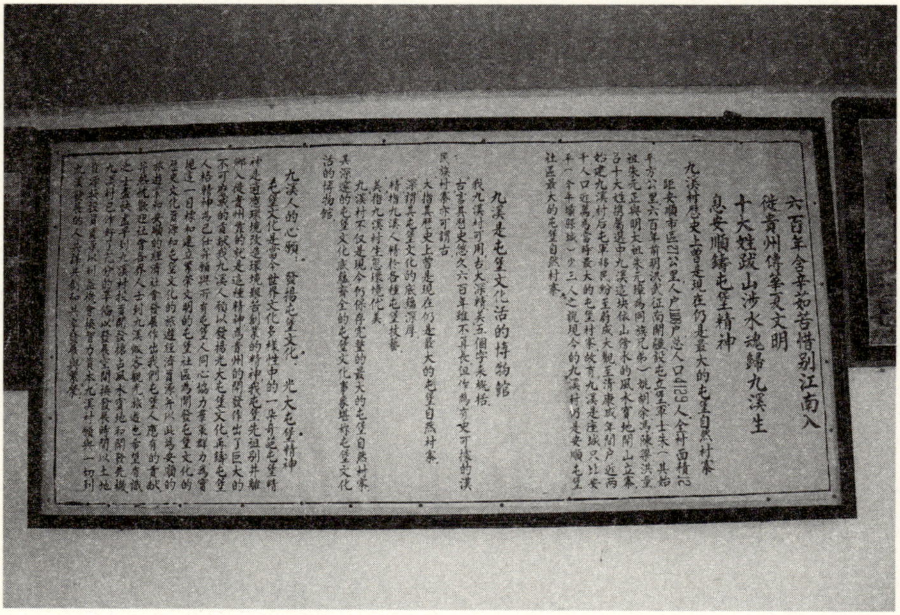

九溪村的自我介绍

村民，同时村民也要对自己的行为负责。尽管如此，没有课题组，也许就不会有屯研会和它相应的宗旨，其实成立屯研会的想法也来自罗老师，所以张文顺说"屯堡社区第一个'屯堡文化研究会'的诞生，是社会学界的专家和老师们的杰作，是中国社会科学院社会学所在九溪搞"中国百村调查·九溪村"调查的实践中，对社会负责、为老百姓着想、给予启发开导以及九溪村部分有识之士为地方谋求发展的产物"①。

说屯研会是学者的杰作或村民与学者合作的产物，既歌颂了学者，也再次强调了自己的合法性。课题组进村时，正是张文顺跌入低谷之时。凭着课题组的赏识，他先成了与顾之炎并驾齐驱的屯研会负责人，后任村支书至今。他说：

"九溪发展起来了，罗老师、孙老师，你们师专的这些老师，九溪都

① 张文顺：《我见证和参与了九溪 21 年的发展与变化》，载 Tim Oakes、吴晓萍：《屯堡重塑》，第 252 页。

要为你们树碑立传。用顾老师的话来说，字都要刻深一点”。①

“在专家们的帮助下，我们村很多人得到机会到国外、省外学习和弘扬屯堡文化”，“这几年总共有四个国家级课题、一个省级课题在九溪开展。四个课题是百村调查，一个是村民自治的，都是中国社会科学院搞的”，“他们到九溪搞课题，要走的时候我们就请他们坐下来开一个座谈会……我们每次都有记录，都按他们指点的做”。②

经过“百村调查”，九溪的权力关系被梳理了一遍，村落精英的谱系清晰起来。这种影响力不仅在于调查过程本身，也在于调查成果《屯堡乡民社会》的出版。浏览过《屯堡乡民社会》的村民，无论精英抑或大众，对它的分类与排序都有抹不去的印象，难免以它为参照系，反观九溪现实，建构某种被“研究出来”的格局。

对于后来进村的研究者，影响最大者莫过于“百村调查”在九溪营造的格局、构建的人脉和“写下”的“故事”。得益于《屯堡乡民社会》的阅读，得益于它创建和巩固的一份九溪关键报道人物表，未到九溪，我就知道九溪有那么一群精英，甚至对他们的生活史和专长也有所知晓。到了九溪，最想见的人也是这些精英。不算在途中碰到的顾之炎，我在九溪接触的第一个村民是顾海江，属于《屯堡乡民社会》划分的第三代精英。

4. 精英与大众

我在两个村民家住过。一是顾海江的“博士楼”，一是大堡的刘继文家。依《屯堡乡民社会》的分类，我的两个房东分别属于精英和大众。

除了种地，刘伯几十年来维持生计的手艺是做糖。九溪糯米糖本来小有名气，从前有几十家做糖，现在缩减到只有几家。刘伯十多岁开始做糖，也将手艺传给了两个儿子及大女婿。也就在前两年，他才放弃习惯已久的赶场卖糖，留在家里打下手。《屯堡乡民社会》论及九溪的“三坊五匠”时没

---

① 张文顺在“学院与草根的一次对话”上的发言，载孙兆霞等：《屯堡乡民社会》，第401—402页。

② 张文顺：《我见证和参与了九溪21年的发展与变化》，载Tim Oakes、吴晓萍：《屯堡重塑》，第251—252页。

有把刘伯家作为制糖业的典型案例推出，而是用了另一家的例子和照片。刘伯曾经是大堡地戏队的灵魂人物，被村民戏称为"刘军师"。由于家境不好，他只上过一年半小学，但酷爱看戏、读古书，历史的传奇、演义烂熟于胸。年轻时，也曾演过地戏，戴《封神演义》中的张桂芳。20 世纪 80 年代初，村里恢复地戏活动，他不再是演员，充当戏文、角色、道具和面具方面的"指导"，尤其在地戏交流的关键环节"猜桌子"①上独当一面，无可匹敌。

刘伯的名字在《屯堡乡民社会》中写法不统一，不同人访谈刘伯时，根据读音所记名字有差异。不知道的还以为是两个人，其实"摆书"的"刘纪文"②和做糖的"刘继文"是同一人。

与刘伯相比，海江在《屯堡乡民社会》中更受重视。虽然他的名字在书中也只出现 8 次，但对他的描述远远不像刘伯那样简略，他发出的声音也不像刘伯那样模糊不清。"第三代精英有张胜刚、苏盛福、顾海江、梁正文等。这一批人年龄在三四十岁这一段，他们是农民身份，但职业经历更复杂，他们都有在外的经历，然而由于我国正处在由计划经济向市场经济的转型时期，要在外面获得较大的生存空间、较高收入和较高的身份很是困难，立足于村里，把屯堡文化旅游搞起来是他们最大的心愿"③，"顾海江，高中毕业，现为屯堡文化研究会资料组负责人，能写一些文章，字也写得不错。顾海江 1983 年初中毕业考上了中专，由于超龄，未被录取，经过亲属特别是堂叔顾之炎的劝说后，上完了高中，回乡务农。"④

关于留下来"搞发展"，海江自己说："本来我有机会出去参加搞公路工程的，可正月初四晚上我二叔（顾之炎）、姨父（张文顺）到我家说九溪村要搞屯堡文化发展，想邀请我参加，我是高中生，也能帮他们写点东西。我选择了留下来，因为我觉得这是一个机遇，不仅是个人的，也是全九溪的，因为

① 外村地戏来本村访问演出，本村在桌子上摆放实物设谜，暗指某段剧目，让来访者猜，以考验其对演出剧目的熟悉程度。

② 孙兆霞等：《屯堡乡民社会》，第 207 页。

③ 孙兆霞等：《屯堡乡民社会》，第 267 页。

④ 孙兆霞等：《屯堡乡民社会》，第 267 页。

九溪发展已经没有别的路子了。"①

在田野调查过程中，有时我会把自己带去的《屯堡乡民社会》借给村民看，以引起话题，观察他们的阅读反应。《屯堡乡民社会》有许多生动、具体的事例和指名道姓的人物，村民读起来津津有味，每个人都想找到关于自己的文字。有的村民对书中人物提出不同看法，尤其对"精英"的说法表现出不满。这些村民是《屯堡乡民社会》所说的大众，他们对村民的角色有另一套分类和命名模式，既调侃又"草根"。比如，称搞破坏为"摇篮板"（从20世纪50年代开始村里盛行篮球运动，定期举办村际篮球赛，有本地篮球明星、篮球协会，甚至有"DBA"篮球赛。球员投篮时"摇篮板"就是搞破坏），称叛卖行为为"解鞋带"（出自电影《洪湖赤卫队》叛徒王金彪借"解鞋带"来掩饰其叛卖行为。在电视普及前，电影是最高级的娱乐方式。"洪湖赤卫队，天天跑安顺"是那个时节村里人编出的顺口溜），称出风头、好表现为"抢镜头"和"抢话筒"（搞集体活动，有记者拍摄时，总有人在台前、镜头前故意闲逛，引人注目。开会讲话时，有人抓住话筒不放。谁掌握话筒，谁就掌握话语权）。大众的声音并不代表绝对的真理。有时，这种声音恰恰是在以流言飞语的形式在"摇篮板"。无论精英抑或大众，都只掌握、也只能向我们提供部分的真理。

像刘伯这样的人之所以没有成为书中的精英与像顾海江这样的人之所以成为书中的精英有各种各样的原因，这里不做探究。我想强调的是他们被命名后的效应。一般而言，书中反复出现的精英更容易引起我们注意，描述本身有一种暗示作用。

二、后面发生的事

我到九溪时距离当年"百村调查"课题组进村正好七年。到的那天正好是"六月六"，七年前课题组在这一天受邀参加"老协会"聚餐。三个月前"人类学、民族学专家团"造访九溪的痕迹依旧清晰可辨。广场屯堡大楼对

① 孙兆霞等：《屯堡乡民社会》，第332页。

面的民房上悬挂着迎接专家的布标，大楼内张贴的“九溪村大事记”最后一条就是此次专家来访。这一条的字体和颜色与从“百村调查”开始的其他条目不同，显然是最后加上去的。“大事记”落款时间是“2007年4月20日”，与专家造访为同一天，它反映出2004年8月以后的情况，事件的密度明显减小。

屯堡山庄立房仪式

当年轰轰烈烈的“开局策划”，头两步举全村之力走得很好。后两步也先后迈出去了，但走得很坎坷。进村不久，我参加了九溪河对面的“屯堡山庄”立房、上梁仪式。大部分村民都在河这边观望着那里少数人参与的工程，议论纷纷、流言四起。山庄计划修26间房，传统的木结构，传统的装饰工艺，在木材奇缺的时代，耗资之大可想而知，光是堂屋前的石墩就值上千元。内中走马转角、雕梁画栋、小桥流水，让人依稀回到传说中的“文昌阁”。修筑山庄究竟是怎么一回事？到九溪当天，我坐着第一任房东海江的摩托去了山庄。实际那时完全看不出山庄的样子，只是建筑工地。我看到简易工棚外贴着“九溪村屯堡旅游文化休闲度假山庄”，这应该就是山庄的全称。山庄（为了简便，也为了与村民的称呼一致，我也叫它“山庄”）是公司的产物。这个公司就是“开局策划”的第四步。本来是全村自愿入股，还开了动员大会。但入股者寥寥无几，包括屯研会成员也是这样。大家宁愿观望，怕投进去的钱“打水漂”。这样的事，村里以前也有过。所以，公司就成了几个人的事。我一直没弄懂山庄、公司和九溪村的关系。大概是从屯研会发展出公司，而公司修建山庄。但山庄名义上又不属于任何个人，甚至也不仅仅属于公司，而似乎是属于全体村民。贷款、征地都不是以个人的名义。公司究竟属于谁呢？任何村民都可以参股，也就是说任何村民都可以成为公司的股东。但最终的事实却是几个人在为此而忙碌。由于资金短缺，山庄的修筑进度极慢。但箭在弦上，股东们骑虎难下，不可能半途而废。总有一天，山庄会修起来，对外运营。那时，河这边的观望者会作何想，会采取什么行动来要求自己的利益呢？有时，我真的不知道谁对谁错，积极行动者和消极观望者各有自己的道理。

当屯研会发展成公司，隐藏的危机就显山露水。屯研会究竟成立于何时？2002 年 2 月“抬亭子”时，它已具雏形，活跃在“大拜年”前的排练中。但直到 2002 年 12 月，它才在政府那里取得合法性，挂靠市科协。就像大部分民间组织，屯研会其实很松散，除了那几个领头人和积极分子，有的人连自己也搞不清是不是屯研会成员。2002 年 3 月，九溪村屯堡文化发展股份咨询大会在操场举行（“大事记”上说这是“九溪人的梦想”），罗老师和屯研会负责人发表讲话，观望的村民很多，愿意参股的人则极少①。“九溪人很精”，这是村民自己的评价。2004 年 11 月，“九溪村屯堡文化旅游股份有限公司”筹备组启动，并向村民广泛征求意见。与其他三步相比，第四步走

① 王春光说，“我们在调查当中，有些村民对参股很感兴趣。现在就是还没有明确的制度，犹豫不决”。罗布农说，“有些事确实我原来有很多想法。确实这个势头来得太猛了。连我最近都被搞昏了。你们也被这些事情搞昏了”。见《九溪座谈：学院与草根的一次对话》，孙兆霞等：《屯堡乡民社会》，第 406 页。

得很缓慢。

在村里搞发展，顶着全村的名义，如何界定公与私的关系也是一个问题。随着第一笔政府拨款的到来，传言也纷至沓来。作为九溪人，屯研会精英非常清楚九溪人的思维逻辑和想象力，所以做任何事情既谨慎又精明。先是参股咨询会，后是公司筹备组，事情总是处在模棱两可之中。有了钱就有了矛盾，利益分配的冲突不仅存在于屯研会、公司和村民之间，也存在于屯研会、公司内部。当初没有入股的屯研会成员，成为公司股东手下的打工者，甚至比普通村民还感到愤愤不平。他们是参与屯研会打天下的功臣，天下打下来后，为什么不能把自己的努力转变为股份呢（就像智力股那样）？当初联手的顾、张二人也因此再度陷入过去的对抗，新仇旧恨，一言难尽。山庄修建进度之所以缓慢，除了资金问题，也与此有关。公司的问题就是公私问题。

我在村里的那段时间，九溪矛盾重重。那些表面上退隐江湖，实则在家中韬光养晦，随时准备卷土重来的人物借机发力，使问题变得愈发复杂。“三老弈棋”①就像是九溪永不平静的谶语，九溪总是处在各种类型的三足鼎立关系中，村民就是那棋盘上的棋子。眼看自己参与绘制的美好图景，在自己离开后一天天变得模糊而凌乱，师专老师们痛心疾首。“百村调查”课题结束后，孙老师调离师专，“屯研中心”失去一位灵魂人物。原先团队成员各忙各的，虽不时回九溪做客，却也无暇过问太多。屯研会的冲突双方与师专老师们都是旧交，后者也怕卷入过多，被其中某一方所用，使问题变得更加复杂②。不过，每次在安顺见到我，师专老师们都会问起九溪的近况。关切之情，溢于言表。

① 村民都知道这个传说：大堡、小堡和后街所处的王家坡、詹家坡、木林坡，就像三个弈棋的老者，九溪村就是他们的棋盘，而村民是棋子。这则传说从何而来已不太清楚，有的村民用它来暗示九溪村世事与人心的复杂、多变。刘伯说的是“三老坐棋”，我猜想可能是“三老坐渠”，即三个老者坐在“九渠坝”（九溪村从前的名字）边上。

② 确实如此。2008 年，孙老师回村就遭遇了这样的尴尬。想当年，化肥厂事件，孙老师不经意说出的话就成为村民行动的号召。以“孙老师曾经说过”或“罗老师曾经说过”开头的话在九溪很有号召力，甚至足以挑起事端。

罗老师忍不住出手“挽救”名存实亡的屯研会。2008 年 9 月某日，在顾之炎家中召集新旧部下，讨论如何重组屯研会。他说，2003 年他带着师专的几个年轻教师去湖南师范大学旅游学院进修旅游文化产业，一去就是半年。回来后，发现屯研会错位了。本来是先研究再发展，现在成了发展先行。屯研会本来定位就是村民自己研究自己的文化，以研究带发展，摸清家底，再来看发展什么，什么可以发展。整个被颠倒了。现在，他们要为它正名、复位。我想起罗老师曾对张文顺说做屯研会，搞发展，不能只讲民主，民主还要集中，“要有霸气！”也想起孙老师说她不完全主张“霸气”。有人批评张文顺专断，他就引用罗老师的话来为自己辩护，“人家罗老师都说‘要有霸气’”。

罗老师计划帮助“新的”屯研会办自己的网站和刊物，并说许多与屯堡有关的名字都被人抢先注册了，只剩下“屯堡 China”还未被注册，就用它吧。当年屯研会是在市科协审批注册的，与养殖协会归为同类，不伦不类。现在要重新在市社科联登记注册，这样才名正言顺。老屯研会成员有的没有参加这次会议，包括张文顺和顾海江。看来，这次会议有点清理门户的意思。没来的人掌握着当年屯研会的资料（项目申报材料、会议记录、专家签名簿和一些照片），海江是资料组负责人。屯研会本来就没几个人，现在又一分为二。虽然罗老师和顾之炎有意重整河山，但历经磨难和斗争之后，大家充满猜忌，曾经如火的激情好像燃尽了一样。顾之炎重病在身，强打精神，罗老师也比当年衰老了许多。

不久，村里的另一个民间组织“青年协会”（正式的名称是“青年活动中心”，但村里人叫它“青年协会”，简称“青协”）张贴大字报，以疑问句的方式列数村支两委十二条罪状，聚众向两委讨说法，引来上级主管部门调查此事。据说，他们共有 108 人，而没有领头人。一时间，沸沸扬扬，人心惶惶。顾之炎说，有人在背后煽阴风、点鬼火。青年协会提问的核心是“钱到哪里去了”，潜台词是“有人在吃钱”。现在的九溪是一滩浑水，局面混乱而敏感，再好的计划也只能放缓实施，否则就像趁火打劫的另一个阴谋。对此，罗老师和师专其他老师与顾之炎一样清楚。年底，罗老师也病倒了。

上梁后的山庄，工程进度仍然很缓慢，但已初具规模，在河对岸遥望着河这边的纷扰。要不是偶然抬眼望去，人们似乎遗忘了它的存在和上梁时的辉煌。它真的是九溪人的希望吗？九溪人时常问我："九溪的'屯堡'还搞得起来吗？"

看过我的论文《非物质文化遗产与知识生产的新型共同体》①后，罗老师对我说，他不相信有所谓客观、中立、丝毫不介入村落的人类学研究："除非你一言不发。你不参与村落的事情，但你总得提问，你的问题，你的问卷，对村民就有暗示，就有引导。你去拍照，拍什么，就是告诉村民什么东西重要。你站在什么位置拍照，拍什么，不拍什么，有所选择。这就是你的主观性。你不参与他们的发展，不融入他们的生活，你就不能得到更多的信息。村民为你提供信息、资料，赔上自己的时间。调查完，你拍拍屁股走人。你有了成果，靠着它拿课题、评职称，名利双收。村民得到什么？你剥夺了他们！不尽自己所能为村民做点实事，作为学者，你的良心何在？我不相信有所谓绝对的客观！"他尤其认可我的生地与熟地之说，认为我的"学者即便不介入，也会卷入"一语道出了真相，对此他早已有所意识，只不过没有把它当回事，提出来专门思考。"其实，许多学者对此都有意识"。"那么，为什么他们不加以研究、揭示呢？"我问他。"那些意识到这一点的学者拒绝承认，甚至在有意掩饰。他们怕承认这一点，使自己的研究变得不科学、不客观，失去权威性"。他说我在文中的表述含蓄、曲折，"兜圈子"，"看得出来，你有顾虑"。"你说的是事实，为什么不开门见山地说呢？做学问连这点勇气都没有，怎么行！"

一个多月后，来自北京、南京的专家造访安顺学院。座谈时，罗老师发言，提到"专家扰民"。"这个问题，我与北京大学的博士后李立专门谈过"，他回过头来，对我示意，引来众人目光，我只好微笑作答。想做一个学术"隐身人"是不可能的。

① 这差不多是我的研究提纲。在安顺和九溪，我送给学者和村民看。初入九溪，我给村民看《屯堡乡民社会》，以检测他们的反应，引起话头。这篇论文也是这样的"试金石"，通过它，我既想听取意见，也想观察读者的反应，引出新的问题。

三、小　结

地方学者的研究重点从地戏变为屯堡文化(包括其经济活动、民间组织和社会结构),带给村民的就不仅是文化、历史知识,不仅是帮助村民追根溯源、保护“活化石”或单纯提高某些村民的知名度,而且是村落如何利用文化资源搞发展。这意味着学者与村民的接触面增大。村民对学者的期望不仅仅是“风光”和名声,而是更为实际的东西。与学者互动的不再是为数不多、掌握某种有研究价值的地方知识的村民,而是更多的村民。2001年之前,与学者交往的村民主要是顾之炎、王厚福、宋修文,“百村调查”课题组进村后,学者与村民的交际圈扩大,以至产生了“屯研会”,把张文顺、顾海江等村民吸纳进来。

出于课题组成员个人的学术趣味、课题本身的社会学性质及当时的时代要求,“百村调查”和九溪的互动呈现出与其他入村研究者不同的知识生产特点。正像孙老师在《屯堡乡民社会》中自我总结的,它延续的是20世纪二三十年代知识分子“乡村建设运动”的脉络,也受到诸如印度喀拉拉乡村建设实验的影响,是一种参与式的研究类型。从20世纪80年代至今,一批批研究者进入九溪,除了“百村调查”,都是单打独斗式的研究,与九溪的关系若即若离,在某种程度上保持着不介入的姿态。这种姿态出于自身的研究取向,更多出于地缘上的距离。从安顺到九溪不过27公里,安顺学院与安顺地方政府也有可资利用的关系。

课题组总结说,“三年半以来,迄2004年8月为止,除4次进行了共计约50天较大规模和较长时段的调查之外,还进行了近20次2—7人不等的临时调查、追踪调查、补充调查、随机调查等。通过个案访谈、随机调查、问卷调查等形式访问了约1500人次的不同群体和类别人员,召开6—50余人不等的专题座谈会、综合座谈会约30余次”①。调查如同“耕耘”,在收获数据、信息、结题报告和学术著作的同时,也在田野“播撒”“种子”,改变了田

① 孙兆霞等:《屯堡乡民社会》,第21页。

野的“土质”。课题组成为一种强大的“助力”①,促使九溪精英重新洗牌,这集中体现在课题组入村后建立起来的屯研会上,正如课题组自己所说,“它的产生使九溪公共权力资源进行了一次再分配(几大组织间权力重新调配)”②。

① 关于研究者对村落的“助力”分析,参见高丙中:《知识分子、民间与一个寺庙博物馆的诞生——对民俗学的学术实践的新探索》,《民间文化论坛》2004 年第 3 期。要补充的是,对于九溪,这种“助力”不仅改变了内外关系,也改变了村内关系。

② 孙兆霞等:《屯堡乡民社会》,第 249 页。

第五章 “屯堡文化”的生产

“屯堡”这个概念与地戏差不多同时被学者发现，但对它的研究和在民间推广晚于地戏。关于它的史料像地戏那样具有碎片性质，关于它的说法像地戏一样众说纷纭，谜团重重。作为一个概念，它具有比地戏更大的模糊性和包容性；吸纳了地戏，使它作为自己的一个文化事象。继地戏之后，它吸引住更多的眼球。2007 年，“屯堡文化”被列为贵州省非物质文化遗产的“文化空间类”遗产。

然而，村民说，“我们是 80 年代从专家学者那里听说并学会这个概念的，原来我们的文化叫屯堡文化！后来，我们开始‘炒屯堡’”。有村民说“闹屯堡”——就像发生了一场革命。有学者说，屯堡文化炒得河翻水涨。有学者说，屯堡文化就是造假，屯堡文化研究同样是造假。

一、被重塑的屯堡？

“屯堡研究者的视野先是进入地戏，而后脱离地戏，直接进入以屯堡村寨丰富的文化事象为主要研究对象的题目。再后来，研究的视域从狭义的屯堡文化进入到了屯堡村寨的经济、社会领域”①。盘点从 20 世纪 80 年代

① 孙兆霞等：《屯堡乡民社会》，第 27 页。

以来学者们的研究①,确实能发现某种规律。

1983 年,第一篇地戏论文发表。20 世纪 90 年代是地戏研究的高峰。大约从 1994 年开始,研究格局发生变化,重点从地戏过渡到屯堡文化,许多研究地戏的学者转向研究屯堡文化。该年出版的《贵州安顺地戏调查报告集》是地戏研究在此阶段最后的辉煌(实际反映的是 1992 年的情况)。此后,不仅论文数量减少,在质上也没有新的突破。2005、2006 年,受非物质文化遗产申报的影响,地戏研究短暂升温,但定位从纯学术研究转向对"遗产"和旅游对象的介绍,发表文章的刊物也有相应改变。直到 2008 年《建构与生成——屯堡文化及地戏形态研究》出版前,再没有标志性的论著问世。政府需要、时代潮流直接影响地戏的研究。

1983 年有关于屯堡的第一篇文章见诸报端。此后有零星的论文问世,大多集中在探讨屯堡人这个概念。1994 年,安顺市政协组织地方学者编辑《安顺屯堡文化专辑》。"屯堡文化"取代此前的"屯堡人",成为关键词。从 1999 年开始,屯堡文化研究的论文与日俱增,这与政府倡导旅游业和文化产业有关。人们不再争论什么是屯堡人这样的学理性问题,而把屯堡文化作为一个既定的事实和无可争辩的概念接受下来。研究重点是屯堡文化包括哪些事象、如何开发屯堡文化,但学术质量高的文章并不多。

屯堡文化这个概念就像一把无所不包的巨伞,既维护许多人的利益,也遮住了想要穿透进来的光线和明眼人的目光。它也像是一个巨大的容器,能够满足人们填充的需要,也布满可以不断修补的漏洞。所以,《屯堡重塑》的作者一再强调屯堡文化是一个既空洞又含混的概念,无论村民,还是学者自己,都说不清它究竟是什么。村民说对它的认识来自学者,但有学者

---

① 分析对象是 1983—2007 年发表的论文。参考安顺学院吴羽老师的统计(吴羽、龚文静、张定贵:《屯堡文化研究现状及趋势分析(初稿)》,安顺学院科研项目结题报告,2008 年),我对地戏论文和屯堡文化论文进行了二分,以显示二者的消长关系。由于屯堡文化涵盖了地戏,屯堡文化论文中会涉及地戏,但其重点却不在地戏。统计可能会有遗漏,发表的论文也不能完全代表研究状况,但还是透露出一些基本的信息,与当时的社会背景相吻合。关于地戏和屯堡文化的专著,其消长走势与论文相似。进入 2000 年,屯堡文化研究的课题也多起来。专著和课题的情况,参见吴羽、龚文静、张定贵:《屯堡文化研究现状及趋势分析(初稿)》,安顺学院科研项目结题报告,2008 年。

却说,“我搞了20多年屯堡研究,但诚实地说,我搞不清楚什么是屯堡文化,也没有人能准确说什么是屯堡文化。我越搞胆子越小”。他也指出屯堡文化研究的一个弊端是“炒冷饭”,重复研究①。但是,这阻挡不了人们越来越频繁地使用这个概念。学者如此,村民也是这样。他们把村里的一切东西都戏称为屯堡的:屯堡服、屯堡饭菜、屯堡厕所、屯堡年……与“地戏”一词相似,一旦“屯堡”一词被人们接受下来,无论它是不是学者的创造物,想要放弃和怀疑,都需要巨大的勇气。

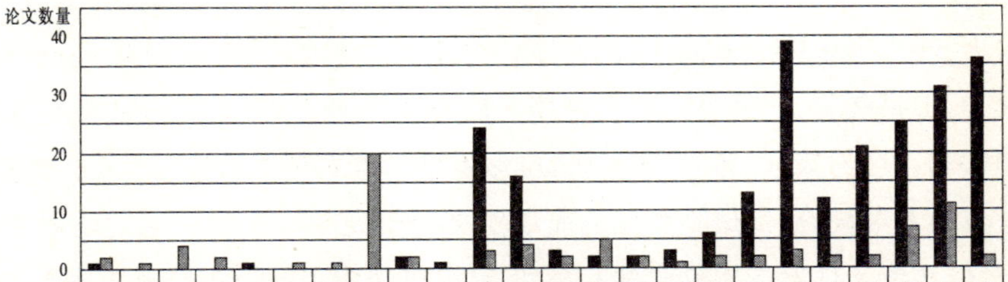

	1983	1984	1985	1986	1987	1988	1989	1990	1992	1993	1994	1995	1996	1997	1998	1999	2000	2001	2002	2003	2004	2005	2006	2007
■屯堡文化	1	0	0	0	1	0	0	0	2	1	24	16	3	2	2	3	6	13	39	12	21	25	31	36
■地戏	2	1	4	2	0	1	1	20	2	0	3	4	2	5	2	1	2	2	3	2	2	7	11	2

图1　地戏与屯堡文化研究论文对比(1983—2007年)

2007年底,访问九溪支书张文顺时获赠《屯堡重塑》一书。回到刘伯家,在冬日的寒风中,我一气读完它。与其他论著相比,读来耳目一新,于我心有戚戚焉。读过此书的小吕与我有同感,我们就此讨论过多次。

我最早是从小张口中了解到这本书的一些情况。他提到两个在附近村落做研究的美国人:卢百可、欧挺木。他说,前者做得还不错,后者只不过把各种现成文本拼贴起来,实际没什么东西。他很反感后现代那些所谓实验,“玩点老掉牙的形式游戏,早就过时了”。

《屯堡重塑》出版后,引来安顺一个文人斗士的强烈抨击。在安顺邓老师家,宋老师借酒当着我的面又狠批了《屯堡重塑》一顿。因为我流露出对它的少许赞赏,他顺带把我也教训了一顿。我面带微笑聆听教诲,甚至觉得

① 杨友维在2008年1月12日九溪青山文学社聚会上的发言。

宋老师也不无道理。话别出门后，同行的安顺学院老师小吕问我“宋老师是不是喝多了?”什么是真理？有没有所谓真理？对此，我一直心存怀疑。不过，宋老师对《屯堡重塑》的批评恰恰建立在对它的误读之上。他说《屯堡重塑》的作者话语与村民话语相互抵牾、前后矛盾，其实这正是村民话语被解放出来的结果，这种张力引起的对话感恰恰是该书力求达到的效果。他把“重塑”理解为“作者想要重塑屯堡”和“屯堡可以被重塑”，而该书作者想证明的是屯堡的重塑性这一事实，这是另一个更明显的误读。当我试图对宋老师说明这一点时，遭到他潮水般的训斥。早就听说宋老师固执、脾气大，我也不想过多争辩什么了。我无言以对，我抱着对一切人学习的谦卑之心，不是伪装，而是想听到尽可能多的不同声音。当然，这可能就意味着胆怯和立场不坚定。除了宋老师，许多本地学者对这本书似乎也不以为然。一位学者对我说，他最不满意目前屯堡文化研究的就是方法论的陈旧与单薄，以至流于现象的重复罗列。另外，就是以潜规则的形式出现的地方文化研究保护主义。长久以来形成的研究定式就是面朝对象的研究；掉头来研究自己，自己成为被研究的对象，这种半路杀出的反思确实让某些学者既不知所措又莫名其妙。

《屯堡重塑》一改以往屯堡文化研究强调还原历史和现实的立场，推出“重塑”这一颇具后现代色彩的概念，从现象的还原与诠释转到诸如“屯堡”这样的概念的建构和发明以及由此引发的文化变异。为了实现这一立场，它引入大量村民的自主话语，把这些话语与地方学者的话语并置，该书作者对此加以分析，揭示屯堡文化的建构性。村民的话语满足了《屯堡重塑》所欲透视的主题，“是专家学者告诉我们之后我们才晓得屯堡文化的”①。通过表述，村民把学者和自己捆绑在一起，休戚与共。比如，说屯研会是学者的杰作或村民与学者合作的产物②，既颂扬学者，也强调自己的合法性。

《屯堡重塑》对“屯堡”这个本来坚如磐石的概念有某种无法避免的解

① 顾之炎:《我与“屯堡第一村”》，载 Tim Oakes、吴晓萍:《屯堡重塑》，第 270 页。

② 参见张文顺:《我见证和参与了九溪 21 年的发展与变化》，载 Tim Oakes、吴晓萍:《屯堡重塑》，第 252 页。

构性，如果理解不当，确实会引发种种想象，成为一种令人不快的威胁。比如《屯堡乡民社会》的研究就建立在“屯堡”作为无须论证的既定事实之上。转换视角后，看到完全不同的景观。

一位地方学者告诉欧挺木，“屯堡概念是学者们创造出来的，它对我们学者很重要，但在村民那里却没有什么大的意义”①。欧挺木把村民想象成绝对的弱者、被动的接受者和无辜的受害者，而把学者想象成绝对的授意者和潜在的受益者。其实，村民也在行动，也希望行动和有人来配合自己行动。他们也许是弱者，但他们并不简单，无论精英抑或大众都是这样。置身于村落的学者有时反倒显得更天真，他们不是万能的。作为外国学者，欧挺木习惯站在底层批判上层，但批判后也就一走了之，真正能够也乐意帮助村民的还是本地学者。谁的屯堡？如果答案仅仅是屯堡是村民的，或仅仅是学者、官员和商人的，都不全面。既然屯堡是重塑的，那么它就是参与重塑者共同的产物和共享物。屯堡不是静态的、本质主义的，那么就要容许它的流动性和建构性。再者，谁又能保证没有屯堡文化的村民比有了屯堡文化的村民过得更好呢？

“屯堡这个概念首先是学者们构造出来，官员们和企业家们接受了它并使这个概念大众化。屯堡概念不是产生在屯堡村民内部，而是首先出现在地方学者和有关的文化机构里。村民们自己只是近来才对这个概念熟悉起来……他们是按照官方的理解去理解屯堡文化的”②，“文化概念传统内容的空洞性在屯堡文化这里表现得非常明显：在屯堡村民中，甚至在学者们和地方领导那里，屯堡文化概念的外延及其具体内容都是非常含混的……由于它的资源特性，屯堡文化可以为村民提供很多具体的物质希望。而这些物质性的希望却又导致了村民、村干、政府官员以及企业之间的矛盾和争斗……现实中，很多村民们都把屯堡文化当做是外面的官员、学者和开发商们的财源。当许多外人相信屯堡文化会给屯堡村寨带来巨大的繁荣时，却几乎没有多少村民对此抱有期望……问题不在于屯堡文化是否是资源问题

① Tim Oakes、吴晓萍：《屯堡重塑》，第33页。

② Tim Oakes、吴晓萍：《屯堡重塑》，第31—32页。

本身，而是村民们在屯堡文化发展决策和实施方面没有足够的声音和权利”①。

屯堡地戏旅游纪念品包装袋

看到这些话，既为它的一针见血而共鸣，也为地方学者鸣不平。以九溪的例子来说，外来学者能为村民做的，远远比不上本地学者。欧挺木最后的建议是“指导村民们设计他们自己的文化发展计划，建立他们自己的文化发展组织”，这是“百村调查”课题组多年前就践行了的。我理解宋老师为

① Tim Oakes、吴晓萍：《屯堡重塑》，第45页。

何勃然大怒，拍案而起。

二、发现“屯军山”

1. 卢老师

我是吉昌的第一个客人。10 年前我初次到吉昌，那时还没人关注吉昌。此后 10 年间，每年我都会到吉昌住一段时间。有时是一个人，有时是带美国的大学生或教授一起来。村民与我越来越熟。虽然我还不是教授，他们都叫我卢教授。这段时间，屯堡旅游兴起，开始有游客到吉昌来。村民要求我去接待。我实在没办法，有几次就在文庙里等客人。有一次，几个美国客人看到我，过来跟我打招呼，问我：“你怎么在这儿？”我说，“对不起，村民特别希望我在这儿，让你们看到”。他们都笑了，说“原来是这样”。这体现了一种塑造，为什么？村民是想让人看到他们的文化不仅是靠屯堡做旅游，而且让外国学者在他们村长期住下来。

关于屯军山，村里流传一个故事。它本来叫大山。最早上大山的人是我。当时我问村民村里有没有什么历史遗迹，他们想了半天，说我们山上有一个东西，我们一直没去看过。后来石村长带我上去。从我下来以后，他们就开始有了对大山的热潮，就说一定要（把大山开发出来）。他们说卢老师上去了，认可了。我上去只是把它作为研究对象，我也没有说是什么年代的东西。我只是做研究，并没有认可什么。几个星期之内，他们就开始行动。石村长下台后，他们更是组织力量上去乱开发。现在文物局批评他们，说他们乱来。到什么地步，村民普遍认为屯军山是卢老师取的名①。其实，根本没有这回事。但他们还是这样认为，包括支持我的人和反对我的人。村里有 20% 的人反对我在村里（做研究），一直很反对。有 80% 的村民支持我在村里，为我在村里

① 此处笔者打断卢百可，插了几句话：你已经进入到他们村的历史当中去了。肯定会写进他们的历史中去，因为我想到吉昌就会想到卢老师。

而骄傲。他们都认为这是卢老师命名的。那么,为什么?这个说法为什么对他们有利?这是一个所谓专家的认可,是一个村里没有多少人可以批评的专家。他们是编出来的,我根本没有取过名字,根本没有!但是,他们把它赋予在我身上的时候,没有任何人批评,没有人指责我改名。因为改名多少有点儿风险,有的人可能会反对(但没有人指责我)。以前叫大山,也有大伞山的说法。我听他们一般说得最多的是大山,英文是 big mountain,很简单。作为旅游推广,叫屯军山更有吸引力。天龙也是这样,原来叫饭笼铺,后来改名叫天龙。把历史赋予在我的身上,谁也无法避免。吉昌这些年的变化令我痛心。

从一开始我就认为屯堡是独特的,而且我认为所有的民族都有权利和资格保护自己的文化。十年前,没有人知道屯堡。我在北京跟人说起屯堡,没有人听说过,"56 个民族中没有屯堡人"。当时也没有那么多研究屯堡的文献,只有一本当地人编写的地戏论文集。今天在北京做民族研究的都知道屯堡的存在了,有大量的文献。但是,今天,屯堡的历史却正在被消灭。真正的屯堡就像一本书,它的封面是灰色和黑色,本来是非常好的东西,本来就有自己的纹。每个纹都有自己的历史、自己的价值。每个纹就是屯堡。可是,外来的人说,"哦!要涂黄色、红色、蓝色或是别的什么显眼的颜色"。实际上,这就把纹(文字)给消灭掉了。而涂上颜色的只不过是一个封面,看完了,也就把它扔了。政府行为、旅游开发把真正屯堡的许多东西给消灭了、破坏了。屯堡一直就很悲壮,到目前为止也是这样。①

说话的是一个美国学者,汉名卢百可。1998 年前后,他初次到屯堡地区考察。一路寻访"有意思的"地方,最后在吉昌停下来,从此开始了与吉昌持续十年的故事。

吉昌原名鸡场屯,得名于当地十二甲子场。从地名可知,过去逢酉日(鸡日)在这里赶场。1968—1969 年间,改名吉昌,以摆脱封建迷信色彩。

① 此处的文字基于笔者在安顺、北京对卢百可的访谈整理而出,时间分别是 2008 年 5 月 1 日、2008 年 12 月 12 日。该文字所承当的责任在笔者,与卢百可先生无关。

不过,甲子场在今天恰恰又代表了亟须留住的民俗,所以无论在研究者的文字还是当地人的口语中,人们对鸡场屯这个旧名不再避讳或批评。

吉昌离九溪不远,是在屯堡文化资源上足以和后者抗衡的少数几个村落之一。令九溪人自愧弗如的是,吉昌人先于自己恢复正月抬亭子的旧俗。九溪是效法吉昌才恢复抬亭子迎春的。九溪王厚福老伯写道:“公元一九九六年,即农历丙子年正月,细雨纷飞,道路泥泞,地戏跳不起来,花灯戏也演得不经常(不正常),村里也没有组织篮运会,近千户的大村寨里,显出一幅沉寂的景象,在老协会里,有宋魁元、马显州、张仲云、朱兴田、朱明臣、朱仲华……老人,听到鲍屯、吉昌抬菩萨的活动,提议九溪仍抬起亭子来……经多次会议反复讨论决定,以农历正月初九日为九溪一年一度的‘迎春节’日。”①方志中记载了吉昌(鸡场)、狗场、鲍屯抬汪公的场面。为了解释三个村分三天抬汪公的现象,当地生产出三个村分抢汪公菩萨的故事②。九溪大堡有汪公庙,据说九溪过去也“抬汪公”,但因为汪公与五显菩萨打架,之后就再没“抬汪公”了。1929 年迎春时“抬亭子”,1997 年开始“抬玉皇”和“亭子”。村落之间和村落内部的竞争从古至今似乎总在进行。

卢百可的心情是复杂的。他对吉昌充满感情,否则不可能十年不间断地往返于北京与吉昌之间。在村民的强烈要求下,充当村落面对外人的幌子,他觉得既无奈也欣慰。无奈的是,这种做法违背了自己做人的原则,在祖国客人的面前显得尴尬、可笑,丢了自己的脸,也丢了吉昌人的脸(村民恰恰认为他为村落长了脸)。欣慰的是,自己已经被吉昌接纳,以吉昌主人的身份去接待客人,这样的场面足以证明自己是一个合格的人类学家,就像当年在易洛魁人中的摩尔根。不过,随着村落政治格局的变化、村干部的更

---

① 孙兆霞等:《屯堡乡民社会》,第 367 页。

② “当年,从鸡场屯抬出的汪公在村外的亭子里被狗场屯接走,次年,又从狗场屯抬出,鲍屯接走,第三年,鲍屯抬出后才转回鸡场屯。所以,直到如今,‘鸡狗二场是一家’仍是民众的口头禅。直到洪秀全造反的时候,安顺的苗民也揭竿响应,一时周围人心惶惶,大家都开始收拾外逃,狗场屯抬走了汪公,鲍屯得了轿子,鸡场屯得了大伞。叛乱平定之后,这三个村子的抬汪公仪式就没再合为一体,而是自己承担,鸡场屯因礼仪的周全逐渐成为众望所归,在保存这一特色的‘非物质文化遗产’方面做出了贡献。”(杨十八:《吉昌访古》,http://blog.sina.com.cn/s/blog_4d4c348901008vg6.html,2008 年 3 月 9 日)

迭，尤其屯堡旅游开发愈演愈烈，他作为学者必须坚持的原则、良心与村民谋求发展的无原则和机心之间出现了不可调和的矛盾。他知道的内幕太多了。对于村民来说，他似乎成了一个危险人物，一颗不知道什么时候会被引爆的定时炸弹。而他也从一开始无论村民做出什么荒唐可笑的举动和要求都颔首微笑、迁就默许，变成据理力争甚至直接批评。双方都觉得对方不那么可爱了。

屯军山就是一个例子。卢百可是最早上去考察的学者。对于他来说，上山考察只不过是最普通的研究行为，但对于村民来说这就是一个标志，一种认可，一项行动的出发点。他们不需要卢百可说一句话，只需要有他上去过这个事实，就可以说很多话，并把这些话赋予在他身上。在村民的表述中，最终卢百可不仅认可了屯军山的价值（如果屯军山没有价值，卢教授就不会上去；卢教授上去了，说明屯军山是有价值的），而且成为屯军山的命名人。村民将对价值这个概念进行转换，把卢百可认可的历史、文化研究价值转换为旅游开发的经济价值。至今卢百可自己也没弄清楚是谁把大山变成屯军山的。如果没有卢百可，改变一个村里叫了许多年的地名不是那么容易的事情。村里可能谁也没那个权威，谁也担不了这个风险。大山变成屯军山有利于旅游开发，就像今天屯堡旅游开发最成功的天龙镇，过去其实叫饭笼铺。卢百可感觉到，作为一个村里没有多少人可以批评的专家，自己实际上是被某些村民利用了。那些原先对他的态度分成两派的村民，在屯军山这件事上也达成了共识。我没有追问他为什么有的村民（按照他的说法是20%的村民）会反对他在村里活动。凭借我在九溪的经验，我猜想这可能与村落内部的派系斗争有关，像卢百可这样长期在村里活动并且有分量的人物，很容易被斗争的某一方视为敌方的盟友。一旦原先与卢百可走得很近的村干部（比如那个陪着他上大山的石村长）下台，卢百可在村里的处境就堪忧了。不过，他对村民仍然保持着一贯的同情和理解。他反复说自己为吉昌的变化而痛心。

贵州是个资源匮乏、经济落后的地区，像吉昌这样的村落，虽然与周边村落相比，在文化资源上有些优势，但除了抬汪公这项一年持续不过两三天的民俗，资源的总量其实并不多。村民与学者一样迫切地想要发现另外的文化资源。与学者不同的是,村民宁愿去捕风捉影地发现抑或发明某种历史景观,也不愿像学者那样为保存真正的历史和残存的景观而固守贫困,耐心等待以揭示真相。村民的眼光始终向外、向前看,学者的眼光则反过来向内、向后看。村民想看到利,学者想看到的是真。村民想的是如何从村落可能产生的公共资源中分到自己的一杯羹,学者看到的则是作为整体的公共资源如何被破坏。眼光、目的和公私的分歧其实从一开始就存在,只不过在屯军山的问题上进一步激化。某日,村民兴奋地告诉卢百可在屯军山上发现了重要的东西。上山后,他发现的不是重要的东西,而是村民在自己面前表演。“他们趁我不注意把几个古币埋在土里,然后当着我的面挖出来。其实我知道那个地方原来根本没埋什么古币,是他们埋下去的。还有几个碎裂的瓷器,裂口处的土是新抹上去的。太拙劣了!”村民希望卢百可为屯军山出土明代文物作证。但是,这一次他没有妥协,而是直接批评了村民造假的做法。村民的行为激怒了他,而他也激怒了村民,尤其是那些领头人。在谈话过程中看到我要录音,他说:“你要录音,那我可得小心点儿!我就不提某某人的事情。”他变得敏感而谨慎了。对吉昌物、事、人、心的变化,他有愤怒,但更多的是痛心。对于那些外来的人,那些在屯堡这本书上任意涂抹颜色的人,他可能只有愤怒。正是在这涂抹中,屯堡被遮蔽了,从而被消灭了。有资格在这本书上涂抹的是些什么人?政府官员、投资商,当然还有作为文化专家的学者——专家认可的力量,卢百可是亲自感受过的。

“屯堡一直就很悲壮,到目前为止也是这样”。屯堡产生于战争,不同性质的移民流离并定居于贵州。从明至清以至民国,这片土地似乎从无宁日。中央政府的遗忘,与周边少数民族相互残杀,其中有多少惊天地、泣鬼神的故事。这些故事无须用“骑着高头大马”征南的显赫出身来掩饰,凭着起伏跌宕的悲壮旋律,就足以打动人心。无论将过去以高头大马如何刻板化,今天的屯堡仍然边缘化,高头大马式的涂抹只能使屯堡更加边缘,边缘到为求发展而与外来的人一起消灭自己的文化,取消自己的存在。这就是“屯堡到目前为止仍然很悲壮”的含义。我觉得他说得很对。但是,屯堡有更好的选择吗?

在卢百可与吉昌的故事中,我们看到旅游开发给一个村落带来的改变,看到学者与村落关系的改变,甚至也看到一个学者自身的某种改变(内心的冲突,敏感而谨慎)。卢百可的叙述有某种矛盾性:在村落内部,村民具有足够的机心和主动性,善于刻意利用包括卢百可在内的一切符号资源;跳出村落,在屯堡文化的层面,村民又成了值得同情的弱者,任外来的人摆布。也许,现实本身就是矛盾的。村民是弱者,他们不得不利用一切可以利用的资源包括学者为自己谋利,其中有最基本的经济学算计。与此同时,共同造假、合谋欺骗等等也有村民作为弱者反抗外来人的潜台词:“你们被耍了!在智力上,我们并不比你们差!”

与卢百可初次会面在吉昌,在“抬汪公”仪式那天。嘈杂的人声、忙乱的人群,使我们的谈话难以为继。我们约定下次见面进行一些实质性的交流。“我在你的田野点看你如何工作,你又在我的田野点看我如何工作,各一天。这样交流比较有效”,卢百可建议说。这正是我求之不得的。我想看看同行如何在田野中活动,如何与村民互动。这既是学习的机会,也是我研究的题中之义。一些日子后,我随卢百可在周官做了一天的研究。后来,在安顺和北京,我们又碰过两次面。卢百可说着一口流利的、略带京腔的汉语,能用汉语写学术论文。谙熟中国的人情世故之道,但说话坦诚、直率。第一次见面,他就对我直言屯堡文化研究的弊病,也说到在田野研究中遭遇的阻碍。尽管在安顺做研究年份不短,他与本地学者的交流并不多,而后者对他的了解也很有限。

2. 杨老师

就在卢百可因为屯军山与村民闹矛盾这段时间,一个地方学者开始与吉昌频频接触。他就是杨老师。在他的帮助下,屯军山发现明代军事遗存和出土文物的事见报了。村民需要杨老师来完成卢百可不能完成的事业——开发屯军山,为吉昌编撰村志。村里为此成立了屯堡旅游协会,集资数万元。在安顺,杨老师请卢百可吃饭,我也在座。两人都是吉昌的朋友,却从未坐下来面对面交流过。谈话显得很热烈,他们谈屯堡,谈屯军山上的文物发现。卢百可说杨老师应该为自己的屯堡人身份自豪,杨老师则表示赞同卢百可对屯堡造假的批评。然而,事情后来的发展却表明他们没有走到一起。村民需要的是与卢教授不同的杨老师。也可以说,杨老师必须做出某些与卢教授不同的事情才能不负村民厚望。杨老师可能根据这一点强化自己的某些策略,弱化另一些策略。在村民的期望之下,杨老师需要对自己进行一些塑造。

关于屯军山,有两个与卢百可所述截然不同的版本。

其一是:“(吉昌)村里人都知道,在村旁的一座高山上,600 多年前是屯军的地方,不过由于山高林密,荆棘丛生,从来没有人上去看过。今年 1 月份,几个村民一时兴起,相邀爬上了山顶,结果发现了一个很大的古建筑群遗址。……村民在清理遗址时,还发现了上百件文物,如砚台、酒杯、盔甲片等等,其中一件砚台上面还有‘成化年制’的字样。”①

其二是:“2008 年农历正月十八举办传统的‘抬亭子’(抬汪公)活动时,田应宽决心邀请专家来研究家乡的屯堡文化,凭着他对家乡历史的了解和山形地貌的观察,他坚信故土深处一定蕴藏着有待开发的秘密。今年三月,来自北京和本土的专家学者们终于在吉昌屯发现了明代屯军的遗址——屯军山,由此揭开了这个‘明代古堡,历史丰碑’的神秘面纱,这个发现,被认为‘填补了屯堡文化的空白’。”②

时隔 5 月的这两个版本共同之处在于“发现”。不过,两个版本之间还是有一些微妙的差异。在版本一中没有出现的屯军山地名,在版本二中出现在“明代屯军遗址”后面,让人分不清究竟是原有地名还是因为“明代屯军遗址”的发现而得名。这似乎证实了卢百可的说法——屯军山是现在命名的。版本二后面写道:“北京国防大学教授鲍中行和田应宽一起考察屯军山后说:‘屯堡文化的研究和开发就需田应宽这样的明白人,只要肯学习又热心,开发屯军山就一定成功!’”这里的屯军山从破折号后的屯军山发展为独立的专有名词。两个版本的另一个差异是“谁发现了屯军山”。版本一的发现者是几个不知其名的村民,版本二的发现者是村民田应宽和专家学者。在发现时间和发现情境上,两个版本也有差异。版本一说的是 1

① 《贵州安顺发现明朝皇家军队屯军遗址》,《贵州都市报》2008 年 5 月 23 日。
② 《血性热肠的屯堡汉子》,《安顺晚报》2008 年 10 月 7 日。

月，而版本二是3月。版本一所述的发现充满偶然性，版本二的发现则是深思熟虑的结果。版本二中出现了一个主人公，正是在他的努力和专家的配合下，屯军山的秘密被揭开。耐人寻味的是，在版本二的报道中，该主人公"坚信故土深处一定蕴藏着有待开发的秘密"，这个秘密是有待"开发"而不是"发现"。同时，在鼓励村民时，专家说的也是"开发"。版本二的其他文字讲述了主人公的种种传奇故事。另一则报道记述了据说发生于600年前的英雄故事，其主人公之一名叫田宽，与600年后的主人公名字相差一字。该故事最后教育人们说："三个男人遭遇大难时不抛弃、不放弃的团结故事从此流传下来，他们用同生死共命运的实际行动告诉了后人：怎样做人，怎样活着才有意义。"①

田应宽何许人也？他曾是吉昌汪公祭祀的民间组织"十八会"②会长，现任吉昌屯堡旅游协会会长③，"对于有关汪华的历史他能倒背如流"。在他带领下，村民"热情高涨，自发集资6万多元开发屯军山"，"乡亲们说，田应宽身上有一股号召力和凝聚力！"他与专家学者过从甚密，"深入研究屯堡文化激起了田应宽的热情，经常和专家学者交谈"，"一位专家和他谈起唐朝越国公汪华的史事，他朗诵起汪华祭祀令人刮目相看"。他说，"我们欢迎专家学者来考察，跟着专家学者学习，我们开眼界长见识，学会了原来很多不懂的知识"④。屯军山的发现或开发，正是他下定决心，邀请专家来研究屯堡文化的结果。那么，专家究竟发现了什么？专家称，"如此规模的屯军遗址在安顺屯堡文化区是首次发现，该遗址就是当年屯集在安顺一带数十万大军的中心指挥部"，"朱元璋当年的'调北征南'战争平乱结束后，为防止被征服的异族再次叛乱，便将数十万大军驻扎在安顺一带，同时选择

① 《三墓"汪田冯"》，《安顺晚报》2008年11月3日。

② 关于吉昌"抬汪公"和"十八会"的情况，参见卢百可：《贵州省安顺市附近"屯堡人"祭汪公活动的变迁和意义》，载Tim Oakes、吴晓萍：《屯堡重塑》，第183—197页。

③ 该文还特别强调吉昌屯堡协会的合法性："乡亲们推选他当屯堡协会会长，他坚持要依法办理各项手续，因此，他成了安顺市第一家经过注册批准的农村社会团体的法人代表。"（《血性热肠的屯堡汉子》，《安顺晚报》2008年10月7日）

④ 《血性热肠的屯堡汉子》，《安顺晚报》2008年10月7日。

了地理位置颇佳的吉昌村的屯军山作为这些大军的中心指挥部。由此可推断,在这里住下的都是屯堡大军的高级将领”,“屯军山的发现,终于找到了他们一直想找到的600多年前屯堡大军的指挥部,这也印证了当年那段金戈铁马的岁月,也填补了安顺屯堡文化的一个空白”①。

专家是谁?有文中出现的鲍教授,其实还有文中没有出现的杨老师。我知道杨老师曾是安顺文物管理所负责人,知道他早年曾在吉昌小学代过课,也知道一年前他与鲍教授考察过鲍屯,共同出版了关于鲍屯的书。但是,与吉昌有十年关系,被村民赋予屯军山命名权的卢教授在哪里?我听不到他的声音。

倒是在另一件事上,我看见了他:“美国籍学者卢百可10多年来每年都来参加吉昌屯抬汪公活动,这位人类学、民俗学专家认为屯堡村民对于汪公的崇拜是一项具有深层含义的人类文化活动,值得深入研究并发表相关论文。”②不过,他发出的声音被间接引语所概括,为的是引出吉昌“抬汪公”展演在广州获“山花奖”这件事的意义。田应宽在这件事上同样很活跃,“他又组织‘抬亭子’节目演练,因为他将带领‘抬亭子’节目去广州参加中国第七届民间艺术节”③。作为文化顾问,杨老师也去了广州。这件事当中的一个细节,卢百可知道了一定会生气:“2008年8月,贵州省文联、省民间艺术协会经过考察,与西秀区文联、大西桥镇政府等协商决定选拔吉昌的‘抬汪公’到广州参加这次全国性展演。省民协干部王琴多次来到吉昌指导,组织村民演练。省民协主席韦兴儒、《南风》主编罗吉万专程到吉昌观看演练并提出指导意见,进行了适度修改。”④这分明就是他所说的外来人在屯堡这本书上任意涂抹和政府行为对屯堡的破坏。对于可能遭到的批评,组织排练者这样回应:“有人说,这次展演不是原版的‘抬汪公’。但是,按照原版至少要5个小时才能结束,而在规定的5分钟不可能原版照搬,更

---

① 《贵州安顺发现明朝皇家军队屯军遗址》,《贵州都市报》2008年5月23日。

② 《“抬汪公”抬回了“山花奖”金奖》,《安顺晚报》2008年10月27日。

③ 《血性热肠的屯堡汉子》,《安顺晚报》2008年10月7日。

④ 《“抬汪公”抬回了“山花奖”金奖》,《安顺晚报》2008年10月27日。

何况组委会明文规定‘保持特色，要有创新’呢！不管如何，国家级评委认可了，组委会颁发了最高奖。”①

2008 年天龙镇，《天龙秘事》首发式

日本小说家芥川龙之介曾写过一个离奇的故事，名为《罗生门》。故事里，对同一宗罪案每个当事人有不同的叙述，因而同一件事就有了几个版本。每个叙述者的叙述都振振有词、头头是道。最终，真正发生过什么就成为一个谁也无法知道的谜。屯军山的故事似乎也是这样，虽然没有《罗生门》那么诡异，但有不同的说法。实际上，我在田野中不断碰到这样的例子。从红崖天书到天龙秘事，从顾成墓到建文帝，就像安顺文化局原局长帅学剑对我所言，“不仅天龙有秘事，整个屯堡，整个安顺都充满秘事”②。是

① 《“抬汪公”抬回了“山花奖”金奖》，《安顺晚报》2008 年 10 月 27 日。

② 2008 年 9 月 12 日在安顺访谈帅学剑的录音和笔记。

的，无论历史、民俗、方言、服饰，还是屯堡人的自称，屯堡到处是谜团。什么是屯堡，屯堡人究竟有多少，地戏是否傩戏，等等，多年以来都无定论。因为无定论，多年来就一直在争论。杨老师对我说，“我算是最早搞屯堡的，研究了二十年屯堡，到今天我却糊涂了。屯堡是什么？”

旧的谜团尚未解开，新的谜团扑面而来。天龙说沈万三在天龙落户经商的故事，肖家庄说傅友德大将军的坟在肖家庄，九溪一口咬定顾成埋在九溪，而吉昌的陈姓竟然说自己是李自成的后代：

> 陈家水井是一个私人用井，主要是供陈家用水。这本来是没有什么特别的，可是，这个陈家的了不起之处却是：他们是李自成的后代！据说，当年李闯王在九宫山上被围，部下18人装扮成李闯王的样子四面八方突围，而真正的李闯王却混在士兵里，逃了出来，后来，因为大势已去，就出了家，而李家的后人为逃避追杀，也各使神通，有一支改了陈姓，最后辗转到了吉昌，这在他们家的家谱上还有完整的记载。陈家在吉昌很发迹，后来还出了个陈百万，因为投靠吴三桂当了义子，在地方上显赫一时。①

报道吉昌“抬汪公”获大奖的那个作者与我相熟，他在一篇博文中这样写道：“平坝天龙的屯堡旅游已经成了贵州有名的乡村旅游的成功案例，他们的一个名家效应是沈万三家的后代；著名的千户屯堡村落九溪走的是顾成的路线，这个在安顺城里留下一条‘顾府街’的明代将领，跟安顺的关系更是千丝万缕，现在，那里又在找寻朱元璋家的后裔；而现在，因‘李改陈’而出现的陈家，是否可以在吉昌进一步发扬光大，甚至是因此使吉昌发扬光大，也就更值得期待。”②

面对谜团，作者浩叹：“跟历史相比，我们生活的历史是短暂的，但是，我们思索的范围却是无穷无尽的。在吉昌这样闹热的地方藏着这样雄伟的古代建筑，吉昌的人都说不清楚，那么，在贵州的大山深处，又还藏着多少的

---

① 参见杨十八：《吉昌访古》。

② 杨十八：《吉昌访古》。

秘密呢?"[①]什么是本地学者的使命?作者分析说:"在屯堡热兴起的今天,最让人困惑的就是找不到相关的史料为佐证。所谓的'屯堡',也只是因府志上的'屯军堡子'一词演化而来,更多的屯堡史料很多来自旺族的家谱,这就使得可信度打了折扣。通过更多的田野调查,打造出专家认可的屯堡历史,对我们来说是很有吸引力的,至少,我们曾经做过一些工作,至少我们可以是个见证人。"[②]是啊!"跟历史相比,我们生活的历史是短暂的",而可资佐证的信史又如此稀少。我们究竟是作"见证人",还是去"打造出专家认可的屯堡历史"(在我看来,这是两种不同的选择)?种种可能性又都取决于"我们思索的范围是无穷无尽的"。而在史料有限的前提下,思索的无限很难与想象的无限相区分。

3. 学者在村落的位置是什么?

几乎每个村落都想"搞屯堡"[③]。几乎每个搞屯堡的村落都有一个或一群学者作为自己的文化参谋。那些没有文化参谋而又想搞屯堡的村落正在四处网罗文化参谋或热切期待文化参谋的到来。学者也许并不想充当文化参谋的角色,但他的存在为村民的想象、流言和行动创造了新的空间和起点。他会成为一种象征权威的符号,既对内,也对外。他终究会成为或者被村民认为是自己搞屯堡的合作者。如果他拒绝配合,要么这种拒绝被其他村落或村落内部的其他村民所利用,要么他只有选择离开。村落所仰仗的文化参谋很可能并非只有他一个,村落可以选择别的参谋而轻易地放弃拒绝与自己合作的学者。世殊事异、物是人非,村民会重新选择自己的合作伙伴。

来自不同背景的学者很难在同一个村落和谐相处。九溪的例子证明了这一点,实际上杨老师也曾因九溪的事与安顺学院的老师们产生隔膜。每

① 杨十八:《吉昌访古》。

② 杨十八:《吉昌访古》。

③ 在村民口中,"屯堡"有多重含义:屯堡文化、屯堡山庄、屯堡文化公司,等等。在不同语境,有不同的所指。有的村民直接把"搞屯堡"说成"炒屯堡",王厚福老人的说法最有趣,"闹屯堡"。

个学者都有自己的研究立场,甚至关于村落前途的构想。学者之间的微妙关系会影响到村民之间的关系,而村民之间的关系也会影响到学者之间的关系。学者与村民形成的关系网络最终又会影响到村落和学术的走向。

上面提到的两位学者,包括报道吉昌的那位作者,都与我交好。我了解他们在声音之外的经历、性情和为人。在许多方面,他们都是值得我尊敬的师友。卢百可对吉昌和屯堡充满感情,而另外两位本身就是屯堡人。没有一个人想过损害屯堡,伤害村民。可是,在相同的前提下,他们却有着各自的原则。至于村民,站在他们自己的角度,也不能说有什么过错——这一点是我反复强调的。那么,什么才是一个公允的评价?学术研究与旅游开发之间的关系,其实是我和杨老师多次谈话的一个主题。他深感屯堡研究存在的时弊,诸如“炒冷饭”、重复研究、流于表面、现象式的描述和罗列等等。我曾开玩笑说他是屯堡打假专家。“屯堡文化有许多都是造假,我们不能再造假了!否则,伤害的就是我们的后代以及后代的后代!”这是他多次亲口对我说过的话。他也用文字表达过同样的立场:“经历了屯堡文化研究的是是非非,我看到了许多虚构的文字和图片已经印成精装的宣传品,我更相信王恒杰教授(中央民族大学)所说:古人在编写史料时并非执笔者经过考证,很多是道听途说来的,有的文人为了迎合上司、为了私利也在造假,所以史料不可全信。我想,今天关于屯堡文化的文字和图片一旦变为史料的时候,希望我们的后代以及后代的后代千万别轻信这些史料。”①在研究与开发之间,他认为“唯有深入研究才能开发,否则,那种认为屯堡文化越古越好或者那种破坏性的‘建设’将使屯堡文化受到变异性的破坏”②。的确,在村民盛情邀请之下,近年来他参与了鲍屯和吉昌的文化发展规划。这两个村落都是当年他曾下乡任教的地方,那里有他教过的学生和故友,有他流过的汗水和泪水③。村民信任他,他想为他们办点事。村民要的是什么?纯粹的学术研究能给村民带来什么?对于屯堡文化,他只能一分为二地看。

① 杨友维:《特别采访》,内部资料,2005年,第150页。
② 杨友维:《特别采访》,第160页。
③ 参见杨友维:《特别采访》,第22—28页。

像我和卢百可这样的外地学者，其实并不具备杨老师的这些经历和复杂感情。

在叙述上面这些事的时候，我不时会陷入愧疚。在卢百可与杨老师之间，我无法统一自己的立场。无论是他们，还是我，都有某种自相矛盾的东西。它涉及情与理，涉及求真与造福，涉及学术与现实关怀层面不同的良心的定义与冲突。

三、小　结

作为不变的客观存在或绝对外在于人的实体的地戏或屯堡，是不存在的。它们既是词，也是物，既是人的观念，也是现实存在的事象。更确切地说，地戏或屯堡存在于词与物、观念与事象之间。词与物、观念与事象是流动和变易的，它们之间的关系也是这样。在无法区分真与假、有意识与无意识的情况下，我们很难判断什么是造假，什么是创造。造假或认定造假的前提，是设定了一种不变的所谓“真实”的存在。如果这个前提不存在，就没有造假。我们要以一种积极、辩证和动态的立场看待问题。

地戏和屯堡文化归属于非物质文化遗产这个概念，这个概念起先出自学术界和官方，之后在民间推广并被接受。有人说，它是泡沫，是一块满足各界欲望与隐秘企图、并被不断切割和抢夺的蛋糕，有名无实、虚假繁荣，违背了联合国教科文组织《保护非物质文化遗产公约》的精神，助长了因好大喜功而来的造假之风，实际上进一步污染、恶化了非物质文化遗产所指对象的生态环境。局部看，也许是这样。换个角度看，也许就没那么消极。历史的轨迹是不破不立地向前推进，为某些不得不隐退的东西唱挽歌，于事何补？在这不破不立的进程之中，在由诸如地戏、屯堡或非物质文化遗产这样的概念搭成的话语平台上，上与下、内与外、古与今各方得以沟通。

第六章　总结与思考

呈现学者与村民的知识生产互动是本书最主要的工作，在这种呈现中“学者与村民的知识生产互动对村落意味着什么”这一问题得到回答。

很大程度上，地戏、屯堡文化、村落历史这样的地方知识以及村落知识精英是在学者与村民的互动中生产出来的。对此的认识来自田野观察，也来自对照田野经验的文献解读和话语分析。立足于学者与村民之间，我们看到单纯的村落研究——缺乏学者知识生产过程的呈现与反思的村落研究——所看不到的现实与意义。前文一方面分析了学者和村民对包括地戏在内的地方知识的表述，另一方面对学者过往20多年与村落的知识生产互动进行案例式的叙述。

我们在“地戏”与“跳神”的话语关系中看到权力与知识的相互转化：学者的地戏话语对村民的跳神具有解释力，因为村民认为自己说不清的东西被学者说清了；懂得模仿地戏话语的村民比其他村民具有更大的解释权，从而成为村落精英或巩固其精英的地位；学者引用村民的解释来增加自己的说服力，而村民的解释有很大一部分来自学者的知识生产或与学者的知识生产互动。

在《九溪村志》和《屯堡乡民社会》的知识生产过程中，我们看到学者的知识生产对村落的影响既通过发生于村落的实际互动，也通过学者书写村落的文本来传递。这种影响既涉及地方知识的再生产，也涉及村落知识精英的再生产。可以看出，学者与村民的知识生产互动既在知识层面，也在现实层面，而且这两个层面的互动往往是连通的。

生产出来的地方知识和村落知识精英，以被学者引用其表述、描述其事迹的方式在不同学者的文本间流动，也在学者与村民的现实关系网络中流动。经过学者确认的地方知识、村落精英对后来的学者具有引导意义，而后来者对地方知识的关注、与村落精英的互动会起到再确认的作用。

在上述知识生产图景中，学者与村民的互动显现出积极的一面，矛盾来自村民内部，而不是学者与村民之间。学者为村民提供地方知识的确定性，也为村民解决实际矛盾。不过，学者与村民的互动也不都是和谐的，有时学者会反思与村民的互动，质疑其他学者与村民的互动，甚至认为这种互动违背他知识生产的初衷而加以拒绝（虽然拒绝本身也是以互动的方式来实现的）。这种情况集中表现在关于“屯堡文化”的知识生产上。

我们主要探究地方学者与村民的知识生产互动，但也注意到他们背后的动力，比如地方政府、学科脉络、学术中心和时代背景对他们的推动作用。

一、非物质文化遗产的知识生产

从国家到地方，从学界到民间，非物质文化遗产日渐成为关注焦点。2005 年第一届国家级项目遴选时，各地提交申报的项目有 1000 多项，到 2007 年第二届遴选，各地提交的项目增至 2356 项。与此同时，人类学、民俗学、社会学、艺术学等学科或交叉学科的学者从保护、传承、文化生态、身份认同、公共文化、口头文化、民间信仰、民间艺术等角度发表或出版了数量不小的论著，也在国际性的非物质文化遗产主题会议上与国外学者频频交流。这种气象为相关研究创造了良好的氛围。不过，公允地说，这项事业仍需要个案的补充和反思的完善。

谁提出文化遗产概念？谁制订文化遗产标准？谁来判断什么是文化遗产？谁来排定文化遗产的等级？以及，谁来对成为文化遗产的文化遗产进行研究和提供保护策略？这一系列问题的答案表明，学者与文化持有人一起程度不同地卷入非物质文化遗产工程，既合作，也博弈①。当村落利用学

① 参与这场博弈的还有地方官员、商人和传媒工作者。限于篇幅和研究重点，这三者暂不进入本书讨论。

者说“话”时，学者也在用它说“事”。学界推出非物质文化遗产这一概念，也完成发现或命名的工作，村落是培育、保存、传承非物质文化遗产的土壤。学界持有非物质文化遗产的概念和议题（词），村落持有非物质文化遗产的事象（物），学界的议题必然要到具体的村落中检验，村落的事象也需要学界的表述与推广。学者深入村落，体察民间文化展演的力量与诉求。更重要的是，研究的视域不局限于非物质文化遗产本身（物），也不同于保护与发展的悖论性争论①（词），而是进入到非物质文化遗产的词与物之间，反思知识生产在词与物之间循环往复的微妙过程，从而发现更多的文化生态景观，创造更精彩的议题②。立足于知识生产与对象互动这一理论基点，透过村落情境中的非物质文化遗产事象，重新思考非物质文化遗产工程与知识生产的关系。原来朴素的方法论仅仅把田野中直接被观察、被访谈的人群作为对象，加上反思的维度之后，研究者与当地人的互动也被纳入“对象的结构”之中。也就是说，要以一个多层次结构来看待对象问题。这样，田野的边界和视角就有了新的转移③。

非物质文化遗产究竟是从村落到学界，从物到词，对原本存在之物的发现，抑或是从学界到村落，从词到物，对曾经有但已不复存在之物的发明？

按照一种逻辑（发现的逻辑），村落是非物质文化遗产的创造者、持有者和解释者。按照另一种逻辑（发明的逻辑），学者才是非物质文化遗产的创造者、持有者和解释者。第一种逻辑乐观而不真实，第二种逻辑悲观但也未必真实：假如没有存在于民间和村落的某种东西，学界不可能发明出非物质文化遗产，而非物质文化遗产这个概念也就无的放矢，沦为空谈。假如没有学者在学界提出并讨论（或争论）非物质文化遗产，村落就不知道非物质

---

① 作为活态的非物质文化遗产保护面临着学术、实践方面的诸多难题。有的学者认为，作为活态文化，非物质文化遗产是靠人传承下来的，因而对项目传承人的保护应该是重点；有的学者建议创立非物质文化遗产生态博物馆；有的建议把遗产传承纳入公共教育事业中。另外，“原生态”也是一个聚讼纷纭的概念。

② 保持清醒与理智的学者会意识到，尽管非物质文化遗产工程像某种上自国家下到民间的运动一样轰轰烈烈，却不乏滥竽充数与浑水摸鱼者，但他也不会因意识到这一点而陷入彻底的学术虚无主义，而是从中看到某种严肃研究的契机。

③ 这一思路是与博士后合作导师高丙中教授多次交谈后才清晰起来的。

文化遗产这回事,就不知道原来自己持有的某种东西就是非物质文化遗产,更不会声称自己是非物质文化遗产的持有者,并为此相互竞争(谁持有的更多?谁更正宗?谁是假的?谁模仿谁?)。总之,假如没有"非物质文化遗产"(词)就没有非物质文化遗产(物)。当然,这句话也可以反过来说。

我更相信第三种逻辑:非物质文化遗产在学界与村落、词与物之间,是学术与民间、学界与村落、学者与村民双方对话、协商、博弈的产物和共享物。围绕这一客体,学界与村落、学者与村民相互认知,相互期待,也分别对非物质文化遗产展开思考与想象。非物质文化遗产,甚至互动的双方,就成为某一方的表述中介。主体通过中介达成的,是自身的观点与诉求。学者通过"什么才是真正的非物质文化遗产"表达的是自己关于非物质文化遗产的立场,掌握真理和话语的程度;对于村落,谁持有非物质文化遗产,就意味着来路正、谱系清、历史久、民风淳、文明程度高;学术下问于民间,说的是"告别书斋、象牙塔与扶手椅,回归生活的真实",从而与闭门造车、不问民生的理论空想相区别;反过来,民间与学术结缘,表达的不仅是对现代文明和科学的向往,也是民间在整个文明空间中的地位,等等。

在更深的层面,非物质文化遗产研究隐含着"知识生产与对象有何关系"这一问题:知识是认识对象的结果,抑或对象是知识生产的产物?我以为,"知识生产"既生产了知识,也生产了对象。在改变村落走向的意义上,甚至可以说,"知识生产"也生产出某个村落。"知识"既包括先在的知识系统,也包括先在的知识产品;"对象"既包括村落中的事、物、人、心,还包括被后来的知识生产者视为对象的知识系统、知识产品;"生产"既包括学者的知识生产,也包括民间的知识生产;"知识生产者"既包括知识分子,也包括村民;"知识产品"既包括学者生产的论著,也包括存在于村民口头、身体和记忆中的知识(如话语、故事、传说、仪式,甚至某种人际互动模式)。

知识生产分属两个序列:学者的与民间的。这两个序列从来就不是全然分离的,而是互文的。在某些情况下看似分离,在某些情况下则明显地交织在一起,彼此嵌入。我想要考察的是后一种情况。在这种情况下,两个知识生产序列或前后交错,或并行不悖;或相互借用,或貌合神离;或对抗,或共谋;或一者将另一者化为自己的符号资本,或一者将另一者纳入自己知识生产的对象系统。如果说，在那些看似分离的情况下，这两序列的关系需要一种长时段史学的方式来发掘，那么，在目前这种情况下，幕后的、历史舞台背后的关系会以短兵相接的方式走向台前，以生动、具体、鲜活的形态显现出来。知识生产也存在一种先来后到的时间关系：先行者与后来者，先在的知识生产与后来的知识生产。先在的知识生产，包括它的知识产品、知识系统和知识对象，会成为后来者知识生产瞄准的对象。这种时间关系对于知识生产与村落研究的讨论同样具有不容忽视的意义。

具体而言，一个知识生产者到村落调查前所受的学科训练、知识储备决定了他的知识生产不是在一张白纸或一块白板上完成的，也需要参考他人此前对该村落或与之相关的论著，这便是先在的知识系统和知识产品的力量。他最后完成的文本是此次知识生产的产品，纳入某种知识系统，也成为此后他人关于该村落知识生产的参考。在他的知识生产过程中，除了最后的文本，容易被人忽略的是，还在该村落产生了某些事、物、人、心。比如在他建议下或以他的名义出现的某种活动、某个建筑，甚至某种仪式；与他交往、为他提供信息的某位村民成了村落中有影响力的人（类似于地方精英），也成了对外与学者打交道的专家（职业报道人）；或者他的田野生活（作为一种奇特的村落景观）及与他曾经的交往改变了某些村民的观念和心态。在他之后的知识生产者，进入该村落做研究，要参考他的文本，参考他曾经的田野生活和人际互动方式，也不得不面对他在村中产生的事、物、人、心。也许，后来者的报道人（无论他自己主动去找，抑或村民推举）就是已经成为他前任朋友的那个村民。先行者的知识生产（包括文本、术语、与村民的关系网络）会被村民并入到自己的知识生产中，村民的知识生产又成为后来进村调查者知识生产的对象。

理论探究需要落实到村落，在具体的田野情境中加以验证。围绕知识生产与对象互动这个主题，循着村落与学界互动的时间线索和谱系，在村落与当地学界展开调查，访问村民和学者，观察文化事象在词与物、发明与发现、学者的知识生产与村民的知识生产之间流动、变换的轨迹，可以检验我们的理论假设。

二、田野的“生”与“熟”

我曾在两个村落做过细致的田野研究：一个是四川藏族村落若村，另一个是九溪村。两个村落如此不同，以至于总摆脱不掉将它们放在一起比较的想法。在地域、民族、人口等方面它们有明显差异，不过，我想强调它们的另一种差异——作为人类学田野的差异。简言之，在我看来，作为人类学田野，前者是“处女地”或说“生地”，后者是“熟地”。到目前为止，只有我在若村做过田野研究（曾有两个做植物分类研究的学者到过若村，逗留时间很短）。形成反差的是，九溪村学者云集，前赴后继，在我进入前已是被反复耕耘过的“熟地”了。从进入田野和知识生产的时间关系说，我算是若村田野知识生产的先行者，九溪村田野知识生产的后来者。

“生地”的价值在于其单纯或空白，它似乎被动地等待着研究者的到来，等待着意义空白的填补。相反，“熟地”的价值在于其复杂与充盈。在某种意义上，研究者不仅要与“熟地”之人交往，还要同时与曾经研究过它的学者交往。要“征服”“熟地”，必须同时“征服”它身上留下的那些研究印痕（从参考文献的角度说，可以谈论这些研究的优与劣，但绝对不能不谈论它们。漠视它们只能说明对“熟地”研究的无知）。这意味着某种额外的难度和挑战。形象地说，面对“生地”，只需要和一个人对话；面对“熟地”，则要和多个人对话。另外，与“生地”之人容易建立相对单纯的情感关系，而要博得“熟地”之人的“芳心”却非易事。所以，许多研究者宁愿选择“生地”而不是“熟地”作为自己的田野①。

这些年来，学者们做了很多村落研究。有的村落像若村，是田野“生地”，有的村落像九溪村，是“熟地”。随着学界对村落研究的重视，随着民族学、人类学或社会学专业硕士或博士学位的“通过仪式”对田野调

① 哪怕最学术化的描述和思考也可能充满形象化的隐喻。随着田野经历和叙述经验的丰富，我越来越感觉自己与田野、与对象的关系并不排除用这种形象化方式来传达的必要与可能。

查的强调[1]，会有越来越多的年轻学者涌向各自的田野。其中会有不少人，像我那样循着某种学术谱系，机缘巧合地闯入像九溪村这样因文化、历史或民俗资源丰厚而值得一做的田野，在那些完成研究、已然离去的田野前辈的阴影或庇荫下，或在不期而遇、但又早已注定的田野同志的相互搀扶或较量中，艰难地前行。结果必然是，像九溪村这样的学术名村或田野"熟地"越来越多地涌现出来。

有什么样的村落，就应该有什么样的村落研究。我们不得不以一种不同于以往的方式来看待这种不同于以往的新情况，就像我不得不以不同于看待若村的眼光来看待九溪村一样。我们可以避而不谈田野的"生"与"熟"，按部就班地做自己的研究，也可以让这种区别成为研究的特殊前提甚至对象，认真对待后现代人类学热衷的议题，反思我们与他们、我们与我们、知识生产与知识对象等错综复杂的关系。只要立足于此，反思就不是一种隔靴搔痒、空穴来风的时髦，而是就事论事、实事求是的行动。一定程度上，研究者在田野"熟地"的遭际既是田野前辈和同伴遭际的翻版，也是许多后来者遭际的缩影。从经验抑或教训的意义上，选择现象描述（如同保罗·拉比诺[2]）抑或理论分析（如同皮埃尔·布迪厄[3]）的方式，把自己的田野遭际和知识生产变为追究这一事实的个案，贡献给准备进入田野的同行和正在完备自身理论的学科，应该是一件值得去冒险的事。

三、"屯堡"：一个例子

听说在我之前已经有那么多人研究过九溪村，许多人的第一反应是"你还能做什么"。不过，当我把自己的想法（"我要做什么"）说出来后，他们就明白选择研究九溪村的另一种意义了。

---

① 如果严格遵照西方标准，一个没有做过田野的人类学系学生几乎不可能取得参加学位论文答辩的资格，田野是人类学"成人礼"必不可少的环节，田野经历是学术履历中具有分量的"资本"。

② 保罗·拉比诺：《摩洛哥田野作业反思》，高丙中、康敏译，商务印书馆 2008 年版。

③ P. Bourdieu, *Outline of A Theory of Practice*, Cambridge: Cambridge University Press, 1977.

起初,我的使命是去九溪村考察一项非物质文化遗产,进而考察创造遗产者的日常生活,将它以民族志的方式呈现出来。进入田野后,我一直苦恼于如何在遗产与九溪村的其他文化生态元素比如历史记忆、经济活动、组织结构、民俗仪式等等之间建立一种系统的、不只是简单枚举的串联关系。在这个问题上没有取得自己满意的进展。同时,若村的田野记忆也不时重现①,向我提示九溪村的某种特殊性和一种在研究思路上实现真正转换的可能与必要。于是,我开始重新思考自己的研究计划和重点。

我不再想面面俱到,而把目光聚焦在构造遗产和村落文化生态的一个特殊方面,亦即学者参与构筑的文化生态。这是九溪村有别于若村的文化生态,也是许多以非物质文化遗产闻名的村落共同的文化生态——如果若村像九溪村那样拥有自己被国家和学界认定的非物质文化遗产,作为人类学田野,它的局面和命运肯定与现在大不相同。围绕九溪村这样的村落,甚至可以勾勒出一个小小的学术共同体,梳理它的谱系,划分它在内部和相对于外部的边界。站在这样的角度,九溪村就获得不同于若村的研究价值,研究的性向就有了质的转折②。

九溪村是该地区最大的屯堡村落,以地戏闻名。从 20 世纪 80 年代开始,村落地戏在市场经济和传统文化再造(包括非物质文化遗产工程)的浪潮中起落。今天,它逐渐成为弘扬地方文化("屯堡文化")的附庸,淡出村民和外界视野的中心③。对我而言,20 世纪 80 年代以来九溪村与学界的互动历程凸显出一种特殊的研究意义。九溪村和地戏的发展路径与前景,不仅受到国家政令、意识形态、大众传媒和市场经济的影响,一定程度上也与学者的研究息息相关。在村落大事记中,与学界近 20 年的交往产生出一系

① 若村的田野经历让我无法摆脱以它为参照来看九溪村,就像初恋对一个人后来的爱情生活具有抹不掉的影响一样。

② 与九溪村相似的例子是河北范庄。对那里"龙牌会"的研究也形成了一个由学者和当地人构成的知识生产共同体。详见岳永逸:《乡村庙会的政治学——对华北范庄龙牌会的研究及对"民俗"认知的反思》,载黄宗智编:《中国乡村研究》第五辑,福建教育出版社 2007 年版,第 203—241 页。

③ 村民现在更关心另一种非物质文化遗产——"屯堡"。它代表"明朝",代表"六百年遗韵"。这与政府的文化发展战略和学者研究兴趣的转变有关。

列标志性事件或时间刻度，比如：20 世纪 90 年代，一位村民受民俗学泰斗之邀到北师大给博士生、硕士生表演地戏，被称为“地戏教授”，九溪村人因为地戏获得了文化自信与自觉；2001 年“百村调查”课题组数十人进驻村落，举村迎送；2002 年新春，在学者策划下，全村动员到市区进行文化巡演，给市民拜年；同年，在学者指点下，村落成立自己的“文化研究会”，它很快变成一种动员、分配村落内部资源，与外界尤其学界沟通、联合，构筑村落文化生态的新生力量[①]。另一方面，关于该村的论著较多，引发了社会对它的关注，给它带来学术名村和田野基地的美誉。就像一种循环，越来越多的学人慕名而来，像田野前辈那样为学界，也为村落贡献自己的知识产品。村落与学界的互动存在一波三折的诸多细节，结合对当事人（包括村民，也包括学者）的访谈和对文献的梳理，我希望发现村落与学界互动的关键时间点、事件和细节，“绘制”这一互动的谱系图，探究学者知识生产对村落和地戏的影响。

经过面对面的接触，学者的身份、收入、人格魅力在村民那里留下模糊或清晰的记忆，这种记忆也会唤起他们遥不可及的期待。学者参与村落的发展规划，村民向学者“借脑”，也被“洗脑”[②]，学者与村落在某些方面共担风险。我进入九溪村后，不久就发现在村落的区域角色定位、村落与周边村落的关系、部分村民的身份和地位、村民间的关系、村民对未来的期望与筹划、村民的观念与用词[③]、村民定位我的眼光等方面都有知识生产先行者遗留下的痕迹。或片面或深刻的形象，反复被提起或提取的学者名字与头衔，传为佳话、无须求证的场面与趣事片断，与先行者有关的褪色标语、记忆和似乎永不褪色的辉煌友谊，经常从村落景观与村民的谈话中冒出来，后来者

① 不过，大致从 2008 年以来，“文化研究会”的力量减弱，人员构成和与学界的关系也发生了微妙的变化。

② 2002 年 2 月，“百村调查”课题组在九溪村召开“九溪发展座谈会”，给村落发展指出新的方向，“勾勒了一个蓝图”，被村民戏称为“洗脑”。参见孙兆霞等：《屯堡乡民社会》，第 248 页。

③ 课题、项目、写论文、博士、中国社科院、贵州民大、师专、北大、中央民大等与学术研究有关的语汇不时出现在村民口中。而且，我也注意到某些村民对人类学做法似乎并不陌生。

也被有意无意地与先行者放在一起比较和谈论。我真切地感到，作为后来者是在先行者抹不去又摸不清的“阴影”中开始自己的田野作业的。当后来者结束研究，离开田野，他自然又升格为先行者。从现在的后来者、未来的先行者（比如我）身上可以反观那些此前的先行者对九溪村生态发生影响的可能性，甚至具体情态。虽然接触的对象、深度，田野作业的时长，到来的时机或时段，设定的研究主题与旨趣等可能不一样，但在我们与他们、研究与被研究的关系上，这些九溪村先来后到的研究者又具有可比性。

在如何处理研究者与村落的关系上，有两种对立的观点。一种是将研究与村落分开，反对研究者介入村落进程；另一种提倡以研究助村落，边研究，边帮助村落，积极参与村落的发展规划。我与其他一些进入九溪村的研究者一样，主张前一种处理方式。不过，也无奈地发现这样的事实：外来者可以不介入，但不得不卷入，因为他在场或曾经在场，就算一个无生命的道具，也会被积极行动者利用，充当对抗异己、树立权威的工具。以不介入的立场对抗介入，以局外人的清醒对抗局内人的迷狂，确实很难。不介入或卷入的理想状态只能是成为无所不在的隐身人！当文化旅游或旅游文化、发展、开发或新农村建设——这些词被精英，也被大众挂在嘴边——的浪潮席卷而来，文化与经济联袂的戏台就会上演学者与民间的对手戏。导演是谁？有时像是学者，但更多的时候学者也是被导演进去的，从更深的层次看，谁也不知道导演是谁，大家都更像是自认为导演的演员。文化经济或经济文化的命题，为包括我在内的演员创造了演出机会。无论研究者主观上介入或不介入，客观上都对村落造成了影响。

九溪村的研究者相互影响、对抗，形成某种地缘或学缘上的谱系，最终为知识生产共同体创建了对外、也对内的数据库（包括文本，也包括记忆）。他们中有的退出，有的已经故去，有的转向其他研究领域，但在数据库中留下的东西始终影响着后来者，也通过后来者正在进行的研究进一步影响着九溪村的生态。在更长的时段和更大的范围内，在未来，它们将被不同的研究者与被研究者征用和评议，它们的存在也将成为使九溪村人的自我表述发生改变的一种隐性资源，一本不知在何种特殊情境中会被什么人开启来实现自我表述的工具书或辞典。

比如,20世纪80年代初学者的文章中开始频频出现“地戏”一词,之后它就在民间流行开来。在这个词流行之前,村民主要说“跳神”,很少说“地戏”,深知“跳神”,但很少知道“地戏”。现在,村民对外说“地戏”的普遍程度高于“跳神”。“地戏”一词始见于道光七年(1827)《安平县志·风俗志》:“元宵。遍张鼓乐,灯火爆竹,扮演故事,有龙灯、狮子、花灯、地戏之乐”。究竟这个词因何而来,具体含义是什么,到目前为止,学界并没有达成共识。另一方面,直到民国时期任可澄主持续修《安顺府志》时(1934),民间流行的仍然是“跳神”这一说法①,而非“地戏”。与此同时,“地戏”的说法在文人中保留下来。安顺市文化局原局长帅学剑曾经见过一张20世纪50年代的老照片,上面题有“安顺地戏汇演”字样②,可见当时正式场合沿用“地戏”的说法。令我不解的是,许多受访的老年村民都说直到20世纪80年代才知道和使用“地戏”这一说法。看来,20世纪50年代的“地戏汇演”与19世纪20年代的“地戏之乐”一样都是官方和文人的雅词,并没有像后来那样贯彻到民间。最晚从道光时期开始,“地戏”与“跳神”一直是雅俗分流的,而从20世纪80年代开始,随着地戏“升温”,“地戏”在民间逐渐与“跳神”合流。最终,“跳神”一词很可能被压抑进人们的集体无意识中,成为仅仅保存在文本中的历史记忆词汇。“面具”这个词也是这样,在学术化之前村民说“脸子”,在学术化后则改说“面具”③。

许多学者都在研究文化展演和文化政治,从较“真”转向认真地对待“假”。然而,无论深刻的批判抑或理解的同情,无论悲观的否定抑或乐观的肯定,在性向上还是朝着对象的,研究与被研究的边界并无实质性转变。研究者站在局外静观局内人表演或争斗。如果我们从既定的学术轨道跳出来,对自己的研究尤其田野经验稍作回顾与反思,就得承认我们也在局中,改变对象(包括作为人的对象和作为正在生成的历史事实及文化生态的对

① 参见民国安顺府志局:《续修安顺府志》,1934年版。

② 2008年9月12日访谈帅学剑。

③ 正如赵宗福指出的,地方文化解释会逐渐向“学术普通话”靠近,以知识界通行的词语更新原有的地方民间词语,或用“学术普通话”语法重新组合传统词语。参见赵宗福:《甘肃省泾川王母宫庙会及王母娘娘信仰调查报告》,《民俗曲艺》2002年第137期。

象),并被对象改变(即便我们的人不被对象改变,我们的研究也会被对象改变)。受影响于田野时间长度、研究者与对象关系的密切程度、卷入对象生活的深度,以及在对象那里建立的是共情,还是单纯的认知立场,这两种改变相应地发生着变化。

我们往往把先行者的研究仅仅视为自己的参考文献,一种静态的、过去完成时的参照系。实际上,田野研究创造了一种新的可能性。先行者与田野的互动,比如他与后来者可能交往的研究对象的曾经交往活动,意味着先行者的研究不仅在参考文献意义上,而且在田野对象和场域的构造或改造上,对后来者研究可能产生影响。先行者在文献意义上,也在田野意义上,成为后来者的参照系。

对研究者田野在场的关注和描述,不是一种使人对自己的研究有所信服的标签(比如,正文前的“田野调查说明”及附录中的“田野调查时间表和资料”),或者被耻笑为文人自恋的话柄,而是一种不该从文本中抹去的要件。从参与观察的角度说,“参与观察,不就是观察者参与到对象之中而成为被观察的对象一部分吗?”①从研究者与被研究者的关系说,“人对人的研究是两个主体之间的互动过程,双方都是有感情、有意向、有目的的,都在不断地影响对方并接受对方的影响,尽管所谓的研究者通常是比较主动的。作为结果的知识,最起码作为田野作业阶段性成果的资料是这个过程的产物。这个过程同样是人的生活,是有意识的实践,有所特殊只在于是‘学术性的’实践”②。既然这一事实在对象现实的生成和研究者知识的生产两方面都具有意义,为什么要忽略不计,而不去正视它呢?

四、知识生产共同体的田野边界

什么是田野的边界?按照过去的标准,到若村或九溪村做田野,该村落

① 高丙中:《知识分子、民间与一个寺庙博物馆的诞生——对民俗学的学术实践的新探索》,《民间文化论坛》2004 年第 3 期(下同)。

② 高丙中:《知识分子、民间与一个寺庙博物馆的诞生——对民俗学的学术实践的新探索》。

的时空范围就是田野研究的边界。许多研究者开始反思派克、马林诺夫斯基、吴文藻、费孝通等人数十年前倡导的社区研究，力图从时空维度来突破以社区为研究单位的封闭性，将社区开放出来，比如人类学历史维度的唤醒，比如在国家、区域和社区之间，在更大的共同体层面，谈论经济交换、象征流动，以"圈"的概念替代"社区"。这体现了跨越田野边界的冲动。

田野还有其他边界吗？如果我们不局限于仅仅把对象的世界当作研究的田野，而是回过头来看我们的研究与对象的关系，就会发现除了在对象那里我们设定了这样或那样的边界，在我们与对象之间也存在预先设定并可能被突破的边界。在研究者与对象之间设置的边界，不仅使研究者将自己置于研究之外，也使对象被隔离在研究者的知识生产系统之外。对象的意义仅仅在于为研究者提供知识生产的原料，这就假定了他们只生产"地方性知识"而不参与研究者"学术性知识"的建构。后现代人类学的趋势之一，是在对学术性知识"祛魅"之时呈现并践行研究者与对象从"对话"到"合作"的知识生产关系转变。这种转变与原态化的对象口述"铭写"有所不同。口述的"铭写"看起来放下了研究者操控对象声音的架子，使对象自由表述，或在与研究者的对话中自由表述，但对象的自由表述仍只是文本分析、话语解读的对象，最终处于研究者更高级别的元文本、元话语统辖之下，只具有附录性质。表面上，对象参与了知识生产，实则仍然是知识生产的对象。

对田野边界的意识、拆解或重新设定，具有同时针对边界双边的意义。不仅将"我们"暴露在研究的"光照"之下，也将"他们"邀请到边界这边的知识生产共同体中。或者采取自己真正的行动发出邀请，或者使这种邀请得以体现，或者哪怕仅仅是呈现这种邀请。在王明珂所谓"文本"、"展演"与"表述"意义上，从我们进入田野那天起，那些活着和早已逝去的"他们"不是已经在我们的知识生产共同体中了吗？"在文献中做田野"①，这意味着把那些创造了文字文本的作者与田野中正在创造无文字文本的作者同等

① 王明珂：《羌在汉藏之间——川西羌族的历史人类学研究》，"前言"，中华书局 2008 年版，第 3 页。

对待。我们的邀请和关于这种邀请的思考,是正视、记录和分析这本已存在的事实的表现。

这样思考之下,一块新的田野和一种新的田野观就呈现在我们面前。在穿越边界的叙述中,一个本来存在、却往往被忽视的共同体,超越了时空和社会区分的研究与被研究者的共同体,一个更为流动、开放的"圈"或"社区",就会成为我们关注的对象。从某种意义上说,正是在这个共同体而不仅仅是对象田野中,关于对象的知识被生产出来。也正是这个共同体的存在,使我们得以理解知识生产与对象的实际互动,以及这种互动在对象方面带来的文化生态改变。知识生产在对象那里引发的效应,使我们不得不假设这样一个共同体的存在,以此为新的研究前提。

我所要呼应的后现代意义上的转变,想强调的是,通过研究者在场和与研究者互动,对象不仅创造出与学术性知识和文本化知识直接相关的知识,也生产出与他接触或关注他的研究者。像我这样的后来者关于先行者在九溪村活动的认识,以及对先行者九溪村文本的理解都要建立在对象关于先行者的处理、过滤,也就是生产之上。在面对我,面对先行者以及在描述研究者和转述研究者对他们植入的印象、观念、术语的过程中,九溪村人不是毫无创造性的刻录机器,而是在先行者与后来者之间反馈、传递和播撒他们处理过的信息的知识生产者。在这一意义上,对象成为知识生产共同体的一员,介入我们的知识生产当中。

共同体不是铁板一块,而是内分出更小的共同体。在对象共同体和研究者共同体之间,在它们内部的那些小共同体之间都存在着边界。研究者进入某块田野(比如九溪村),就意味着加入一个知识生产共同体,并在共同体的不同层次或"圈子"里经受智慧与情感的考验,接受不成文的"入会仪式"。这种仪式既发生在他们那里,也发生在我们这里。

当前非物质文化遗产工程的复杂性迫使我们从知识生产的角度做出上述思考。反过来,这种思考也能加深我们对非物质文化遗产的认识,并引发更多值得商讨的话题。

第二部分

穿越边界的絮语

就像一个从异邦归来的游子，我会带着旅途的疲惫和某种病态的亢奋喋喋不休地对人讲述自己的见闻和感受，过了一段时间，听的人和讲的人都失去了好奇，开始厌倦，也开始冷眼旁观讲述的一切。于是，带着对熟悉环境的眷恋，我再次踏上新的征程，要去的地方却依旧。就像有人在这里等我一样，那里也有人在等我。讲述的内容逐渐丰富，听我讲述的人也在增多。我的讲述，让他们好奇，也让他们义愤填膺。但最终，他们会厌倦。讲述中，人的名字在增加，有些人的名字不断出现，有些故事从简单变复杂，有些故事从复杂变简单，有些故事和另一些故事连接起来，而有的故事变得支离破碎。

我曾经以为，经过脚踏实地的田野作业的洗礼，我会变得更坚强，充满面对现实生活的勇气。令我沮丧的是，它让我变得更脆弱，变得更加多愁善感，充满对自己和自己工作的怀疑。从到达那里到离开那里，从不断建立各种友谊到这些友谊有一天在某种意义上注定要终止，一切都在计划之中。是的，一切都在计划之中，包括那个偶然的开头和也许圆满的句号。这让我有种自欺欺人的罪恶感。村民安慰我说，就当是有缘，交了个朋友。“四海之内皆兄弟”，我的房东刘伯说，“给我留一张你的照片，将来想你的时候，可以拿出来看看。”我也曾因为受到欺骗而感到愤怒和滑稽，但听到这些话，我有的只是深深的负疚。某种悲喜交加的东西在吞噬着我。

暴露自己与隐藏自己，可能都来源于自身的天性和在天性引导下对后天所学的吸收与再吸收。它成为一种习惯，总是无法摆脱，被人们当作行文和思考中一次次闪现出来的个性化“签名”。在不同情况下，这种被主体所意识或无意识的“签名”也被不同的主体（充满自信或不自信的主体）认可为自己与众不同或遵循规范的风格，或者作为一种自认为将被人不齿、也许难以克服但必须加以克服的缺陷。

以下是我在田野内外有感而发的随笔摘录，兴之所至，语无伦次，但它部分再现了我的研究历程，尤其是困惑和来不及实现的设想——在这个意义上，甚至可以说它记录了我的失败。

第七章　田野的絮语

博　士　楼

我的第一任房东海江自豪地给我展示曾经在他家住过的学者们的照片和签名。面对这些“藏品”，我自愧弗如。既有高山仰止的震动，又备感前面研究路上的压力。如何研究，才对得起来过这里的大家，对得起我们这个学科如此看重的九溪村？

我想象着我的前任们到来时的情形，试图找到他们留下的痕迹。我是个极易受到别人暗示的人，无论情感、道德抑或理性，都是这样。我开始惴惴不安于是否能够像前任那样“随便”、亲和而又“高大”，在自己离开后，能够给主人留下持久、美好而又个性化的记忆。

住进“博士楼”的我，该怎样表现才不失身份和法度？坐在堂屋后自己的房间里，看着那不少田野同志曾经下榻的床，我浮想联翩。他们是否像我一样因挫败的苦恼或发现的亢奋而在上面辗转反侧，久久难以入眠？他们虽然离去，但痕迹尚存，存在于这个有形的空间中，也存在于像海江这样的村民记忆中，甚至存在于我这样后来者的想象中。我知道他们的存在，而且这种知道将变得越来越清晰。但是，他们很可能不知道我的存在，我在他们曾经存在过的地方的存在。也许，我想得太多了。过分敏感对正在展开的研究没有什么好处。应该摒弃多愁善感的想象，用坚定、强硬的理性克服这些幻觉般的感受。我该上床好好睡一觉。躺在那许多外来者熟悉的床上，拉开被褥，我准备进入一个没有他们存在的梦乡。

老 人 们

我开始在村里独自闲逛。时而漫无目的地行走在灰色的建筑之间，行走在那越来越习惯的凝视或窥视中，时而拿出笔记本记下新接触者的名字，与一些叫不出名字的村民打着似是而非的招呼。

与任何一个初来乍到者一样，我的活动范围很有限，足迹所至仅仅是矗立着标志性建筑物的地方，在散乱的"景点"前驻足拍照，就像九溪人所期待的游客。那些隐秘的角落，像那家藏在理发店后面的麻将室一样的角落，是目前的我还没有能力去触及的。那些角落后面隐藏的目光，目光后面隐秘的内心，或者喧嚣的场面和窃窃私语后面的秘密，目前的我更难以捉摸。列维-斯特劳斯说自己有种匆匆一瞥即能获得准确印象的直觉力，我没有这种超人的能力，但也体会到匆匆一瞥的好处。比起"转生为熟"后的麻木和倦怠，它虽然浅薄，但不乏激情、新奇和锐利。印象较深、驻足最久的地方，是九溪河畔的广场和凉亭。许多老人坐在广场边的石凳上，有的聊天，有的发呆，有的在打瞌睡。他们手中握着长短不一的旱烟杆，习惯动作是右手拿旱烟杆，微跷二郎腿，从低垂的头上抬起一双不经意的眼睛，向你的方向扫来，但目光似乎又没有聚焦到你身上，弄不清他们究竟有没有在看你。这就是《屯堡乡民社会》中的"老协会"成员吧。他们不仅用目光"监视"着村里的一切，更监视着像我这样闯入村中的人。通过手拿旱烟杆有一句没一句地交换意见，或者处于半睡眠状态地聆听，创造着九溪村的舆论空间，并以此为乐。说监视未必准确，老人们是好奇。周而复始的生活如果有一点波澜，尤其从外面掉进一颗石子，会给他们枯燥的生活带来一个新的话题。他们的行为虽介乎监视和游戏之间，却总是善意的。

有两三天，我每天都到凉亭去与老人们厮混片刻。正像《屯堡乡民社会》所述，对于外来者，老人确实是一个活跃的群体。一旦你在他们面前稍作停留，他们就会主动与你攀谈。就算你只是从他们面前经过，那打量你的目光仿佛也在暗示你必须停下来，上前攀谈。有些事情让我苦恼，他们的名字极为相似，往往三个字有两个是相同的(姓氏和表明字辈的那个字)，而且他们之间称呼用乳名，告诉我的则是学名。我历来对记人能力充满自信，此次却时常混淆了面孔和名字，为叫错人名而抱歉。九溪人太多，九溪老人也太多，还没等我在本子和脑子中将他们对号入座，他们就大量、自动涌进来。

在河边凉亭中，我殷勤地给前后聚拢来的老人散着烟。有的老人手中握着旱烟杆，他们礼貌地说自己抽旱烟，抽不惯纸烟，但最终都接受了我递过去的烟。我记下他们的名字、年龄和住址。许多老人不识字，旁边识字的老人就积极地帮我核对所写名字。不识字的老人于是显得略为尴尬，识字的老人在炫耀文字知识的同时不忘趁机调侃一下前者。老人们的关系很融洽，充满某种智慧和趣味。除了识字，年龄也是竞争和调侃的话题。凉亭中的老人都在六旬以上，年纪最大的两位接近九旬。我问他们是否都是老协会员，是不是60岁才能加入老协会。他们说，只要想加入的都可以。我说，那么我能不能加入。他们说还要等几年。然后，开始就年龄调侃一番。

我遇到一个抱小孩的年轻人。当时我正向老人们展示《屯堡乡民社会》一书，希望从他们的阅读反应中观察一些信息。年轻人姓黎，20多岁，家中以做豆腐为业。他对《屯堡乡民社会》极有兴趣，我顺势把书借给他回家读，既让他有从容的阅读时间，也留下一条人际交往的线索。他是大堡地戏队成员。

房东刘伯

海江忙于筹备村里举办的篮球赛，抽不出时间与我交流。我在河边凉亭结识了刘伯，决定从海江家搬到刘伯家。

刘伯十多岁开始做糖，也将手艺传给了两个儿子及大女婿。我住他家时，年逾七旬的他仍然帮着大儿子做糖。实际上，也就在前两年，他才放弃习惯已久的赶场卖糖，留在家里打下手。他对我说，两个儿子没自己勤快。想当年，他就是靠卖糖，积攒了修建现在这幢房子的钱。那应该是改革开放后的事。今天，他赶不动场了，从前村里属一流的新房也成了日渐寒碜的破败老宅。唯一的孙女一天天长大，也一天天不满足于住在这样的房子里，吵着要像同伴家那样修建新房，“最起码得好好装修一下”。将来，她就是这个家的继承者，可能有乘龙快婿上门入赘。在女儿的埋怨声中，丙午哥感到日益沉重的压力。

虽然《屯堡乡民社会》在论及九溪村的“三坊五匠”时没有把刘伯家作为制糖业的典型案例推出，而是用了另一家的例子和照片，我住刘伯家时，“屯研会”赠送来访者的礼品却往往是刘家的糯米糖，这说明刘家的糖质量一流。刘家父子绘声绘色地给我描述中央电视台《龙行天下》摄制组来九溪村拍节目的情形。他们做窝丝糖的程序被摄制组移植到开满油菜花的田坝，外来游客分成红、蓝两队，在刘家父子分别指导下，比赛拉糖，看哪边拉得细，拉得均匀。我问哪边拉得好，刘伯说，哪边拉得都不好，但面对镜头，刘伯说，两边拉得一样好。最后，一件令刘伯和丙午哥不解的事发生了，游客只吃了少许自己拉的糖，双方的比赛以相互用糖抹对方的脸告终。这又是一桩刘伯常说的“无聊倒泮”（即无聊）之事。电视节目播出后，村里只有很少的人看过。刘家父子终究没有在电视上看到自己和那充满喜剧的一幕。我也很想在电视上看到他们说的这一切，看到他们在电视上的样子和表现。我相信刘家父子的描述，这肯定是“无聊倒泮”的一幕。我在九溪见识过摄制组制造的类似闹剧。

按照《屯堡乡民社会》的标准，刘伯是准精英或大众中的积极分子。我却认为他是怀才不遇的隐士。刘伯的名字在《屯堡乡民社会》中共出现8次，但写法不统一，“刘纪文”3次，“刘继文”5次。刘伯名字的正确写法是“刘继文”。《屯堡乡民社会》给他的文字不多，寥寥数十字。一处说他善于“摆书”：“九溪现在‘摆书’摆得最好的是大堡的刘纪文。刘纪文70岁，读过一年小学，主要做糖，老协会会员。在做糖之余，爱在老协会‘摆书’，众老人围他而坐，听他细说古今东西。”①另一处是论及村民的经济合作与理性算计时所举的访谈材料：“比如制糖，要是两兄弟搭伙，哥哥家有三个小孩，兄弟家一个小孩，小孩会管不住自己抓糖吃，兄弟媳妇就会觉得自己家

① 孙兆霞等：《屯堡乡民社会》，第207页。

亏了……”[1]再一处是《附录一·九溪村部分原始资料》之五《九溪迎春会纪实》(村民王厚福撰写),他的名字出现在迎春会临时筹备组、总务组和“接待外来地戏”名单上。[2] 王厚福老人所记名字才是准确的。“摆书”的“刘纪文”、做糖的刘继文和迎春会中的刘继文实为同一人。由于《屯堡乡民社会》是集体研究和写作的成果,不同人访谈刘伯时,根据读音所记名字有差异。一方面,这是研究人员工作的疏忽,另一方面也与老人不希望在人前流露自己未经训练的字迹有关。

文化生态的“土壤”

房东刘伯的邻居有户人家养鸡为业,楼上尚未装修,人住楼下,鸡在楼上。时常有不分昼夜的鸡鸣传来。这些饲料喂养、成天关在昏暗房间里的鸡,本就生于养鸡场,品种经过改良,其生存意义全在于提供肉和蛋,生长周期被尽可能缩短。该叫的时候不叫,不该叫的时候反而伸长脖子长鸣不已,给人时空错乱之感。这让我想到现在的地戏。

我把自己的联想告诉刘伯,他却跟我讲起了化肥的故事。他说,“施肥就像吃粉(吸毒)”,不断的刺激,只有以新的、更大的刺激来维持土壤的活力。实际上,土壤不是变得更有活力,而是变得越来越“虚”,最终垮掉。20世纪五六十年代,政府开始推广使用化肥。起先,村民怀疑而拒斥,抱着敷衍了事的态度,将那白色颗粒胡乱撒到一块玉米地里,就算做次愚蠢的实验吧。但是,奇迹却出现了。地里的庄稼疯长。人们从中看到应对随时可能到来的饥荒的希望。初尝“毒品”后的强烈快感使人们陶醉在对科学种田的迷信中,化肥成了提高产量的最大法宝,很快就供不应求。1966年“四清运动”前后,任生产队小队长的刘伯曾为购买黑市化肥而受骗上当,九溪最早的一台黑白电视便是追讨骗子的产物。这段故事,他给我讲过多次。现在,村里早已开了几家化肥门市,购买化肥极为方便。刘伯还说,“过去,逢

① 孙兆霞等:《屯堡乡民社会》,第128页。
② 孙兆霞等:《屯堡乡民社会》,第370页。

腊月二十三，村里做糖的人家要去安顺卖祭灶糖。未去之前，大伙就讲，去安顺卖糖时，要买点安顺白菜和萝卜来吃。因为安顺白菜吃起是清甜的，我们的白菜吃起是涩的。是什么原因？安顺是城市，那些人都是有办法的人家，吃得好，解的大便也好。用人肥种出的白菜就甜。现在，不管是安顺还是农村，都用化肥，白菜大棵大棵的，就是不好吃”。“城里人吃得好，所以他们的大便比我们的要肥”，他强调说。这样的故事大概再也不会发生了。

对化肥的渴求一度让村民绞尽脑汁。采用大炼钢铁时代最盛行的做法——熬制和搅拌，把少量化肥混入土或煤中搅拌，希望“炼出”更多的化肥，诸如此类的实验都归于失败。村民也打起了附近化肥厂的主意，收集它排放的氨水，浇灌农田。正是这家化肥厂后来又成为村民攻击的目标，因为它毒死了九溪河里的鱼。2001 年在九溪调查的课题组也卷入村民与化肥厂的斗争。我想，化肥厂与九溪的关系随时代而变化，历史就像在和人们开玩笑！

20 世纪 80 年代之前，农家肥与化肥配合使用。之后，随着家庭联产承包责任制的推行，农家肥彻底退出历史舞台。家家户户都想最大限度地提高农田的产量。吸毒成瘾的土壤渐渐被掏空，留下的是越来越多狂乱的幻想。人们对白色的化肥充满依赖，也因此变得懒惰。原来需要一家人才能完成的亩产量，在化肥、改良品种和农业机械的帮助下，一个人就足以完成。剩余劳动力有机会外出务工，吃青春饭，去挣让老辈人眼红的“大钱”。回村省亲时，年轻人极不情愿下地劳动，更多的时间用于漫无目的地四处游荡、打牌、搓麻将。有的年轻人对老辈人说宁愿坐牢也不愿下地，“拿机关枪逼着，我也不下地”。外面的世界很大，也很精彩。出去一二月，抵得上在地里辛苦一年。这笔账大家都会算。老辈人还能说什么呢？“干净”、便捷的化肥既如此，更何谈费事得多的农家肥呢？其实，渐渐地，村里人和城里人同样清楚化肥带来的危害。他们时常怀念农家肥时代的米饭和蔬菜，“那时的饭吃起来香，煮的时候，就香气扑鼻。现在的米煮出来是散的，没有味道”。对于土质的改变，他们比我清楚得多。不断施肥、追肥，土壤板结，越来越“瘦”，“过去的田土踩下去是松软的，就像蚂蚁窝”。土壤喂肥成瘾后，就停不下来。要保持产量，就得一年年加大施肥量，还得变着花样，几种化肥交替使用。据说有机肥能改变土质,使土壤返老还童。但这要假以时日,价钱也不菲。就像戒毒,当事人的意愿、毅力,医疗技术和费用,缺一不可。

刘伯是个充满智慧的老人,他要告诉我的远远多于他说的。

化肥与土壤从一个侧面见证了村落的变迁,化肥改变的不仅是土壤,也是村民的耕作习性、生计方式和生活态度。地戏就像种在文化土壤里的庄稼。从前,"跳神"忠实的观众是村民自己。这些土生土长的观众是培育土生土长的"跳神"的土壤。现在,地戏的观众变成外来人。这些人甚至成为培育地戏最主要的土壤。显然这种土壤不像从前"跳神"的土壤那样可靠。它是流动的,随时可能流走。在他们的"冲刷"下,原先的土壤可能进一步水土流失,变得更加贫瘠和脆弱。地戏也就很难茁壮成长。

年度仪式不再一如既往,与它构成系统的其他仪式活动有的彻底归于寂灭,比如正月的"打清醮",因其过于浓厚的迷信色彩、巨大的耗费、复杂的仪式程序和仪式人员的规模,再也没有复活起来。即便主流意识形态许可,如果要复活,道士的人数和他们对仪式程序的熟悉程度这两方面的条件九溪村都已远远达不到了。刘伯也只能在儿时的记忆中缅怀解放前打醮的盛况,并感慨九溪包括道士在内各种人才的锐减。在更深的层次,社会组织的变迁,像《九溪村志》记述的权威乡绅角色在历史中的退场,也是打醮难以复活的原因。有的仪式名不副实,仪式系统内部要素也貌合神离。凭着破碎的唱本,修复那破碎的记忆,却无法修复整个生态系统,因而呈现出的只能是碎片。

就像在施了化肥后的土壤上播下改良过的种子,20 世纪 80 年代复兴的地戏,其神圣性已大大减弱。它的"土壤"改变了,丧失原有的特性,地戏就成为躯壳,名存实亡,或成为名不副实的新东西。

关于他们的叙述

初到田野,觉得每样东西都是新鲜的,都值得记下来。随着对田野的熟悉,又会发现如果每件事都记下来不现实,也不值得。渐渐觅到某种对自己而言有意义的线索，形成某种取舍材料的标准。主题的日渐明晰与叙述的删繁就简同步。叙述人称从第一人称转移到第三人称，叙述视角从内转向外。研究的现实进程，反映在叙述策略的变化上。

我把村民称为“他们”，把与我一样的研究者称为“我们”。当我回到这里书写，那里的“我们”与“他们”又都成了“他们”。是否可以这样说，被看、说、写和论的一方就算是“他们”，而看、说、写和论的一方就是“我们”。在思考和书写中，我再次遭遇初到九溪村时那样的称谓困境或悖论：我站在什么位置称呼“他们”与“我们”？“他们”与“我们”的边界何在？在何种情况下，我成为“我们”或“他们”中的一员？在“他们”，也在“我们”中，我周旋、见证种种关系，感受着其中的微妙互动，进入不同的“圈子”，也在无意中聆听到隐私般的秘密。我愈发相信一个跨越边界的共同体的存在，也相信自己已经身在其中。

我所从事的行为被称为人类学田野调查，正在进行的写作称为民族志。我们这个学科习惯把对象称为“他者”，也可以叫做“异文化的他者”。这个词不是人类学的专利。比如法国学者拉康理论的一个核心词就是他者，并且细分出“大他者”和“小他者”。从词意上说，“他”与“我”相对而言，也与“异”相关。我曾借用马丁·布伯的讨论对人类学的他者和异文化概念提出自己的异议，“我与他”之于“我与你”的不同显示出人类学在把对象对象化的程序中的权力和意识形态表征①。所以，我甚至想把标题中的“他们”改为“你们”，但这太过于离经叛道，也会造成阅读障碍，因为对于读者，我会称呼“你”或“你们”，读者和被写者会混在一起。我、你、他虽然只是人称形式，但它们在文中无处不在，对于写作者来说，是一种基本立场和态度的表露。这里所做的辩证，想确立一种读、写和被写三方的平等关系。在深层上，我们都既是我、是你，也是他。说明这一点，称谓反倒变得不那么重要了。

苏联作家扎米亚京写过一部反乌托邦小说，书名就叫《他们》。每个人都有自己的乌托邦，或者说以不同的方式建构着自己的乌托邦。我们这里

① 参见李立：《寻找文化身份》，云南大学出版社2007年版，第261—265页。

的“他们”，其在当下的境遇并非乌托邦，而是极度的现实，这个“他们”，包括他们，也包括你和我。就像我曾经的写作和你现在的阅读，难免有种乌托邦和反乌托邦的成分。作为写作者，我不能向你保证自己占有了真理，看到了一切，所述能代表那里的真实，因为我的见闻有限，接触到的人有限，在那里的时间、空间有限，我的眼光和思考肯定带有自己消除不掉、意识不到的偏见，尽管我力求真实和真诚。当然，我也见证到由谎言和想象构筑的乌托邦和反乌托邦，以及针对这种乌托邦和反乌托邦的同样充满谎言和想象的言论和争论。

那里存在着一个皇帝新装故事的地方性版本。大多数当事人都很聪明或自认为聪明，蒙在鼓里或自认为蒙在鼓里的只是少数，但我并不认为那个因无知而无畏的儿童就是真相的持有人或真理的捍卫者。宣布真理需要勇气，断定什么是真理更需要智慧和耐心。我想站在自己的角度去理解这个故事、这出剧目中的各个角色，包括那个儿童和我自己。理解他们或我们为什么这样做、这样说，与呈现他们或我们做了什么和说了什么同样重要和有意义。在那个故事中，皇帝身上究竟有没有穿新装实际上并不重要，重要的是，通过这样一件事，展演出一个寓意，一种永恒而普世的人类境遇和心态，以及当出现这样事件时的众生之相和众生发出了什么声音。另一方面，正是通过这样的事件和展演，参与演出和观看的人类以及人类之间的关系和氛围被创造出来，历史和人对历史的认识从而向前迈了一步。

站在这样的角度，那些真诚或虚伪地议论着皇帝究竟有没有新装，为此苦恼或怀疑的“考古”“考据”派固然值得尊敬或鄙弃，但无论如何，都被卷进也参与进历史展演的洪流中，成为造物和演员。我对这一故事的书写，建立在我的曾经参与之上，同时，我的书写本身现在和将来也没有从这个故事中跳出来，就像这个故事正在无声上演着，我的每个字都在场，在人群中发出议论，影响着周围的人，也被正在逡巡、展演的人群和这件事本身所影响。总之，即便远离了那里的故事现场，我也不是超然的。即便我提前做了准备，打算把自己写进自己的书写中，我及我的书写也会被另一种书写（比如其他书写者后来的书写或者在某种象征运作意义上我的被写者的书写）“写”进去。

对于上述所言，儿童般的勇气显得简单而不充分。

仪式与称谓

就像人类学把初出茅庐的研究者进入田野比作他的“通过仪式”或“成人礼”，我把自己进入九溪村比作一种特殊的“入会仪式”。我所加入的“会”，是以九溪村和“屯堡文化”为知识生产对象的知识生产共同体。我的“入会仪式”有两个接引人：安顺学院的张老师和九溪村的海江。安顺学院的“屯研中心”和九溪村的“博士楼”可以看作是仪式发生的场所。在“屯研中心”，我接受的是加入安顺屯堡文化研究共同体的“入会仪式”。在“博士楼”，我接受的是进入九溪村共同体的“入会仪式”。在进入九溪共同体的同时，完成将我从“屯研中心”转移到九溪的“交接仪式”。从共同体仪式的角度看，我与田野同志小张在关帝庙的初次会面甚至也有几分仪式色彩。

作为“局内人”的我，当时并不认为自己正在经历“入会仪式”。后来，我发现许多外来研究者与我有相似的经历，即先到“屯研中心”报到，再由“屯研中心”的老师引进九溪村。这已经成为一种惯例。随着研究的深入，我意识到一种知识生产共同体的存在。这个共同体的边界超出九溪村，延展到安顺学界，甚至更大的范围。当我把自己研究的对象视为一个共同体，并把自己也视为这个共同体的成员时，就有了我在何时加入共同体和加入的标志是什么的问题。这样，回头看自己初到安顺和九溪村的情形，就有了一种新的感受和理解。原来，我是在那时入会的。原来，当时的情形可以用“入会仪式”命名。许多实质上是仪式的仪式，在当事人意识中可能都没有仪式的概念。我的“入会仪式”正是这样。以“入会仪式”来看待我们的进入，有两个好处。它符合共同体概念，使我们感知到共同体边界在安顺和九溪村的存在，在这两个地方有共同体的门槛、把关人或接引人，或者，反过来说，正由于这两个地方存在共同体的边界，才产生出针对新入会者的仪式。另外，存在于城和乡、学院与村落的入会仪式以及从一者向另一者过渡的交接仪式，促使我思考二者之间有何关联。

不过，借用“仪式”这类概念来描述人类学者自己的活动要随时提防制造知识生产的神秘主义。我们已经看到,人类学的田野成人礼被有意强化。它本来是一个自然的过渡程序,就像加入少先队或者参加工作后进入新单位,却被一种刻意陌生化的方式加以神秘化。① 回过头来反思,虽然我所说的入会仪式建立在自己田野经历的感悟与诸如参加工作的仪式之间的相似性之上,却也受到像人类学"成人礼"这样的"学科成语"的暗示。因此,我必须反复提醒自己,无论在实践、回忆、感悟、思考抑或书写上,都要把"入会仪式"仅仅当作一个方便同行接受,却充满某种秘密教派的魅惑性联想的危险的词。一个本来可能很普通的日常用语,会因为新的采用者而改变其本义,就像一滴平平常常的水,放进某个贴了标签的容器就有了特殊的信息,成为与众不同、被人顶礼膜拜后饮下疗伤、壮胆的神水。无论这种教派感是躲在地下,还是以地下的姿态在芸芸众生中扮演着先知的角色,构成的危险都一样。后者这种具有辩证法色彩的形式可能更危险,因为它将以仪式完成者的身份和口吻向新来者布道,制订仪式规程,随意考验新来者,接受或否定新来者的加入。也就是说,将有某种类似于中世纪或文艺复兴知识教派的教主诞生出来。"入会仪式"这一事实来自日常生活领域,当它成为一个词进入学科领域,先是用在学科的对象(躲在地下的、民间的、隐秘、遥远而不可思议的)身上,之后又转移到学科自己的活动上。学科赋予对象仪式程式化的、僵硬的隐秘性与神秘性,伴随着这个词的反身自用,以不易察觉的方式反哺给学科,从而使本来日常化的入会仪式在学科自身的活动中神秘化。入会仪式这个词也同样被神秘化。

我的苦恼在于,意识到这一点,又不想放弃这个最初来自学科隐喻,但最终却来自自己的真实体验和思考的词。讨论词语的洁净与污染,对自己的书写和预期读者的阅读做出告诫,上述的思辨挣扎很可能是徒劳的。通过这种挣扎,如果能给自己带来些许回归常识的理智与警醒,让自己的叙述尽量远离因仪式一词导致的神秘感,使本就与田野生活(包括对象和我的

① 以不可思议的方式,远离自己熟悉的所属人群,自我折磨,参见列维-斯特劳斯对土著成人礼与年轻学者的对照隐喻,充满冷静的反讽,不无穿透人心的力度(克洛德·列维-斯特劳斯:《忧郁的热带》,王志明译,三联书店2000年版)。

生活）隔膜的文本尽可能贴近前者，不让读者过分感觉自己是在穿越一片原始丛林，过着一种非人的生活，我就心满意足了。

入会之后，如何称呼他人？安顺学院的老师好办，我统称“老师”。但是，自从顾伯在七眼桥上车，我对他们的称呼就陷入某种混乱状态。我跟着张老师称呼顾老师，因为我知道他是“地戏教授”，所以这一称呼并不别扭。到了九溪村，我的称呼进一步混乱起来。一开始我跟着张老师称顾海江“海江”。随着海江在我心中学术地位的提升（比如以专业的术语问我的研究情况），我觉得称他“顾老师”才对——他确实在安顺学院上过课。时常在村里碰到顾伯，我叫他“顾老师”，再称海江为“顾老师”，就有两个“顾老师”。住在海江家，他反复让我“随便点”，要我称兄道弟，称“老师”就见外了。于是，我改口称他“海江哥”。对他的称呼这才最终固定下来。与此同时，对顾伯的称呼却又发生了变化。海江与顾伯是叔侄关系，称顾伯为“二叔”，我与海江是“兄弟”，所以，一段时间我跟着海江称顾伯为“二叔”。再后来，我从海江家换到刘伯家，与另外两个村民走得更近，就不好意思再叫顾伯“二叔”，而是像我的新朋友那样叫他“顾伯”。这一新称谓与我对新房东刘伯的称谓也协调一致。“凡是老者都称‘伯’”，我的新朋友对我说。不过，有时，在某种情境下，我又忍不住称顾伯为“顾老师”或“二叔”。

为什么我会出现上述称谓难题？为什么在称谓上我要反复改口？一个村落出现不少被研究者称为“老师”的村民，这意味着什么？像这样琐碎地谈论称谓，似乎毫无意义。实际上，我是想向你提示一个信息：在九溪村，“老师”并非只是尊称，其中还有与学术、学院关联的某种东西。对我而言，这种东西是此前的田野村落所没有的。

凝视与表演

在田野中，我感到被人凝视。这种凝视使我变得不自然，也使我的身份意识进一步强化。在这种凝视中，或者说，当我感到被凝视，我必须扮演好自己的角色——一个外来的专家学者，一个做研究的人，一个能够提出有水准的问题的人，一个拥有某种先进设备比如数码相机和录音笔的人，一个随时在记录、在思考某种重要信息的人，或者一个既专业又善于亲和人的人。我感到自己在表演，或者说，“被表演”①。这种感觉既使我痛苦，也监督着我的研究和行为，并促使我开始反思自己的研究与对象互动的关系。它是一把“双刃剑”。

在《规训与惩罚》中，福柯借西方监狱管理制度的一个方案“全景监视”讨论“凝视”这个概念②。被他人凝视，感觉到他人无所不在的凝视，最终使被凝视者转向采用他人的目光、以他人的凝视方式来凝视自我，即便他人的凝视实际已不存在。凝视建构自我，通过他人的凝视而凝视自我构成自我管理和建构的一个部分，成为一种自我习惯和自我表演。

在田野中，究竟是我们凝视他们，还是他们凝视我们？我们说自己的研究是凝视他者的一个方式，但在研究的实际场景中，我们却是被他者凝视的对象。作为一道奇异的景观，或者被怀疑的闯入者，只要我们承认自己相对于他们是单数或少数，我们就会感到对象的凝视。无论对象“沉默”抑或“喧嚣”，在他们自己的地方，他们总是复数或多数。如果你否认或无视他们凝视的存在，与他们交流、研究他们的前提就不存在了。

当我们跳出田野，从他们那里回到我们这里看他们，因为发不出响亮的声音，或不能把自己的声音以文字的方式权威化，他们显得弱小、无力。当我们将自己抛入田野，被他们所包围，就会清晰地听到他们正在发出自己响亮的声音，这声音如此有力而合理，致使我们拥有的文字所有权和文字能力变得如此虚弱，如此站不住脚和缺乏真正的生命力与解释力，从而微不足道。

德里达讥讽列维-斯特劳斯面对土著无文字的“文字课”时的自我反

---

① 《南方周末》2007年5月17日有一文，标题为《被表演的岜沙》（作者周一），披露黔东南岜沙苗族在外来者凝视下改变自己的文化传统与生态，按照外来者的标准制造表演性文化的事实。以我个人的田野经验看，在相互凝视中，“被表演”的不仅是对象，也是研究者。凝视他者与他者的凝视是两个问题，或者说是一个问题的两个方面。他者与我者相互凝视，通过凝视建构自己，也建构对方。

② “gaze”一词，最初见于《临床医学的诞生》（刘北成编著：《福柯思想肖像》，上海人民出版社2001年版，第133页）。

省，借此案例以“文字”挑战“声音”贴近“中心”的地位，颠覆柏拉图以降的“逻各斯中心主义”。按照“逻各斯中心主义”，声音比文字更接近真理，因为声音“在场”。正是因为相信某种确定之物的存在，我们为向它靠近付出不懈努力。以确定之物为中心形成一个“场”，进入这个“场”就是迈向真理。现场的看、听和说，比远离现场的转写更接近真理。不过，其前提却是这个确定之物的存在。德里达怀疑这一切。他反问：究竟有没有某种确定之物“在场”？

德里达以极端的方式打断了我们“在场”独断论的迷梦，但他关于声音与文字的讨论却再次让我感到文字持有者的自命不凡。也许，他在站在形而上的高度谈论问题，对于进入形而下做调查的我们，他的观点从正反两面都足以唤起我们的警醒。去到田野研究的人都抱有几分实证的态度，相信去到现场的某种意义，就像我的田野同志说的“体验”：“我的身体在那儿！”与此同时，我们不能将在场的意义推向极致，“身体”不等于“思想”，“身体在那儿”并不意味着真正被对象所占有或占有了对象，因为“人类学家不是研究村落（部落、小镇、邻里……），而是在村落中做研究”①。

学者在场吗？

“人类学家不是研究村落，而是在村落中研究”这句话有不同的翻译版本，被国内学者一再引用。“在村落中研究”表达的是某种后传统、后经典人类学的立场，从对象化的单一取向转入对象化与表述的双重取向。研究既是认识，也是表达。认识对象的同时，就是形成自己学术观点的过程。书写对象，也就在呈现自己的思想。通过研究村落，来研究村落之外的某种东西。这种东西包括研究者所出的理论、观念和自我。

闭门玄思难免被既定的知识系统框定，村落是一个打破知识框定的“切口”，使玄思者摆脱思想“自闭症”而“在地化”（going native）。“在村落中研究”并不是彻底放弃对村落的研究。实际上，它表达的是“通过村落来

① Geertz, Clifford. *The Interpretation of Cultures*（London: Fontana Press, 1993）, p. 22.

研究”。这句话含有“穿越边界”之意。“研究村落”和“在村落中研究”都有故事。前者涉及学者与村民的互动，后者则涉及学者之间、学理之间的互动。

> 2007年8月，九溪村举办一年一度的河灯节期间，当笔者再次踏上这片土地时，首先听到的是不绝的电视声音，发现眼前的九溪村比以往更加热闹了……老太太们穿着蓝色的“大袖子”，三五成群地坐在路边攀谈着，打量着各自的“绣花鞋”。她们说：“等村里通知，马上要看河灯展去！”村干部的“梭梭声”同样被音响放大，只是，多了很多小轿车停在村子各处，看样子应该是在外地工作的子女开着车回来的，更多的小轿车停在操场——九溪村的活动场地，来来往往的外来者、当地人交织在一起，似乎比五年前更加热闹了，一座被称作“屯堡文化活动用房”的“碉楼”，赫然挺立在操场旁。村里的手艺人将自己制作的地戏“脸子”挂了出来，准备售卖。小商贩们早已准备好，一字排开，等待着外来者们。又一场全民娱乐的盛宴，即将上演。①

我在九溪村时，中国传媒大学的一个硕士生也在那里做调查。她研究电视对村民的塑造。虽不是很深入，视角却很新颖。通过阅读她的论文，我得知她在我的第一个房东家住了20来天。文章重点写了2007年的九溪河灯节，提到一个村民在广场展示自己雕刻的面具。我对这条作为场景描述的信息很感兴趣，因为那村民正是我很熟悉的朱发猛。那天我给他拍了照。我想在文中寻找我自己、其他田野同志和安顺学院老师们的踪影。很可惜，没有。我很奇怪，海江怎么没有把她介绍给我，而在屯堡大楼共进晚餐时，也没有见到她——她应该在场，甚至与我照面。但不知为什么，她“隐藏”起来，没有在我们面前现身。她可能在某个角落，静静地观察着我们。而我们在她的文字中也被“隐藏”起来。看着自己在场的熟悉场面中自己的缺

① 陈瑶：《电视与屯堡社会：一个贵州汉族亚文化族群的受众民族志》，中国传媒大学硕士学位论文，2008年，第11—12页。该论文之后另附有一文，名为《面对凝视："屯堡人"的选择与适应——对贵州中部汉族亚文化族群人际传播特征的人类学研究》。“凝视”二字让我感触良多，面对凝视的仅仅是村民吗？在场的我们，是否也被谁凝视着呢？

席，我很吃惊。为什么在她的文字中，她的在场如此清晰，而我们的在场却被虚化，甚至被抹去呢？不过，我的这种惊讶恰恰是特例。在书写我在九溪村时段的文本中，我总想寻觅到事发之时我的踪影，结果都像河灯节的这个文本那样令人失望。我也竭力在现实中寻找与九溪村结缘的学者，我的田野同志，与他们对话、交流。很少有人带着特殊的目的这样做，通过（实际上是透过，像透过镜面那样）其他学者，他们希望了解关于九溪村、屯堡文化或地戏的知识，我希望了解的不仅是关于对象的知识，而且是学者与九溪村的故事及其背后更多的故事。后者甚至更重要，因为它被人忽视。所以，当我知道河灯节还有一个同志在场，就很遗憾没有机会与她当面交流。

我的目的之所以特殊，我的惊讶之所以是特例，在于我选取了一个与她不同的角度（尽管这个角度在理论上人们并不陌生）来凝视，那就是研究我们自己，把学者们也视为对象而加以对象化（从对象到自我，从他们到我们，不能不说是一种研究立场、方位和习惯上的转变）。由于很少人这样做，也由于这样做确实有某种传统做法所无须顾虑的禁忌，学者很少也很难想象自己作为对象被书写和研究。他们已经习惯于书写他人而不是被人书写。被书写的学者自己也掌握着话语权，圈内人书写圈内人很难，就像那句话说的，“画鬼容易，画人难”。最熟悉的东西最难描摹，稍有不慎，即会引来骂声。这涉及与村民截然不同的一类隐含读者，他们对文本有不同于村民的监控、规训，甚至惩戒力。《屯堡重塑》的后现代实验是前车之鉴，我的做法又将如何？对此，我有种如履薄冰之感。

田野指南

在我以研究者的姿态进入他们那里之前，我从未到过那里，也没有想到有一天会和这样一群人发生联系。但是，某一天，我开始为去他们那里精心准备。这一切是怎么开始的呢？

如果不是治学严谨的合作导师对熟悉当地语言的强硬规定，我的目的地会是云南或四川的某个少数民族村落，而不是这里。当然，那项作为最初目标的文化遗产也就不是“地戏”，而是别的什么东西。就像人类历史，学术研究其实充满偶然。人类学似乎更是如此，自始至终都充满偶然。但也许，偶然的才是真实的。

如果不是到九溪村，而是到别的地方，很可能我的“田野指南”不会具体到村落，而仅仅涉及村落所在的区域或者所属的民族，比如我博士论文写作的藏族村落就没有可供想象的参照读物。正是在这个意义上，我把九溪村这样被前人反复书写的村落称为田野“熟地”，以与那个藏族村落这样的田野“生地”相区别①。

去九溪村前，我阅读了不少关于那个区域的论著。其中，一本写九溪村的著作《屯堡乡民社会》和一篇重点描写九溪村并附有彩图的文章《屯堡人——黔中高原上的戍边者后裔》②成为我了解该村落的指南。一些日子后，我遇到《屯堡乡民社会》一书的作者。我对他们说，这本书对于像我这样的后来者是“圣经”，我的写作将是这本书的续篇。我对《屯堡人》的作者说，我是读着你的文章进入九溪的。对于当时的我而言，这些似乎恭维有加的说法其实并不夸张。带着描写你即将抵达之地的文本去做田野，这在我，在许多人，都是一种从未有过的经历。不过，我后来发现几乎所有前往九溪村的调查者都以某种描写九溪村的文本为指南，尤其是以调查研究为目的的《屯堡乡民社会》一书。写到这里，我产生了一种奇特、滑稽的感觉：每个到九溪村的调查者行囊中都珍藏着《屯堡乡民社会》，当他们在九溪村邂逅，共同的话题除了九溪村，还有《屯堡乡民社会》。这是一种什么样的文化景观和工作场面！他们会达成一种共识，即如果某个人对你说，他正在或即将研究九溪村，而又没有读过《屯堡乡民社会》，那么你就不要再和他谈什么了，因为他无知。用我后来形成的观念说，他不是我们这个共同体的成员。推而广之，一个没有读过《屯堡乡民社会》的人，也没有取得研究和言

---

① 这里对“生”与“熟”的理解不同于人类学的一般说法，不是从田野工作者的角度而言的“生”（陌生）与“熟”（熟悉），而是田野本身的“生”与“熟”。陌生与熟悉是田野工作者的认识论前提，“生地”与“熟地”说的是田野工作者耕耘的程度，也就是田野工作对田野的影响程度。它更像是列维-斯特劳斯说的“生食”与“熟食”，与人为加工，即所谓“化”有关。

② 张晓松：《屯堡人——黔中高原上的戍边者后裔》，载一石文化主编：《凝固历史》，广西师范大学出版社2004年版，第62—103页。

说“屯堡文化”的资格。这本“神圣”的书，就像西方宣誓者手掌下的《圣经》，足以检验入会者对共同体的所知度，也构成相互认同的标志。我知道，这样说，会引起一些共同体成员的不快，但也相信它会引起大部分成员的共鸣。

《屯堡乡民社会》和《屯堡人》是体例不同的文本，它们的作者身份、写作背景和预期的读者都不一样。在前者看来，后者为游客而写，缺乏学术性。随着接触文献数量的增加，我发现类似《屯堡人》的文本不少，而且实际上对于外来者包括游客甚至学者想象田野的影响力并不亚于《屯堡乡民社会》。对我的阅读、理解和“田野人缘”的建立而言，另一本足以构成对《屯堡乡民社会》威胁的是《明王朝遗民部落：古屯堡游历记》[①]一书。它对九溪村人际关系和人物心态的描写，既补充《屯堡乡民社会》的缺失，也挑战它的立场和持有真相的威信。我询问过许多人，他们对这本书要么嗤之以鼻，要么闻所未闻。看来，它被共同体以漠视的方式排除在外了。从民族志，尤其实验民族志的角度，它的某些描述甚至反思，虽然显得随意，却不乏价值，这是它吸引我的地方，也是我把它视为共同体文本的原因。后来，我读到一本类似的书——《最后的汉族》[②]，写的是江西石邮村的傩文化，在叙述视角的居高临下方面与《明王朝遗民部落：古屯堡游历记》如出一辙。《最后的汉族》曾是当年《屯堡乡民社会》课题组进入九溪村的参考读物，它描述的傩文化与地戏暗含某种关系。地戏是否傩戏，多年来一直是地方学者争论不休的话题，江西的傩戏和“五显崇拜”也常被拿来论证与安顺地戏和屯堡“五显崇拜”的渊源关系。“屯堡人”、“戍边者后裔”、“明王朝遗民部落”和“古屯堡”这类充满硝烟感与历史想象的关键词引出许多故事和值得讨论的话题，我的田野同志小张的博士论文关键词就是“文明”和“历史感”。不过，我更愿意关注现实。

在我即将结束田野调查时，安顺地方学者杨老师和我聊起“屯堡文化”的研究圈子，得出一个关于学者分类的说法，即学院派、官场派与草根（民

① 青禾：《明王朝遗民部落：古屯堡游历记》，内蒙古人民出版社 2005 年版。

② 陈彤、刘春、晋永权：《最后的汉族》，中央编译出版社 2001 年版。

间)派三足鼎立,构成安顺屯堡文化研究共同体①。按照这样的分类标准,《屯堡乡民社会》属学院派之作,《屯堡人》和《明王朝遗民部落》属民间派之作。

进入九溪村后,我也用这样的文本来测试村民的阅读反应,检验文本的可靠性,更以此观察村民对文中所述人、事的态度和评价。虽然作为被写群体的一员,绝大多数村民只是在我带着书进村后才有机会细读。他们对此很感兴趣,我的这种研究方法满足了他们的兴趣。

"乡民社会"中的"民族志自我"

2007 年翻译出版的《人种学研究者剖析:实地研究与研究者身份》开篇即言道:"本书基于这样一种想法:人种学家(即民族志作者)应该清楚实地研究(即田野作业,下同)和研究报告如何构建、重现和指涉自我、各种关系和个人身份。"②接着说道:"对于研究报告中披露的种种经历和情感变化,至今也没有人从超越个体的高度或从认识论意义上做出全面的反思。常见的情况是,探讨研究方法的报告几乎不去涉及实地研究给研究者造成的影响以及研究者给实地研究带来的影响,研究者更乐意回顾自己进行实地研究的经历。……虽然人们逐渐认识到进行实地研究带有个人化的一面,但是,已有的研究方法报告却并没有对研究者自身给予足够的重视。在涉及身份问题、自我意识和情感方面时,虽然有一定的探讨,然而只是轻描淡写,

---

① 什么人,才能被称为学者?这是让我困惑的另一个问题。有的人自认为是学者,别人却不把他当作学者。有的人在村民面前是学者,在学者面前却不是学者。有的人,别人称他为学者,他却矢口否认。有的人原来不是学者,现在成了学者。学院派、官场派和草根派都有自己的学者。在安顺,我对学者这个词迷惑。在九溪,学者,当然还有专家和老师,被村民挂在嘴边。有的人虽然和学者一起发表论文,但不被承认为是学者。当我一再用到学者这个词时,我愈发迷惑。到底什么人是学者?

② 科菲:《人种学研究者剖析:实地研究与研究者身份》,任东升、王振平译,中国海洋大学出版社 2007 年版(下同),第 1 页。《人种学研究者剖析:实地研究与研究者身份》的中文书名很拗口。书名原文为 The Ethnographic Self:Fieldwork and the Representation of Identity,可以译成《民族志自我:田野作业与身份表征》。

点到为止。”①

对该书的兴趣，源于许久以来对民族志方法和书写的反思兴趣。此前，我细读过《写文化》和《作为文化批评的人类学》这两部后现代人类学著作，逐渐形成了自己的一些看法，甚至立场。我并不认为田野是一个“单纯的地方”。它既不是静止的、任人摆布的“死物”，也不是由研究者所设计来完成其研究目的的“实验室”。反之，它是由居心各异的个人及其编织的关系网络构成的一个动态的生活世界、生命场域，有自己的运动历程，每时每刻都在流动、变幻。这种甚至连对象自己都无法说清的运动不是由某个对象所设计和主宰，更不可能由任何一个外来的研究者来设计和主宰。比如在1964年出版的《重返笑声》中，作者鲍文写道：“我总是被告知显然很武断的建议，最后我几乎讨厌了。不过，对那些建议充耳不闻，我又觉得不好意思。……我不能从事计划好的调研工作，而是作为客人从这一家被拉到那一家，……我找不到肯听从我的人作研究对象。我倒成了给他们提供乐趣的对象。我能从他们那里了解到什么，他们想从我这儿知道什么，都由他们说了算。”②鲍文的描述，既让我想起自己的某些遭遇，也联想到普理查德简短却尖刻的“前言”和巴利令人捧腹的自嘲③。如果一个研究者在田野中待了足够长的时间，并且愿意放下架子和面子，在生活、思想上靠近田野对象，就会真正发现自己在许多方面的无知和无能，也会真正发现自己被对象的生活、思想和关系网络所包围，也被他们编织进自己的生活和关系网络中。

与此同时，我也不认为，进入田野后，研究者能够放弃作为生命个体的种种有限性，诸如七情六欲和许茨所说的“个人生平情境”④，自动成为一部只会观察、思考和工作的客观化“机器”。研究者进入田野开始的不仅是一项新的研究，也是一种新的生活。在田野中，我们并没有停止生活。我想说

---

① 科菲：《人种学研究者剖析：实地研究与研究者身份》，第1页。

② 转引自科菲：《人种学研究者剖析：实地研究与研究者身份》，第23页。

③ 参见奈杰尔·巴利：《天真的人类学家——小泥屋笔记》，何颖怡译，上海人民出版社2003年版。

④ 阿尔弗雷德·许茨：《社会实在问题》，霍桂桓、索昕译，华夏出版社2001年版，第295—314页。

的是，当我们谈论对象的生活史或生命史时，不要忘记了我们自己也有生活史或生命史。而且，田野经历也是我们生活史的组成部分。“把研究者简单地看作一无所知的局外人或陌生客，会引起人们的误解，事实上还可能抹杀研究者自身的存在。承认这样的研究者定位，就等于否定研究者的个人经历，而实际上研究者积极参与了调查、探求、协商等繁琐而复杂的研究过程。研究者做这些，不仅是他的职业所需，也是个人和社会的需要”①。

最奇特的地方在于，作为生活史部分的田野经历是与对象在田野中“合写”的，正像对象生活史的那个部分是与我们合写的一样。因为在那个时段，我们与对象共同生活，共同体验生命的变化，我们与他们的生活史轨迹重叠、交织在一起。如果没有与我们遭遇，对象的生命、生活当然照常延续，但它的内容乃至走向肯定与现在不同。夜空中一颗流星滑落，流动的河水中坠落一颗石子，激起些许涟漪。你就像那颗流星和石子，虽然短促，毕竟与众不同。在此意义上，你的到来，与你的照面和相处，会在对象生命史中刻画一道特殊的印迹。与此同时，在田野，在所谓陌生的异文化中的经历也是你生命史中的特殊印迹。这印迹自然会成为构建双方自我认同的环节和元素。

所以，才会出现“民族志自我”这样的问题。在田野作业中，民族志作者的身份认同状态有何变化，变化的指标和标记有哪些，田野中民族志作者的自我与日常生活或者说从前生活中民族志作者的自我是协调的还是冲突的？民族志或者田野经历有没有改变研究者对自我的看法，有没有改变他的自我？简言之，在进行民族志田野研究过程中，研究者的自我状态是什么，这种状态对于研究者离开田野后的自我本身又意味着什么？作者列举了大量案例。有的研究者在田野经历中重新认识自我，甚至发现本来被忽略的自我，有的研究者感受到自我的分裂和肢解，因身份错乱而困惑、苦恼，有的研究者与田野对象格格不入，恨不得马上离开，希望从来就没有到过这里，尽快忘记这噩梦般的经历，有的研究者却与田野对象结婚生子，留下来开始另一种生活，或者把不得不结束田野作业的告别当成揪心的疼痛。很少有丝毫不受田野经历影响的例子。心甘情愿地土著化抑或充满诅咒地恐

① 科菲：《人种学研究者剖析：实地研究与研究者身份》，第 27 页。

惧土著化，其中都有种刻骨铭心的东西。

从前，一个传教士的成功在于改变土著；现在，一个田野工作者的成功似乎体现为被土著改变。因为被土著改变意味着适应和接受他们的生活方式、价值观念和宗教信仰，意味着能够像他们一样看待这个世界。

不过，理智地说，被土著改变或局部改变后的自我再回到原先的世界和自我，在某些多愁善感的人那里确实会造成一种精神错乱之感。无论进入、告别，在田野中，还是从田野中出来，许多微妙的情结与情节都耐人寻味。为着一项事业，主动去接近一群本来可能永远无关的陌生人，因工作而与之相处，日久生情，但这种关系从开始那天起就注定要在或长或短后的某一天中止。无论进入，离去，还是感情的形成与终将疏淡，自始至终都在计划之中，充满了人为性——在其他方面，田野充满偶然，但在上述这点上却是必然的，完全可以预料——这种人为性造成研究者的自我冲突，当然也在对象方面构成某种即便善意却也无法否认的伤害。这种人为性使研究者觉得自己像一个感情骗子，一个通过建立和保持忽隐忽现的感情关系来换取自己所需情报的间谍。在《重返笑声》的结尾处，作者这样说："我所遭遇的道德方面的许多难题，源于我的工作性质，是这种调研工作把我变成了一个骗子：本来不是那样的人却要表现出是那样的人。"①

所以，一方面我惧怕告别，惧怕对他们说出"我的研究结束了，今后保持联系"这样的话，另一方面对于维持现在这种既真实又虚幻的关系很为难。我们的来和去，对于他们都很突然。毕竟，相对于他们，我们是从"上面"来的。当我向他们说起自己的苦恼，他们宽慰我说"四海之内皆兄弟。就当是交了一个朋友"。从田野回到熟悉的家中，我向亲人流露自己的内心冲突和伦理困惑，她用一个简单的理由来宽慰我："你给他们平淡的生活增添了某种意外的趣味甚至欢乐"。但愿这种远离功利目的的关系并非仅仅是他们用来宽慰的话。用该书的话说，我处于一种"真诚与虚假之间"的"艰难关系"②中。

---

① 转引自科菲：《人种学研究者剖析：实地研究与研究者身份》，第24页。

② 科菲：《人种学研究者剖析：实地研究与研究者身份》，第68—71页。

“民族志自我”，正像作者所言，是一个“被忽略的话题”：“研究者的自我确实存在，但因受到忽视而被边缘化了。”①博安南之所以化名鲍文来写自己一再申辩是虚构或小说(fiction)的《重返笑声》，就因为这大概是一个吃力不讨好的边缘话题，有种既不足为外人道，也见不得人的感觉。然而，它是一个问题。因为无论如何，说到底，研究者自身包括他的身体、思想和情感是最重要的“研究工具”②。在很大程度上，田野中所产生的认识论、伦理学问题都与这个特殊工具有关：保持客观中立的研究姿态，像当地人那样看和想；在陌生与熟悉、局外与局内、超然与融入之间如何定位民族志自我；研究者的身体和情感在田野作业中的位置和这种位置对研究的意义；研究者描述其民族志自我的合法性以及这种描述在何种程度才该被贬斥为“自恋”；等等。作者说，“问题不在于研究者身份变化、融入环境与否，而在于是否承认研究者的自我是一系列复杂的协商结果”③，“实地研究关心的不仅仅是关于他人的人生和隐私，还关心研究者自己的人生、隐私以及与他人的密切关系。尽管我们并不总是要把这些写下来，但我们要敢于承认这个事实”④。

这本书也给我带来另外的困扰。作者说“要敢于承认这个事实”，但又说“我们并不总是要把这些写下来”，以批判的口吻说“研究者更乐意回顾自己进行实地研究的经历”，又说“探讨研究方法的报告几乎不去涉及实地研究给研究者造成的影响以及研究者给实地研究带来的影响”，“至今也没有人从超越个体的高度或从认识论意义上做出全面的反思”。承认这个事实，但不去写下来，那如何体现“承认”？研究者回顾自己的田野经历与田野和研究者之间的相互影响是什么关系？二者构成矛盾吗？超越个体的认识论反思不需要建立在研究者经历的回顾之上吗？作者批判的应该是无病呻吟的自恋和过分投入的矫情，完全抛弃研究者的责任和身份，他想做的是将研究者的个人经历对象化为案例和理论。不过如果没有个人经历的回

① 科菲：《人种学研究者剖析：实地研究与研究者身份》，第3页。
② 科菲：《人种学研究者剖析：实地研究与研究者身份》，第47页。
③ 科菲：《人种学研究者剖析：实地研究与研究者身份》，第47页。
④ 科菲：《人种学研究者剖析：实地研究与研究者身份》，第198页。

顾，没有对个人经历的记录（描述、叙事），用什么材料来进行反思呢？我关心的问题是，如何显现这个事实，如何显现对这个事实的意识和反思？这个事实就是田野与研究者的相互影响，以及这种影响对研究本身的影响。如果承认这个事实，是把它作为一种局限去克服，还是以这个事实为背景去研究？既然是一个事实，它就无法取消。所以，只能以此为背景去研究。一种方式是把它从研究中抽象出来，在比如“身份认同”这样的主题下专门研究，就像该书那样。一种是带着这个事实去研究对象，在显现“实地研究给研究者造成的影响以及研究者给实地研究带来的影响”的同时研究对象。该书属于第一种方式，尽管强调民族志自我，强调民族志作者身份与田野作业的关系，但是割裂了研究者与研究的关系。研究者的自我、田野与研究是三位一体的，研究者自我与田野的互动如何影响研究者的研究，不仅涉及田野经历，也体现为研究者“正文”的观点、叙述和结论。剥离民族志自我，而专注于研究对象，或者像该书一样将民族志自我从研究对象中剥离出来，而专注于研究民族志自我，是两种不同的取向。实际上，我一直考虑是否可以采取第三种取向，即在研究对象的同时研究自我。这样做，是不是更能回答研究者自我、田野对象和研究如何相互影响这个问题。民族志自我的生成与民族志研究过程同步，这将是在时间进程和涉及面上都更完整的个案。

《人种学研究者剖析》代表与《屯堡乡民社会》不同的研究取向。“乡民社会”与“民族志自我”是伴随我研究的两大主题。从“民族志自我”的角度看，《屯堡乡民社会》有种我越来越欣赏的东西，但把它视为田野指南的研究者可能都没有关注到这种东西。那就是，它对课题组进入九溪村及之后与村落的互动包括“学院与草根的对话”做出的细致描述，甚至某种程度的自我反思。这种东西与诸如“民族志自我”的文本和观念一起诱惑着我，让我看到潜伏心中的某种主题。所以，后来我对孙老师说自己有不同于他人的《屯堡乡民社会》读法。《屯堡乡民社会》与《人种学研究者剖析》的“对开”阅读，领悟“乡民社会”中的“民族志自我”为我的研究转变埋下伏笔。

那时的我，虽有上述思考，萌生一些朦胧的念头，仍不敢确定自己是否应该沿着这一思路往前走。我所读到的同行论著（我指的是研究九溪村、地戏和屯堡的论著），在田野中与之交流的同志那里都没有这种思路。甚至，田野同志敏锐地觉察到我的思想苗头，把我归为标新立异的后现代主义者。谁被贴上这一标签，就意味着被他否定。这些情况加重了我的自我怀疑。“我是一个后现代主义者吗？”我自问。“反思”对我的任务有何意义？关于“我”的叙述与非物质文化遗产有何关系？要么彻底放弃对自我的关注，或者把这种关注放在幕后，要么拿出足够的理由或证据说明这样做的合法性。我时刻提醒自己：不要跑题！但什么才是真正的“题”？什么能够成为真正的“题”？

不可否认，我是带着课题，也带着诸如“乡民社会”、“民族志自我”这样的“指南性”观念进村的。进村时，既有预定的任务，也有理论工具的准备或“先见”。我想，绝大多数进村的研究者与我的情况一样。正是这些与“身”俱来的东西，使我们看到村民甚至别的研究者看不到的问题、事象。问题的关键不在于否定这些东西的存在，而是从这些东西出发，去发现这些东西的合理性与局限性，用现场遭遇的情况和我们在现场形成的观点去超越这些东西对我们的束缚和影响。“课题”是比“主题”范围更大的东西，主题是在田野现场生成的，或者说是在课题与现场的互动、协商之下生成的。“民族志自我”与我具体研究什么也是这样的关系。我带着课题和观念进村，并不意味着我带着主题进村。跑题之“题”，是课题之题，而非主题之题，因为一开始尚未形成主题。主题甚至不是（不应该是）我形成的，而是我与它相遇所形成，或是它来找我而成的。

今年夏天，我到中国社科院访问曾经住过海江家的小潘。谈论中，她质疑我带着任务到九溪村的说法（或做法）：“问题不是你事先预设的，而是在田野中形成的。”我当时的表述不够充分和清晰，但我与她的观点实际上并不矛盾。这里的文字，就算是对她质疑的一个回应吧。

“打个碟子”

九溪人对影像的欲求仿佛永无止境。“打个碟子”，恐怕是他们对我提出的最频繁的要求。电视普及后，条件好的镇、村有了自己的有线电视台、转播站，村民的面孔出现在电视上。之后，影碟机进入许多家户。村民逐渐养成了“打碟子”的爱好。大西桥有线电视台和吉昌屯有线电视台的工作人员忙碌起来，为周边村落的各种演出团体和人家录像、打碟子。对于打碟子，村民的痴迷程度可能会令城里人无法理解。记录大型活动和喜庆之事尤可理解，但像丧葬这样的事情本是亲者心头永远的痛，当时即难接受，为什么还要将它记录下来，加以珍藏呢？九溪村老人多，老人去世的事时有发生，我在村里拍摄过多次葬礼。有一次，碰上两家老人相继去世，分身乏术，只好让当时也在村里的妻子娥满替我去完成一家的任务。她是藏族，在她的家乡拍摄葬礼留作纪念的事是完全不可想象的。我还参加了海江父亲的葬礼。与安顺学院的吴羽老师聊起这个话题，他认为村民要求拍摄葬礼不完全出于寄托哀思、纪念亡者，而是展示生者的力量，传达亡者亲属的凝聚力。拍摄的重点是生者而不是亡者。吃惊和理解都有道理。无论如何，村民对镜头的接受感和善于面对镜头展示自己的能力是一个既定事实。他们已经习惯于被人凝视，甚至被研究。我见过葬礼上妇女们扶着棺材声泪俱下、悲痛欲绝，转眼间就爬起来、恢复常态的场面。对情绪的超常控制力，可能也是屯堡充满谜团、令学者着迷的地方。近几年，到贵阳附近的天河潭旅游是屯堡老人的一大乐事。花费不多，但服务周到，必不可少的一项内容是记录游历过程。从老人们在村里坐上车就开始记录，后期配乐，打碟子，人手一份。我在九溪村许多人家看过这种大同小异的碟子，人们一次次津津有味地辨认着自己和其他熟悉的面孔，乐此不疲。

被安顺文人传为笑柄的某记者拍摄过一个片子，名曰《屯堡妇女会》，实际是对村民类似游历的记录。他最遭人非议的片子名曰《人肉的盛宴》，记录苗族“跳花坡”的场面。宋老师曾当面破口大骂某记者，后来又不无讥讽地对我说，要研究屯堡文化，不能不看《人肉的盛宴》，“看了，你就知道屯堡文化研究是怎么回事”。

基于影像的强大影响力，我曾在惋惜地戏的同时，建议安顺学院老师们想办法让大西桥有线电视台在热衷于转播诸如 DBA 篮球赛①或屯堡歌舞

① 我咨询过 DBA 的倡导者（供职于大西桥有线电视台）何谓 DBA。他解释说：“D 是英文单词‘地方’的缩写字母，也代表大西桥镇名的汉语拼音首写字母。DBA 就是大西桥镇主办的地方篮球联赛。”

大赛之余，播出村民表演的地戏（我在大西桥有线电视台看到过这类碟子），唤醒村民对地戏的热情，培育地戏真正的观众土壤。

路易莎·肖恩的启示与局限

我发现九溪村的民俗活动大致可分为对内与对外的两类。这与美国学者路易莎·肖恩（Louisa Schein）的研究结果在某种程度上相符。多年来致力于黔东南苗族研究，她以苗族的“招龙仪式”和“龙船节”为例，指出“文化复兴”后民俗的两种类型，即“内向性”（internalizing）民俗和“外向性”（externalizing）民俗。招龙在村内进行，目的是铸造内部团结，龙船节则是村寨之间的竞赛，打破了村寨的界线。招龙仪式限于本村成员参加，龙船节有来自整个区域的客人和观众，目的是吸引互不相识的人聚到一起，彼此认识。新闻媒介和外地游客的到来，使龙船节越来越具有表演和娱乐性。总之，招龙是一个用来加强群体内部凝聚力的内向性仪式，而龙船节则是把不同人群汇聚到一起，使人们互相交往的外向性活动；招龙是一个被人们赋予特殊意义的宗教仪式，而龙船节在很大程度上则主要是一个世俗化了的娱乐活动①。

作者不是一个民俗的原教旨主义者，没有把内向性仪式放在高于外向性活动的位置，所以对文化变迁持一种乐观、肯定的态度。这种态度不同于《屯堡重塑》，后者站在村民的立场，对外来者促动的文化变迁颇有微词。同时，这种态度也可以回应宋老师对《屯堡重塑》的批评。“日复一日、年复一年地为外人重复着的一套表演，就把被人们当成传统形式的这些文化活动具体化、固定化了。在留言簿上，游客们留下诸如此类的话：‘我希望你们把这种古老的生活方式长久地保存下去，不要受到游人的习惯的影响而发生变化’。”②游客的到来与他们的留言构成一种滑稽的反讽，但为他们而

---

① 路易莎·肖恩：《贵州苗族文化复兴的动力》，贾仲益译。此文得自中央民族大学的美国学者卢百可先生，在此对作者、译者和卢百可先生表示感谢。

② 路易莎·肖恩：《贵州苗族文化复兴的动力》。

重复表演的传统文化事实上却被固化下来，就像我们讨论的地戏。“崭新的文化形式的生产总是与比较古老的文化活动形式相交织，两者存在着互相渗透、彼此强化的辩证关系”，“以财富的日渐增长，以及对外交往、媒体报道和旅游业的不断增加为主要形式的发展，不仅没有使地方文化遭到毁灭的厄运，反而促进了人们对它更加精心的呵护”①。

传统文化既不因纯粹的惯性而一成不变地存留为“活化石”，也不会因变迁而彻底消逝。它可能藏匿于“地下”，人们实践化的记忆中，等待复兴的机会。日常生活的变化从不间断，作为其组成部分的文化也就始终处于不断被生产和再生产的过程中。

需要进行补充的是，文化复兴后的民俗有从内转向外的情况。地戏就是这样。一开始是村落内部的年度娱乐兼仪式，即便村落之间的地戏互访，也应该是对内的。后来，逐渐演变为针对外来者的表演。与此同时，村落内部和村落之间的地戏逐渐淡出，几近中止。在我看来，团体性的民俗活动比家户性的民俗活动具有从内向外转化的更大可能性。这与改革开放后村民的生活愈来愈以家户为核心单位的转变有关，家庭联产承包责任制瓦解了20世纪70年代以前的集体观念。当然，也与整个社会风气的转变有关。地戏属于比家户更大的社会单位，以九溪村为例，三堂神分属三片街，并不专属某家某户。相对于专门服务于家户，也由家户自己承担费用的民俗活动，它本来就有更多的开放性和可让渡性。

另外，涉及民间信仰、靠近过去被认定为封建迷信的民俗向外转化的难度更大，甚至其本身的恢复也很困难。年初的“打清醮”仪式之所以恢复不起来，除了仪式人员和组织者的匮乏，也与它过强的民间信仰色彩和迷信之嫌有关。2000年，九溪村恢复中断多年的过河活动②。之前，吉昌屯已举办了三次“过河”。在“抬亭子”和“过河”这两件事上，吉昌屯都做在九溪村

① 路易莎·肖恩：《贵州苗族文化复兴的动力》。

② 上一次“过河”在1928年。

前面①。“过河”涉及佛教生死轮回观念，参与者众多，有迷信之嫌，“改革开放后，许多屯堡村寨都搞了，九溪认为这是迷信活动，不敢搞”②。在举办“过河”前，老协会三巨头之一的王厚福征询了有关部门的意见，明确过河是民俗而不是“邪教”活动（因为1999年出了“法轮功”事件，民俗活动的界定变得更为敏感）。取得合法性后，九溪村成功举办了规模大于吉昌屯的龙年“过河”活动。之后的蛇年和鸡年，又举办了两次“过河”。但云峰本寨鸡年“过河”却出了事故，一个苗族孕妇被“过河”队伍阻挡，延误生产而死，影响极坏。政府不得不下令禁止所有村寨的“过河”活动，派专人考察，论证“过河”究竟是民俗还是迷信。

就目前的情况看，民俗的指向转换并不是可逆的。从内向外的转换有例可察，从外向内的例子则极为罕见。

路易莎的另一个观点也需要修正。她以村落为单位来区分民俗的内与外，似乎发生于村落内部的民俗或仪式是内向性的，而发生于村落之间的民俗或仪式（就她所举的例子“龙船节”而言，她很可能否认村落之间的民俗具有仪式性。与内向性相关的是仪式，而与外向性相关的则是民俗活动。活动不等于仪式，这是她所要表达的）是外向性的。但九溪村的例子并非如此。村落内部的地戏演化为外向性的，甚至地戏的开箱、封箱和扫场仪式也可以专为学者而做。当然，这与地戏曾经走出村落，甚至出了国门有关。但它毕竟不是村际的民俗互动。为学者而做的民俗或仪式，发生于村内，也“毫不声张”③，既非节庆，亦非为世俗化的娱乐。反过来，被她视为外向性的节庆，比如九溪村的过河会、河灯节或抬亭子，虽然对村外开放，但参与和享受民俗的主体仍然是村民，而不是学者和游客。当年，在九溪村的那场“学院与草根的对话”上，罗老师曾强调“地戏有时候都还可以表演一下。

① 据说九溪在复兴民俗上之所以落后，是因为有一个威信极高而又思想保守的支书当政。他就是老支书朱正忠。

② 王厚福：《屯堡第一村——九溪》（未刊稿），2003年。

③ 路易莎·肖恩总结出内向性仪式的一个特点是“在自然村这样一个社会单位之内毫不声张地进行”（《贵州苗族文化复兴的动力》）。

‘过河’，‘河灯’，这是随便表演得了的？”①在学者和村民看来，“过河会”和“河灯节”是内向性的。

路易莎以村落为单位划分内外，我则以村落整体或民间划分内外。在她看来，村落之间有边界，在我看来，不仅要考虑村落之间的边界，也要考虑村落与外来者的边界。屯堡村落是一个大社区，内部的各个村落之间自然有边界，但屯堡社区与外部世界之间同样有边界。村落内部可以关起门来说话，村落之间也有心照不宣、一致对外的潜规则。另一方面，外来者会渗透进村落，村落内部的民俗也会走到外来者那里。外来者可能成为村落之间抢夺的资源，与某个村落结成共同体，对付另一个村落。情况十分复杂。内外关系、内与外的边界不是恒定不变的，总在游移、调整和重组。学者代表的外部世界更像是“上”，与村民构成上下关系，涉及权力的博弈。

关键在于，民俗究竟为谁？民俗的参与者是谁？谁是民俗的观者？

① 孙兆霞等：《屯堡乡民社会》，第402页。

第八章　反思的絮语

写作前的拷问

我一直在心中掂量着自己，盘算着接下来要开始的写作，审视着自己的内心，衡量着别人都做过些什么、我要做什么。

2008年10月24日晚，九溪房东家的丙午哥从东莞打来电话，说他已到那里两三天了，是帮明香家办事（18日）的第二天走的，东莞很热，每天要冲凉两次。他在一家家具厂打工，月工资1200元，扣200元食宿费，第一个月工资扣发，作为保证金。他说自己的手机没电了，是借同去的爱国的手机打给我的。他说，安顺的电话卡是亲情家园卡，离开安顺就不能用了，到东莞要换新卡。这部手机是旧的，在九溪时就时常没电，可能是“电板”坏了。他曾一再对我说要去换，但到了东莞还是没换。我对丙午说，换卡后一定要告诉我新号码。并说，注意安全、健康和卫生，别生病了。又提醒他要和那家公司签劳动合同，明确劳动保障关系，以防不测（就像在上海的那个村民或九溪新桥前那户人家的儿子一样，出现工伤事故），家具厂流水作业，容易发生机械事故。他说，这是一家大厂，很正规，不签合同，也不用担心。他们还是通过在这家厂工作过的熟人介绍才进来的。他的意思是，有熟人关系，工厂也很正规。

每次打电话，丙午哥的声音都是那么急促，想把事情以最快和最让我明白的方式说清楚。我仿佛看见了那张我熟悉的脸，看见第一次我见到他的身影，看见我自己隐隐湿润的内心。我记得他说牵挂时用“牵”，说焦急时用“心焦”。爱国是那个爱和他下棋的爱国吗？那个爱国以收破烂为业，酷爱下棋,但心智有些障碍。也许不是这个爱国吧,九溪村同名的人不少。我希望能有一个精明强干的爱国与丙午哥做伴,否则我对丙午哥在东莞的遭际会倍觉凄凉与不安。

就在我回到昆明的第二天,天气转凉,下起了绵绵细雨。我发短信问安顺学院的小吕安顺天气如何。他说:"下雨了,还下得不小。但现在基本停了。这里很冷了。"安顺与东莞如此不同。

有一个问题,是我从始至终都要翻出来拷问自己的:我为什么而做?什么是支撑我写作的纯洁的动力?我并非不为稻粱谋,这是由我作为凡人,作为身处这个不将神圣和献身放在心上,甚至也不放在嘴上的时代的凡人所决定的。但是,我又不想仅仅为稻粱谋,否则写作对我会成为索然无味、极端痛苦的劳役,难以为继。我总想为自己正在进行的事找到能够暂时说服自己的理由和意义,不是向读者证明自己的合法性、神圣与崇高,而是面向自己的内心来证明这一点。为什么写作?为什么要完成这件事?为什么到九溪村去?为什么要怀揣一个他们不完全理解的目的,和他们生活在一起,观察他们,记录他们,理解他们?当工作进展顺利时,我会陷入一片茫然中。茫然中,这个问题会尖锐地刺向我。当工作停滞不前,而我疲惫不堪时,我也会问自己究竟在做什么、为什么。对己,对合作导师,对我的知识生产共同体,过去一年多的努力和正在进行的写作有何意义?

处女地与熟地

又一次坐在电脑前,踏上漫长的文字征程。上一次是写博士论文,这一次是博士后出站报告。博士论文写的是娥满的家乡,这次写的是安顺一个与我没有太多切身关系的汉族村落。

记得 2008 年 3 月在安顺学院与小吕畅谈时,讨论过田野"熟地"与"处女地"的优劣。他提到安顺学院的老师说,我们这些后来的博士在村民那里的待遇还不如 2001 年随他们进村的学生,村民也许是对外来者的能量渐渐失望了,或者是不再感到新奇而是麻木了。小吕说,村民也有自己要忙的事,外来者毕竟给他们的生活带来了麻烦。如果是一个闭塞的小村,没有人去做调查,村民会更热情,更真实地与你接触。我不赞同他的说法。一个人迹罕至之境,村民未必就会向你展露自己真实的一面,对你可能会有戒惧之心。一块熟地,比如九溪村,村民会要弄你,对你隐瞒真实,与之前研究者的接触使他隐约知晓你要干什么,迫切地要什么,因而会按照自己的意图与你的意图周旋,吊你的胃口,表演的成分更多些,也可能更少。因为已经麻木或对你不抱太多天真的幻想,所以懒得表演,包括通过包装自己和掩饰村落家丑来博得你的好感或同情。但表演的多少对于我来说并不重要,或者说它们都可以作为分析对象和信息源而具有价值,甚至我觉得熟地会比处女地更真实——正像几个月后我与一位学友论到的,关键不在于真实与否,而是他们为什么对你这样说,包括表演或虚构某种东西。处女地看来最大的优点在于你是拓荒者,第一个占有别人没有占有的东西,别人对你的说法没有评判的权利,按照我的理解,也就是说你的研究没有监督人,亦没有“先在的影响之焦虑”。像九溪村那样的熟地则恰恰相反,如果你需要挑战和对话“影响之焦虑”,那么到九溪村吧。换个角度看,变熟地为生地,体现的正是你的智慧和创造力,就像小吕曾经说的故事,当所有人涌向西部去淘金,有一个人却把目光投向淘金者,创造了拉斯维加斯。

叙述反思

“这里”的写作开始于调查结束后。我可以预先说出自己后来的转变。研究的展开和深入使我不得不将目光从地戏扩展到屯堡文化,同时调查范围也从九溪村延伸到安顺城。如果我的写作按计划进行,它的线索将循着这条自然而成的研究轨迹和心路历程推移。

写到此处,一直萦绕心中的困惑又浮现出来。我的计划是按照进入田野,展开研究的自然顺序呈现自己的知识生长:从迷茫到逐步觉悟,从陌生的闯入者到熟悉的融入者。就像在贵阳孙老师家中反复谈到的那个关键词“成长”,我想通过自己的书写揭示一种特殊的成长:一年多来我的成长,我所见证的村民的成长,村落共同体的成长,我们知识生产共同体的成长,以及在相当长的一段时间内我们和他们参与构建并生活于其中的地方文化生态的成长。正是在所有这些成长中，我们和他们获得了知识，也见证了诸如地戏和屯堡这样带有传统之名的文化走向现代化。

在这个计划的执行中，却碰到一个技术难题：现在的我，写作中的我，是成长了的我。此刻的我已经知晓后来发生的一切。文中的我有时是过去的我，有时是现在的我，于是我不得不用诸如“当初”、“当时”、“预先”或“现在”这样的限定词。但这显然不是一个长久之计。如何以完成时的身份来叙述过去进行时的事件和心路呢？我甚至考虑过把过去的我改成他，将过去的我视为一个被现在的我认识和书写的他者，一个年轻、莽撞的田野工作者这样的角色。这似乎有点儿假，也可能使本来就个性化的文本更像小说之类的东西，而更加偏离学科所要求的文体规范。或者采用两种字体来区分对待过去的“述”和现在的“论”？

现在的我的许多认识来自过去的我，是对过去的我所思所说的转述。过去虽然不是阶段分明，但也不是铁板一块、一成不变的。过去的我不断变成现在的我，现在的我也不断变成过去的我。现在与过去的界线何在？看来，我最好是放弃这一计划。但是，这种思考和在这里将这种思考表露出来并非毫无意义，因为这恰恰反映了人类学叙述的某种普遍的苦恼：现在的我如何呈现过去的我？这里的我如何呈现那里的我？如何呈现，这也是多年前的贝特森曾经苦恼过的问题。①

尽管每项研究、每一本民族志在采集田野信息和撰写文本两方面都浸透着研究者的个性和成长轨迹，许多作者却有意识或无意识地在文本的撰写过程中回避或阻止对这一事实的自然流露。一来是为了取得科学的面目，二来也符合学科在文体上的要求。不过，这些作者也得承认，田野经历和对象认识确是由某个主体完成的，也是这个主体与田野中的对象主体互动的结果。对于文本的书写而言，“顺理成章”的“理”字有两种理解。一种是学科之理，另一种是科学之理。学科之理未必就是科学之理，顺应学科之理往往会取得科学之名，但顺应科学之理却能够取得科学之实。作者描述对象，而且是按照一种既定的结构模式描述对象，这当然有利于以相似的模

① 参见贝特森：《纳文》，李霞译，商务印书馆2008年版。

式书写对象的作者之间进行交流，因为大家都很熟悉这种书写套路。论题也是这样，熟悉的论题更容易交流。民族志和人类学书写模式从来有一个盲点，那就是“我”在文中的“缺席”。所以，尽管民族志和人类学书写有不同的类型和主题，从我个人的角度，却有一种分类标准，即出现“我”的文本和不出现“我”的文本。在阅读文本时，我会特别注意“我”这一表征。

长期以来，民族志和人类学进行的是“无我叙述”。随着“写文化”反思的兴起，“地方性叙事”消解“宏大叙事”，突出人文精神的质性研究在人文社会科学领域的地位逐渐改变，口述经验、个人生活史以及“故事”这些从前很少被学者提及的概念开始涌入学术的话语圈和实践。与此同时，“我”在文本中慢慢浮出水面。有的是试探性的，胆怯而犹豫，从前言、后记中向正文探头探脑。有的是模仿性的，作为形式探索的装饰，这些“我”向读者证明“我在现场”后很快就从文中销声匿迹。正文中出现的“我”大多作为所述事件的见证者、亲历者，他在文中与对象一起活动，观察、提问，偶尔发出自己的议论，偶尔也会感动和愤怒。这已经是“我”的地位和形象的巨大改变。

但是，出现在文中的“我”还有一种意义，真正作为一个特殊的被分析对象，而不仅仅是穿针引线的见证者和叙述者。对于出现“我”的文本，我又有一个自己的分类标准，就是看“我”是否真正成为被分析的对象。当“我”成为对象，这意味着什么呢？“我”也是一个被建构和生产之物，我的研究、我的知识生产也是被建构和生产之物。从文本到文本之外，从研究到研究之外，我和我的知识都是被建构之物。并且，文本和研究之外的建构影响着文本和研究内的建构。同时，文本和研究内的建构也影响着文本和研究外我和我的知识的建构——我把后一种影响理解为我“成长”的一个环节。简言之，这意味着从研究对象到使研究成为对象的转变。许茨和布迪厄从理论上论证过这一点，贝特森和拉比诺则在文本中实践了这一点①。

无论我有多少与众不同的个性，正像我的身份表明的，我属于外来的田

① 用一个词来概括这一转变，就是“反思”。各人的反思角度有所不同。拉比诺反思的是田野经验，是“做”，贝特森反思的是把田野经验转化成文本的表述经验，是“写”。

野工作者、知识生产者这类人。理解“我”,就成为理解“我们”这类人的一个方式。理解“我们”,有助于理解“他们”。我们每每说“转生为熟”,通过理解他们来理解自己。但如何才能理解他们,谁在理解?我们是理解者和表述者,如果我们对自己毫无理解,一片茫然,又怎么理解和表述他们呢?所谓转生为熟的“熟”实际上就是我们自己的东西。所以,“我看人看我”说的是一个在生与熟、他与我(或你与我)之间循环往复的认识过程。在我们与他们、我与你共处的那段时间、那个空间,我们与他们、我与你不仅在对视,在对视的同时自视,也相互参与到对方的生活与生命中,就像图与底,彼此镶嵌,并且随着审视角度的变化,时而你是图、我是底,时而我是图、你是底。说到底,图与底在一个更大的底之上构成一幅完整的图。在这幅图的绘制和共同图式的生成中,我们与他们、我与你一起成长。说“看”,说“观察”,我与你就隔着一种距离;说“与”(美美与共),说参与,我与你就是融入,期望着对距离和隔阂的消解。无论观察还是参与,放在具体的情境下都不是绝对的。所以,我想用“我们—他们”共同体来描述、说明融入和参与的实际,但也不否认作为一项任务执行者,我随时可能抽身出来,以“这里”、以我们的术语、理念和眼光来观察“那里”、他们,甚至身处“那里”的“我们—他们”共同体中的我。

我希望在关于过去的叙述中还原过去,悬搁后来的“我”对所谓“真相”越来越清晰、全面的认识,但事后叙述总被“我”已经或正在形成的认识、观念、理论构架所干扰。站在事后的叙述有种先知先觉之感,如同普荣说的“后视镜”①。随着我的研究向前推进,我从“后视镜”中看到的、了解到的东西越来越多。从这个意义上说,一方面,我比别人更多地意识到研究过程在时间上的真实性,也为呈现这种真实付出了自己的努力,但另一方面我的叙述也必然受到事后因素的左右。其中,事后形成的主题可能是意识之中影响我叙述的最大因素。无论我作何种努力和尝试,叙述服务于研究是一条准则。在真实与重构、叙述与主题之间寻求平衡,既超越

① 罗钢:《叙事学导论》,云南人民出版社 1994 年版,第 160 页。

"无时间研究呈现"①的窠臼，又不流于事无巨细、敝帚自珍的流水账，是我的整个写作要达成的目标。

我的研究主题是知识生产与非物质文化遗产生态的关系。"我"的叙述是围绕这一主题进行的，在真实性原则之下，有所筛选，也有所强化。这里，我希望对前面所述内容，从主题的角度做简短说明，以期让你对它所呈现的意义有更清晰的理解。

在过去的日志中，"我"回顾了为什么选择九溪村为田野、进入田野前的准备和进入后的初步印象、感受。在这些叙述中，我看到九溪村与学者互动的深刻痕迹，"接触"到与"我"结成田野同志关系的研究者，也感受到作为"入会者"的"我"的复杂心态。确实存在一个会，一个共同体，它有自己的标志性读物，也就是我所说的"田野指南"，比如《屯堡乡民社会》或《屯堡人》。有自己的研究成员比如张老师、吕老师、小张和我这样的本地和外来研究者，正如他们说的，"现在可真热闹，有中山大学的、中央民大的、中国社科院的博士生、硕士生，都在做调查、写论文。还有两个美国人也在这一带活动。现在又来了个北京大学的博士后"。有与研究者关系密切的村民成员比如顾伯、海江，也有标志性场所"屯研中心"和"博士楼"。"我"在村广场看到欢迎"民族学、人类学专家学者"的褪色标语，也在"博士楼"膜拜了专家学者的亲笔签名，其中有云南大学何老师的签名，"何老师曾到过九溪村，也在那时结识了张老师"，正是何老师牵线搭桥，"我"才有机缘来到九溪村。在"关帝庙"和"博士楼"，"我"感受到自己熟悉的共同体的存在，"氛围真好，同道真多。大家坐在一起交流，应该是件惬意的事"，"我想象着我的前任们到来时的情形，试图找到他们留下的痕迹"。在一个本来应该是充满陌生感的环境中碰到熟悉的东西，"我"有点儿百感交集，既依恋，"望着小张远去的车影，我有种依依不舍之感"，又不知所措，"住进'博士

① "无时间的研究呈现"指的是不透露研究者的研究进程和写作进程，取消对研究过程本身的时间呈现，造成一种研究结论一蹴而就，研究者似乎从开始就知道一切的效应。它与关于研究对象的时间呈现比如社区史不同。在某些情况下，无时间的研究呈现与无时间的对象呈现会走到一起。这时，文本就成为整体"无时间"的文本。"无时间研究呈现"与"无我叙述"相辅相成。

楼'的我,该怎样表现才不失身份和法度",似乎产生了布鲁姆所说的"影响的焦虑"①。"我"提到由"老师"这一称谓引起的失语困境,对"博士楼"主人和凉亭所遇村民运用学术语汇及其熟悉程度的诧异,被村民误认为田野同志小张的尴尬。提到两本"田野指南"的取向分歧,"我"在田野中用"田野指南"作为"试金石"的尝试。

初来乍到的"我"深切感到"乡民社会"中"民族志自我"无处不在。吃惊、欣慰之余,怀疑这种"发现"对研究的意义,想要将这种"发现"作为对研究有害的因素从意识中抹去,"应该摒弃多愁善感的想象,用坚定、强硬的理性克服这些幻觉般的感受","但愿明天我能忘记这一切"。被压抑下去的感受和念头如此强烈,与"我"见证到的上述蛛丝马迹,缠绕在一起,终将使"我"接受并正视自己所处的情境和遭遇的现实,并自觉地实施研究视角的转换,被压抑的模糊观念再次浮现上来时变得清晰且坚定。

问题来自经验

我的写作,甚至研究的理路都不是按部就班,而是随写作和研究中遇到的新问题而变。经验研究不同于纯理论研究之处,是它有时使你充分意识到既定理论框架的局限性,因为经验到的一切并不是所有都为某种既定理论而发生。毋庸置疑,也无须讳言的是,你总是带着某种理论和期待进入田野的。但是,并非所有的田野、所有的田野事实都会迎合你的理论,期待着你的理论来解释;总有一些事实,就像一个野性难驯的囚徒等你来解救和驯服。你的任务,在某种意义上确实是解释,但你起初准备的理论却未必有针对性。田野经验到的东西与理论很可能不匹配,或者说理论对于解释田野不太"称手"。即便我们的任务保持在描述的层面,也存在这样的难题,因为描述隐含着低限度、不张扬的解释。田野可比作文本,它似乎在召唤研究者,但这种召唤有它本来的结构。我们不能完全抛开它的结构来迎接其召唤。田野不仅有它的召唤结构,还在不停地流动、变幻,涌现出我们难以预

① 参见哈罗德·布鲁姆:《影响的焦虑》,徐文博译,三联书店 1989 年版。

料的新事实。这些不断涌现的事实，使我们想要以研究固化它们的努力捉襟见肘。而且，更加不同于真正文本的是，我们最重要的对象，生活于村落的村民，与进入村落的我们的互动本身就是村落正在生成的一种现实。它不仅显现为一系列的事件和“故事”，甚至也改变田野的召唤结构本身。因而，我们不仅是田野这个文本的读者，也是参与其“写作”的作者。不仅在读者理论和接受理论意义上，我们是田野的作者，而且在现实互动的意义上，我们是田野的作者之一。许多研究者都无视这一点。但是，就我自己的例子，或者我所举的其他研究者的例子来看，这一点不容忽视。这就是我遭遇到的最大的新问题。

基于来自经验的问题，我不得不调整自己的研究计划。因而，有了两份不同的研究提纲：从非物质文化遗产的村落生态到这种生态的一个侧面。我总觉得任何研究都是有所选择的，正因为有所选择，它才具有了深度。我也觉得经验研究的路径是在理论与现实的互动和张力中不断协调产生的。所以，我宁愿调整自己，选取其他研究者所忽视的入口，获得自己能够为之努力的深度。当然，这个入口来自脚踏实地的经验发现，而非异想。我也就不会因环顾四周，尽非同类，而怀疑自己是否流于个人化的虚妄。

我之所以选择这个入口，除了九溪村的现实经验所致，也与此前我在另一个村落的经验有关。两个村落在这一侧面（研究者与村落互动，研究者的知识生产对村落的塑造）的巨大反差促使我“正视”这个入口，把它当作研究主题，而不仅仅是参考文献意义上的研究背景，一笔带过。别人当作“底”的东西，我把它凸现出来。我也不想否认，除了经验遭遇引出的问题意识之外自己本有的反思倾向。不过，我认为反思倾向恰恰契合于我经验到的问题。它不是生造的主题，也并非为反思而反思的空穴来风。反思具有自我批判的含义，但它不仅意味着挑战过往的权威理论。我以为反思是从对象那里折回到研究者这里，拂拭“镜片”使对象的“呈像”更为清晰，同时也使“镜片”和“呈像”机理成为对象。我们也在世界中，为什么不能作为对象呢？反思不是破坏，而是新的发现和建构。

实际上，与大部分研究者类似，在某种意义上，并不是我想做什么，而是我不得不做什么，或者说，我被做成什么？这样说，也并不是要批评什么，而是一种应该如此的事实，并且这样的安排也不会抹杀我可能有的创造性。进入九溪村不久后，我第一次向他提交的研究提纲沿袭一种正统、有点面面俱到但相对保守的思路，不过其中已经有我后来关注的东西：两本写九溪村的书，“百村调查”课题组与九溪村的互动和卷入。之后，我接触了当地更多与九溪村发生过关系的文人、学者。在2008年那场百年难遇的雪凝大灾发生时，我独自一人蜗居在安顺学院吴老师宿舍中构思了一份新提纲，发给娥满后，她说好。2008年7月在北京见到高老师，他说很好。导师敏锐地觉察到我所陈述的九溪村与若村的真正差异所在和这种差异所带来的新的研究可能性。回想起来，早在2007年11月回北京大学参加博士后回站日活动，我就与合作导师谈过自己的困惑与苦恼，究竟是将田野知识生产的反思放在对象的书写中，合而为一地做，还是将反思与对象的书写分开，做成两个文本——一个正统（但明眼人可以看出它并不简单，含有深意），一个专门进行田野反思。构思新提纲的动机在于，一方面，我怕两个文本的篇幅我完成不了（时间、信息面和我的写作速度），另一方面我想将力量集中到一个对我而言比较容易出成果的切入点和线索上，就像娥满反复对我说的，在《金翼》、《银翅》之间，她更欣赏前者，因为它透露出一种简单之美，却具有更强大的叙述力量。繁复的线条、密集的信息并不意味着对问题的理解，或者说，并不意味着能让读者产生对问题的理解，从而会破坏叙述的力度和清晰，起码对于绝大部分读者来说是这样。于是，关于九溪村的研究，我就有两份叙述取向、对象、立场和方式都不相同的提纲。

非物质文化遗产与文化生态

在非物质文化遗产工程中，地方政府、文化持有人和学者不同程度地卷入，既合作，也对抗。在博弈中，文化遗产本身甚至变得并不重要，而成为一块象征并交织着利益、权利和权力的不同型号的“蛋糕”。其中有严肃的思考，有荒诞的调侃，有看似发现新大陆的狂喜与亢奋，也有被压抑的控诉和“弱者的武器”，有令人乏味的繁琐程序和周而复始的平静生活，也有充满戏剧性的画面、情节和各种活跃于台前幕后的“人物”。

许多学者不约而同地对所谓的非物质文化遗产工程深感失望、深表忧虑,也清醒地意识到,卷进去的学者的使命也许不是像某些学者自作天真地认为的那样,以高出流于形式的政府和唯利是图的商人的专业视野为文化遗产面临的困境、痼疾开出摆脱保护与发展悖论的良方,因为在社会大潮中学者的能量毕竟有限,如何能阻断翻卷的"泡沫"和人心的"忽悠"。同时,更无可逆转的是,已经成为事实的文化传统断裂早已使名义上的非物质文化遗产成为事实上的物质遗产,有名无实,真假难辨,像一具与非物质文化遗产对"活"的要求相反的僵尸,被热衷于"文化搭台,经济唱戏"或"经济搭台,文化唱戏"的人们按照自己或者质朴以至于荒唐可笑或者掉书袋但牵强附会的理解和方式加以"包装"。僵尸虽然可以像机器一样行走在人间和民间,但它并没有复活。学者的真正使命不是去考证僵尸的年份或者僵尸是否僵尸,而是考证僵尸的成分,尤其那些正在进行中的包装及其隐含的动机。换句话说,我们研究的对象是"假"(为什么展演)而不是"真"(是什么),"假戏"(假民俗)可以"真做"(真研究),非物质文化遗产为我们创造了一个合法化的新议题,搭建了一个供不同领域的学者对话、交流的话语平台,促成一种以此为主题的学术共同体的诞生。

我并不惧怕沦为一个后现代主义者,因为我的想法来自切身的事实,如果我为了不成为某种主义者而隐瞒我的真实想法,我就真的沦为"皇帝新装"中除了诚实小孩之外的那些不诚实的成人。皇帝新装的展演也像是一具文化僵尸,本来无一物,惹来的却是闹剧与谎言、来路不明的"裁缝"与自欺欺人的看客。被欺骗的皇帝是谁?说真话的小孩是谁?也许拉康会认为所有的一切都是他者镜像剧中的角色,对于这出并不深奥的戏剧,我们都了解剧情,也有能力在其中扮演角色。

写自己最熟悉的:知识所生产的文化生态

从描述、分析包括我在内的九溪村知识生产者而言,我即将开始的研究是一种既针对"我们"群体,也针对我自己的反思,我将在拉比诺与布迪厄的反思之间进行抉择。虽然也许实际并非如此,但以我目前的衡量,后者对于我难度更大。将反思带入对象的研究中，借对象的研究来反思，在对象对象化的同时完成对象化的对象化，使对象化的过程成为或体现为自我对象化，这种相对隐讳的方式我既不熟悉，也未完全想透彻。有时，我也怀疑布迪厄的判断是否准确，是否仍然是放不下科学架子的另一种表现，或者就像他自己解剖别人时会说的，取决于他个人的学术性情、精神气质偏好。在科学法官那里，拉比诺的罪错在于人文气质和文学色彩。

正像娥满说的，研究自己熟悉的东西也许是一个好的选择。她的意思是，我对"田野同志"和地方学者的言辞、思维及生活方式比对村民更熟悉，因为差不多我和他们可以归为同类人，进一步想，我最熟悉的人恐怕是我自己。虽然研究熟悉的东西尤其我自己有类似"当局者迷"的风险，但研究自己不熟悉的东西未必就"旁观者清"，也有不同的风险。况且，当我在以"此时此地之我"对象化"彼时彼地之我"，以"这里之我"对象化"那里之我"，以"书斋中的我"对象化"田野中的我"的过程中，充分意识到可能存在的风险和局限，"我"也就"转熟为生"了。拉比诺研究自己在摩洛哥田野的经验，布迪厄反思自己在学术场域中的位移和资本，贝特森以出自天性的谦逊乃至自卑、自责，一遍遍地怀疑自己的研究，在默默无闻与权威的漠视中，近乎自我折磨地打磨着自己的怀疑。无论初出茅庐"六月风暴"式的躁动不安（拉比诺），高瞻远瞩式的冷眼旁观（布迪厄），还是瞻前顾后式的喃喃自语（贝特森），都是颠覆传统意义上的对象化，进而自我对象化的典范。

研究我自己在九溪村的知识生产！如果这是一条线索，那么它与我必须完成的任务——地戏或非物质文化遗产生态研究构成什么样的关系？知识生产的反思与对象研究构成什么关系？我能不能做这样的假定：其他人的知识生产与我有类似的历程，因而呈现我的知识生产具有一种案例性的意义；其他在九溪村或通过九溪村来进行知识生产的人是否与我有类似的经历，或者我以自己的知识生产历程来检验他们的知识生产的可靠性和有效性；但这两层意义还是与对象无关！九溪村的知识生产过程和产品对于九溪村的文化生态有何影响，也许这才是问题的关键！当我进入九溪村时，那些知识生产的先行者在哪些方面改变了九溪村的生态，它们留下的痕迹是什么？

正像你不想仅仅成为道具和工具一样，村民以及其他可以利用你的人也不想仅仅是道具和工具。你在他们身上得到你想要得到的情报、信息乃至名字，但当某某村民这样口述自己的生活史、生命史，这个“某某人”对你取信于人不是至为关键吗？虽然在对你口述或倾诉的过程中，口述者宣泄着自己被压抑的怨怼，构拟着自己的高大或苦难，通过自我叙事获得人格与身份认同的修复，他毕竟有自己本来的生活日程，在面对需求不同的造访者频繁、不断的讯问中也会从警惕、紧张、兴趣盎然的自我表演到强打精神、流于应付的厌烦与无趣。交换信息的双方是不对等的。所以，为对象所用，甚至在某些时候为对象“所有”，不但是无法避免的事实，也关涉到学术在场与田野交换的伦理。作为一个偶然闯入并匆匆而去的过客，我还能为我的信息报道人提供什么呢？况且，一切都符合农民的道义经济学和弱者反抗的逻辑。

作为研究者，我更关心在田野与对象发生的事实关系，因为这对我理解九溪村的生态主题有帮助；作为知识分子和有点感伤情结的凡人，我关心与对象的伦理关系和我自己的内心冲突。虽然有人可能取笑我天真，不具备专业训练出的理智、冷静，但我的想法并不单纯，也不想将事实与伦理的真实关联割裂开来。如果事实上，伦理关系也是一种事实，并且影响了研究事实，凭什么要把它割裂出去呢？

还有其他的难题需要考虑：包括我的研究在内的九溪村知识生产与九溪村文化事象和生态确有关系，但对这种关系如何做出理论的界定、描述与分析，以什么框架和概念作为研究工具；超越村落研究边界的共同体（国家、文化持有人和学者三位一体的共同体）①这一概念如何提出，它与正统的村落共同体研究形成什么关系；哪些人和事将被写进去，并且更关键的是，这些人和事在什么样的框架内方显现出相互勾连的意义和力量，而非零

① 看起来，有两组三角关系摆在面前要我处理。一组由国家、村民（文化持有人）和学者构成，另一组由我、我们和他们构成。我不由得又想起基拉尔。在若村研究中，我曾经沿用他的理论来描述和解读对象身份认同之间的模拟、反抗与自相矛盾的欲望表达（李立：《寻找文化身份》，云南大学出版社 2007 年版，第 246—248 页）。另外，在涉及共同体内部关系和边界时，身份认同是否可以再次成为一个关键词和主题？

敲碎打的奇闻趣事。

我的任务不得不包括对共同体文献的搜罗、梳理、解读，并将它们对应于我在九溪村的观察。虽然新社会史对历史富于现场感的复原使我一次次明白死文献也可以成为活田野，但我从未对此进行过尝试，也感到从九溪村田野研究到九溪村文本研究毕竟是一种方法、视野与学科定位的“跳跃”。就像我与小吕讨论的，历史文献，无论正史、方志还是碑记、家谱与口碑（历史记忆的传说、故事），如何真正有效地进入人类学民族志文本，为我们描述尤其解读当下正在进行的田野事象提供真正的语境支援和“意义背景”，如何在过去完成时或进行时与现在进行时之间建立因果、互动，现实与逻辑的联系，而不是一种简单的并置、罗列和有名无实的“历史背景”，历史与现实不应该成为“两张皮”。在我接下来的研究中，可能有分量不大的历史进入文本，但我更关注九溪村的现实和跨度不长的共同体的生长，因而对我来说，如何处理研究性文献（而不是史料）与九溪村田野现实的关系就成为更重要的问题。从在田野现实之外这一点看，研究九溪村的文献及这种文献对我研究的价值与史料面临同样的问题，即如何与九溪村田野现实及其中的人发生真正的而非似是而非的联系。历史与现在的距离（时间：从过去到现在），文献与现实的距离（空间：从文本世界与现实世界），我将如何克服？欧挺木在《屯堡重塑》中留下的事业，会是我的文献“在地化”解读之旅中的同道之业吗？除了文本在对象那里的效应，我想增加“先在文本”对我造成“影响焦虑”这一新的维度。先在的影响焦虑，既包括这些文本对我的研究对象产生影响而间接影响我的研究，也包括参考文献意义上这些文献对我研究的直接影响。之所以会产生这个新的维度，与我对自己的九溪村知识生产的反思取向有关。

田野边界与知识生产的共同体

我将自己的研究命名为“穿越边界的田野叙述”。在写作博士论文时，对“边界”这个概念我就情有独钟。因为从人类学之外转入、跨进人类学的大门，我不明白什么是这个学科的清规戒律，对它的一些似乎成为共识却并非天经地义的清规戒律变得更为敏感和充满怀疑。我得出这样的结论,即“我们”与“他们”同样在身份(文化身份和学术身份)认同上是不确定与无边界的。许多想法来自与娥满的日常讨论,也来自《人类学定位——田野科学的界限与基础》中《学科与实践:作为地点、方法和场所的人类学“田野”》一文的有关论述①。这篇论文中谈到“田野原型”,引起我对原型这个概念的重视,并与我一直重视的“影响焦虑”联系在一起。同时,“田野科学谱系”这个概念也与我所说的“我们”谱系相吻合。谱系这个概念促使我重新审视福柯的有关论述。

除了“我们”与“他们”的边界,“我”与“我们”、“我”与“他们”之间也存在边界,“穿越田野的边界”也就是穿越这样的边界。当我进入九溪村,我就不由自主地加入我所说的“共同体”,并在共同体的不同层次和“圈子”经受不成文的、形式各异的“入会仪式”。这种仪式既发生在“他们”那里,也发生在“我们”这里,这意味着不仅在“我”与“他们”之间,而且“我”与“我们”也存在边界。我也注意到,“他们”共同体不是铁板一块,而是内分为更小的共同体,“我们”共同体也是这样,在“他们”共同体和“我们”共同体内部的那些小共同体之间存在着边界。这意味着,我的入会仪式肯定不止一次,在大小和层次各异的共同体那里我都得接受入会仪式。正是在这个意义上,我把自己的田野经验、研究和叙述形容为“穿越边界”。我之所以不放弃对“我”的研究,正因为我的“穿越”对于解读整个共同体具有实际的意义(否则我无法获得关于共同体的整体信息),并且我的“穿越”在许多情况下不全然取决于“我”,因而在“我”身上能较为客观地反射出共同体的力量关系与冲突。在某种意义上,“我”只是共同体的一个意义载体。

我所说的共同体应该称为什么共同体?它有哪些边界?由什么人群构成?整个共同体也许只存在于我的意识中,因为我想任何共同体都可以按照不同的标准来划分,它的边界随着标准的不同而变化。九溪村研究者的

---

① 古塔、弗格森编著:《人类学定位——田野科学的界限与基础》,骆建建等译,华夏出版社 2005 年版,第 1—47 页。

知识生产共同体与屯堡研究者的知识生产共同体，是我想到的命名。九溪村与屯堡不是同一级的概念，九溪村是屯堡地理和文化区域的一个大村。“屯堡”既指黔中高原的“屯堡人”聚居的区域，也指一种被学者命名的文化或文化概念。

在研究者与对象之间设置的边界，不仅使研究者将自己置于研究之外，也使对象隔离在研究者的知识生产系统之外，对象的意义仅仅是为研究者提供知识生产的原料，前提也就是假定他们不会主动生产知识，包括他们自己的“地方性知识”与参与研究者建构的“学术性知识”——前一种知识久已成为人类学研究的焦点（无论格尔茨意义上“当地人的解释”，还是布迪厄意义上在文化权力的场域中动用也创造符号资本进行文化政治表述的行动者），但后一种知识似乎仍然是研究的盲点。

研究什么与不能研究什么，如何研究与不能如何研究，比如你不能研究你自己的研究和研究群体，不能研究你的研究前提，或者不能将对象与你混为一谈，将你对对象的研究与你对自己的研究混为一谈……边界体现的是学科的惯例和戒律，也是那些企图越界研究者焦虑的根源。边界就像一堵墙，隔断了研究者与被研究者相互对视的视线，更在文本世界中为读者制造了一个福柯描述的“环形监狱”，其中关押着被研究者俘获并监视的囚徒，以满足读者窥探他人生活的好奇心。边界也像是一层纸，文本与生活之间永远存在或厚或薄的距离，我们能作的努力也许仅仅是使这层纸变得更薄些。

知识生产共同体与村落共同体有何关系？知识生产共同体如何与村落文化生态建立关联？通过知识生产共同体的描述、分析，我要回答村落共同体的文化生态问题，因而这两个共同体的关系是我必须考察的另一个问题。九溪村是我最主要的田野点，我将以它为村落共同体的代表，来揭示知识生产共同体与村落共同体的互动和前者对后者的影响。虽然我以一种开放的态度看待共同体这个概念，但这两种共同体还是有所区别的。毋庸讳言，村落共同体成员在地域、血缘、生计上有比知识生产共同体更稳固的联系，扩大的村落共同体或村际共同体（经济圈、婚姻圈和祭祀圈）也是这样。知识生产共同体的成员在地域、血缘、生计方面没有联系，它成立的前提是共同的领域、对象、学科以及能够共享的术语、信息。共同体成员交流的方式不局限于面对面的交流，即使相互未曾谋面，也可因闻其名或睹其文而获得交流，只要有特定的交流平台比如学术期刊和出版物。

九溪村知识生产共同体由“我们”和“他们”构成，这样的说法让我深切地感到自己思想和言说的无力。一方面，我在努力超越或拆解我们与他们之间的边界，重新划分、圈定新共同体的边界和范围，另一方面，在对这个共同体做出描述、分析时，仍不得不保留我们、他们这样的说法，无法彻底抹去我们与他们的区别，这是否意味着我的努力毫无意义，我提出的边界问题不是真问题？在字面上，“我们”就是一个共同体，而“他们”是另一个共同体，实际情况也往往是这样。但某些特定的情况下，比如这里所说的共同体，我们中的成员与他们中的成员会临时或阶段性地联结成一个新的共同体，也就是说出现我们—他们部分相交的共同体，其成员在地域、血缘、生计和学缘方面没有联系，但在利益上却建立了某种关联（从研究与被研究到荣辱与共，不仅是通常说的深厚情感，而且是某种真正的利益关系），也形成了某些共同的记忆、信息、观点甚至知识。九溪村某个人物的逝去或变故，不仅牵动着九溪村人的心，也牵动着我们中某些人的心，因为这个逝去的人带走的不仅是与九溪村有关的记忆，也带走了与我们—他们共同体有关的记忆。当我们与他们相会在这个人的葬礼上，或者当我们与他们偶遇，或者当我作为刚从九溪村他们那里来到安顺我们这里时，这个逝去的共同体成员就成为大家议论和缅怀的对象。

在我们这边，地方学者与外来学者、学院派与民间学者之间存在或显或隐的边界，专业与非专业、学术与非学术之间也存在专业学者所划定的边界。共同体中还有其他角色：民俗摄影师①、商人和官员，以及本来就不想

① 民俗摄影师以田野民俗为题材，他们甚至比田野研究者更早到达田野，并成为发现、传播某块田野的先行者和最大推手，图像更易于让普通民众了解、接受一个传说中与众不同的观光胜地。摄影师与田野研究者要么结伴同行，要么在田野中不期而遇并交流一些摄影心得或关于本地民俗的看法，要么成为同一块田野上的资源竞争者。由于学科视野、取材角度或对待民俗的不同看法，摄影师和研究者可能出现意见分歧比如摆拍与真实的冲突，甚至于知识产权的纠纷。

归属于共同体但实际上又脱离不了干系的“异端”和“邪说”。我研究的主题是知识生产，尽管商人、官员对知识生产有程度不同的影响，但不是描述的重点。分析知识生产与文化生态的关系，意味着关于知识生产的讨论最终会回落到村落共同体的层面来获得检验，但因为知识生产共同体与村落共同体在我们的研究是连通的，它们之间的信息、知识和利益是流通的，所以村落共同体的研究、发现也成为检验知识生产共同体讨论的一面镜子。这两个共同体重合、交错的关系切面就是我们要重点考察的知识生产所生产出来的村落文化生态。要说明的是，村落文化生态并不局限在村落内部，村落外我们共同体的变化也意味着村落文化生态的改变，所以村落的文化生态既在村内，又在村外。

可以对知识生产的共同体进行一个双关性的注释：一方面该共同体是以知识生产的名义命名的，也就是说我之所以将一群层次、地位、生存环境和文化背景各异的人聚合、圈定在这样一个以知识生产命名的共同体中，是出于知识生产所建立的种种关系；另一方面，该共同体也是在知识的目标下生产出来的。简言之，它是知识所生产的共同体。在前一种含义中，知识生产者是施动者，知识是被他们生产出来的。在后一种含义中，知识仿佛成了施动者，知识生产者（包括研究者、对象以及他们之间的关系）则因着知识生产或者说就是被知识本身所生产的。这种具有福柯色彩的含义能够在更大的背景中解释某些第一种含义无法解释的现象，也能带出更多深层的不仅为福柯认可也是布迪厄推重的权力、结构图式。

民族志呈现

民族志有三种呈现社会生活的方式：分门别类地呈现共同体的整体状况；按照不同的主题呈现共同体，以零散、独立的案例（各种形式的小故事、口述材料与生活简史或片断）来佐证不同的主题，也以不同的主题来选择、组织个案；通过相对完整、线索连贯的叙述尤其叙事来呈现共同体。对于这三种方式，我有个也许并不科学的比喻，第一种方式如同古埃及人的总体透视法，站在一个绝对的制高点俯瞰全局，呈现的各部分是并置关系，相互之间没有因果顺序，相对独立或者说作者并没有在各部分之间建立明确关联的意图与努力；第二种方式如同中国古人的散点透视法，视点游走于呈现的各部分，每个部分也许都较为精细，但没有一个核心聚焦点或者说一条贯穿始终的叙述线索（主题之间可能有等级、秩序，但那是一种逻辑的线索，而不是叙述线索，尤其不是叙事线索）；第三种方式则如同西方人的焦点透视法，聚焦于一件事甚或一个人，具有最为核心的逻辑线索与叙述线索，其他的线索、事件或人物均围绕主线展开，并以此获得自己的意义和存在的价值，整个呈现就像是一个大的、比散点透视法个案更为完整的个案，呈现的各部分之间的逻辑、叙述关系更为明确、清晰。

这三种呈现方式各有优劣，我个人更喜欢第三种，因为在叙述的精致、自由和深度方面它有更多的可能性。当然，这同时也意味着它可能会有“文胜于质”、逾越某种学术规范和广度上的不足——深度与广度的冲突也许是任何研究者在任何研究中都难以调和的，因为深度要求切入的力量、纯粹与广度造成的力量分散往往相反，深度与广度相互消解，所谓兼顾广度与深度到头来往往是顾此失彼，失却了深度所要求的纯粹。

我将以自己围绕九溪村的知识生产为主线进行叙述。我的遭遇部分地代表了整个共同体中“我们”其他人的遭遇。我怎么来，又怎样离去；带来了什么，又带走了什么；结识了谁；看见什么，听到什么，心里又作何想；以及如何经过从现实到文字的苦恼、抉择与思考，将这样一个文本呈现在你面前？

在关于“我”的叙述中，我遇见的共同体的不同人物将自然而然地跃然纸上。我的叙述不同于将对象、事件或故事肢解后，按照自己的研究目的和学科的写作格式重新进行的“装配改写”；我也不满足于这样一种取向，即所谓保持原态的“自然铭写”与忠实记录，使本来应该引人入胜的故事所具有的质性优势再次沦为枯燥、乏味的流水账和逐日堆砌的琐事记——也许，生活本来如此，因而缺乏画龙点睛、穿针引线之笔不足以成为不可原谅的错误。不过，我还是想在“自然铭写”与“装配改写”之间，在真正的艺术与科学之间寻求一种由相对精致的处理带来的均衡，使自己的叙述既有趣，又有可理解的深度与逻辑。我将呈现的共同体，既包括其中凸显出来的事与人，也包括这些事与人赖以存在的生活。我对问题的评议将被“编织”在叙述或叙事的进程中，成为一种“述评”，而非不食人间烟火的泛泛之论。

文献综述的困惑

“张力出现在讨论如何写文献综述……把文献综述作为结构框架还是作为一种理论和生活之间的对话，或者至少是理论和包含在研究中的生活故事的对话。”①

当边界与逾越边界的意图暴露出来时，一片比常规田野更大的“新大陆”及其上的问题、概念就暴露在学科面前。如何梳理脉络，进行文献综述和在学科共同体内与同行对话？

关于九溪村或屯堡研究的文献与有关知识生产反思的文献是我所要参考的，但二者似乎各自为政。有没有反思田野知识生产的文献？很少，并且角度与我不尽相同。就我目前孤陋寡闻的文献工作所及，尚未发现真正直接相关的文献甚至提问方式，因而回应与挑战，补充、验证与反驳于我而言就无从谈起。

在写作博士论文时，我的文献综述是硬着头皮完成的。可能是我研究能力低下，虽然读了不少书，但如过眼烟云，到用时还是恨少。我向来敬佩那些对于文献综述信手拈来的高手，不过我也相信其中做过中药铺式卡片的工作者毕竟是少数。对于不是踏实的卡片工作者却又能胜任文献综述者，我只能叹服他的过人的才气。

文献综述为何？如果仅仅是为了显示自己读过多少书，那肯定是幼稚的表现，叔本华说的“他人思想的跑马场”，它的危害至多是引人一笑而已。危害大的文献综述恰恰是看起来漂亮的那种，行云流水，站在似乎保卫共同体秩序、捍卫真理的立场上，振振有词地许下很多关于继承与超越、对话与交锋令人眼花缭乱的诺言。也许真正理解了被综述者的意图，也许只是自

① 克兰迪宁、康纳利：《叙事探究：质的研究中的经验和故事》，张园译，北京大学出版社2008年版，第45页。

以为理解被综述者的意图，鱼龙混杂，到头来并没有捍卫真理而只是保卫了共同体（甚至这个共同体也只是综述者“想象的共同体”）。那些天花乱坠的承诺在后来该兑现的时候和地方没了踪影，不知是被忘记了，抑或被其他原先没有、临时油然而生的承诺所抵消（就像一个债务缠身者通过连环借贷的方式来苟延残喘），或者用一些文不对题的东西来蒙混过关。胡塞尔总是对学生说他要的是能够兑现的“零票”。在一次博士论文答辩会上我听到一位评审人说“你给我的感觉是要去攻城，但始终没有攻进去，一直在城外摇旗呐喊，到头来城里有什么我们还是不知道”。

好的文献综述首先不是为综述而综述（不幸的是，许多综述都难逃其咎。我自己也是这样），前面谈的就是这类情况及其动机。其次，也不应该让自己的研究“正文”服务于综述，通过综述形成自己的问题，并不意味着自己的问题完全来自综述。自己的问题只能来自自己的研究，对于人类学而言尤其如此。问题应该在田野、理论的循环往复尤其与田野遭遇甚至偶遇、不期而遇中生成。真正值得你去综述的理论也是这样生成的，别人的田野与理论怎么会与你的相同，况且他又怎么能在自己的研究中预见到你将面对的田野、对象和问题呢？什么都能借鉴，就是真问题不能借鉴。研究服务于综述，是从一开始就妄图以自己尚未开始、处于许诺状态的研究、资料去证实、证伪、补充、衍生、反驳他人在别处以与你不同的研究方式得出的结论。倒过来才对！让综述服务于你的“正文”，问题是你的，田野是你的，资料也是你的，你借鉴的只是别人的思想方法和术语工具，关键是，你的借鉴来自你所发现的问题，你的经历和这种经历换来的材料。是研究的需要而不是研究的炫耀促使你去借鉴，在这种借鉴中也才会产生真正的即便不能形成对话也对学科发展有意义的问题，从而文献综述对你的研究才具有意义。这便是综述服务于研究的意思。所以，文献综述虽然出现在文本的开头，但实际它的位置应该在“中间”，在你的田野与你的学科背景“之间”。你在田野与学科之间循环往复带出的不仅是你自己的问题，也是你自己的文献综述。不管文献综述在研究的何处，可以肯定，它不在开头。文献综述的起点和终点，都是“我需要什么‘支援’”。

许多时候，人们在打别人耳光（反思别人）时，也打了自己的耳光（对反思别人的反思)，就像布迪厄说的“飞去来器效应”或“镜子效应”——“我们提出的某个字眼都有可能反过来针对讲出它的那个人”[①]。我上面说的这些是否也属于攻城的花枪呢？是否也是到时无法兑现的承诺呢？

① 布迪厄:《科学之科学与反观性》，陈圣生、涂释文、梁亚红等译，广西师范大学出版社2006年版，第10页。

附录一 “安顺地戏”申报第一批国家级非物质文化遗产代表作材料摘录

地戏，俗称“跳神”，是屯堡人独有的一种头戴木刻假面的民间戏剧，其由来与屯堡人的生存选择有关。据《续修安顺府志》记载：“当草莱开辟之后，人民习于安逸，积之既久，武事渐废，太平岂能长保？识者忧之，于是乃有跳神戏之举。借以演习武事，不使生疏，含有寓兵于农之深意。”

安顺地戏演出以村寨为演出单位，演员是地道的农民。一般一个村寨一堂戏，演员二三十人，由“神头”负责。演出时间为每年的新春佳节和农历七月稻谷扬花时节。成年与土地打交道的农民为了祈盼一年的辛劳获得丰收，为了来年风调雨顺村寨平安，以大姓为主体的农民戏班在寨中空地围场跳起了地戏。届时，全村男女老少兴高采烈围场观看。娱神与娱人相得益彰。

安顺地戏是古老的戏剧，其显著特点是演出时“跳神者首蒙青巾，腰围战裙，戴假面于额前，手执戈矛刀戟之属，随口而唱，应声而舞”（《续修安顺府志》）。其唱，是七言和十言韵文说唱，在一锣一鼓伴奏下，一人领唱众人伴和，有弋阳老腔余韵；其舞，是表现争战格斗的打杀。所演的三十来部大书，是屯堡人喜爱的薛家将、杨家将、岳家将、狄家将、三国英雄、瓦岗好汉。内容单一，只有金戈铁马的征战故事，没有才子佳人戏、清官公案戏、绿林反叛戏、怪诞神话剧，只有赞美忠义、颂扬报国的忠臣良将戏。反映的时代上至商周，下至明朝。

安顺地戏的演出程序一般分为“开箱”、“请神”、“顶神”、“扫开场”、“跳神”、“扫收场”、“封箱”等。其中的“跳神”是正式演出，又分为“设朝”、

“下战表”、“出兵”、“回朝”。其余部分是带有驱邪纳吉成分的傩戏活动。由于屯堡人的神灵观，更给地戏赋予“傩愿”的性质，村民还会在建房求财、祈福求子的时候请地戏队中的“神灵”（如关羽、佘太君等）去进行“开财门”、“送太子”等活动。

安顺地戏的独特性和唯一性广受海内外人士关注，曾造访法国、西班牙、韩国、日本、新加坡，多次到香港、台湾、北京、上海演出，深受欢迎，被誉为“中国戏剧活化石”、“中国戏剧历史博物馆”，是研究戏剧发生学、人类学、宗教学、民俗学、美学、历史学、语言学等学科的活材料。随着时代的发展和科技的进步，人们的思维观念也开始发生变化。在多元型现代文化的冲击下，地戏在逐渐萎缩，演员年龄偏大且队伍人数逐年减少。很多有地戏队的村寨已停锣息鼓多年没有演出，如此下去，令人担忧，保护这一在中国戏剧史上具有戏剧转型活资料价值的古老剧种，已到刻不容缓之期。

附录二　用民族志方法书写非物质文化遗产——在作为知识生产的场所的村落关于写文化的对话[①]

这个对话围绕的主旨是如何在村落、如何在当下书写以非物质文化遗产为关怀的民族志。这种民族志所要求的田野作业必须正视知识生产的在场，把乡村设定为村民、知识分子和国家发生持续互动的舞台。

李立选择贵州省屯堡村落做一项非物质文化遗产的民族志研究。在他来田野地点之前，已经有多批学者在当地做过蹲点调查，也有一些著作已经出版了。政府部门在学者的配合下把当地的“跳神”先是界定为“地戏”，近年又命名为国家级非物质文化遗产代表作。村民在这个过程中也学到了很多知识，接受了一些外部传入的名词。在这里，是以单向的主体和客体的关系模式做一个单纯的遗产项目的民族志，还是以多主体互动关系模式做一个把遗产项目与它成为遗产的社会关系和社会过程包含其中的复杂民族志，是一个值得探讨的问题。这里整理的对话就是李立（李）与合作导师高丙中（高）围绕这个议题所进行的多次讨论。

一、民族志书写

李：高老师，您好！我注意到最近一段时间以来，您很强调民族志书写的问题。您说中国需要大量的民族志来呈现我们时代的风貌、我们社会的

① 本对话发表于《西北民族研究》2009年第3期。

景观。

高：我觉得，人类学发展到你们这代人，要着力于“做”，做人类学，而不再是学习人类学的那些基本知识。人类学还真是“做”出来的，“做”，首先就要落实到民族志上。中文的人类学是什么水平，要看民族志有多少，民族志的文本有多复杂，有多丰富，有多少智慧含量，这才是体现你这个国家有没有学术的所在，还不仅是人类学本身的问题。你们这一拨人确实都在做人类学，而不是学人类学，或谈人类学。很多人是在谈人类学。还有人在用人类学，他不做，但他用人类学的东西做其他的事。我想再过十年左右，中国人类学应该有一个不错的格局，就是“做”了最基本的民族志工作的格局。

李：您在商务印书馆主编的那套《汉译人类学名著丛书》，精选了西方人类学史上经典的民族志文本，何以一直延续到后现代倾向的作品？

高：西方民族志有自己的规范，它的规范有它形成的过程。早先有一大堆人在写人类学的东西，但不是现在这个写法。之前的民族志奠定了一种基本方法，它认为它做的是科学的民族志。至于哪些方面可以称为科学，它自认为已经讲得很清楚，但别人又认为这恰恰不能被称为科学，于是有了批评、反思和重新定位。

李：我发现在一些人类学的论文中，“反思”、“后现代”会被嗤之以鼻，认为这不符合中国人类学的现状。这是为什么？

高：与“现代”或“现代性”所诉求的相比，“后现代”是一种更复杂的思想过程，文本也更复杂，这没有什么可质疑的！学术要看智慧的含量，学术从来没有什么永恒不变的规矩、规范，那些称为规范的东西不过是为训练学生而制定的，要做出好的研究，哪里是什么规矩的问题！你做了比别人更好的东西，显出大智慧，就是一部大作。现在我们就是处在后现代的知识氛围，对后现代的东西置之不理，不以为然，而是去做一个前后现代的东西，这是不可能的事。方法的正当性和知识的正当性全都有问题，不面对不行的。

李：前段时间看了您主编的“汉译人类学名著”中的《摩洛哥田野作业反思》和《纳文》两本。第一本已经看完了，后一本看了一部分。

高：《纳文》的叙述很有启发——怎样叙事，怎样陈述自己的观点，怎样改进方法。在中国的语境中，这些是我们可以借鉴的。把对象研究出来了，把知识生产的过程也交代了。它的方法的自觉、学术范式的自觉就是它的价值。你可以此为基础。

李：有的人似乎还没有意识到您所说的这些。

高：因为他们没有你这样的机缘巧合。其实对一本书的感觉，就像男女交往一样，它是你的对象，是你的唯一，也是你的世界。如果在茫茫人海中你们擦肩而过，也就跟不存在一样。比如在你研究屯堡之前，已经有很多人到过屯堡，写过屯堡，许多人可能把这看作缺点，看作研究的阻力，认为别人从各个方面做过了，我很难做出新意。我们认为，被人做过，我再来做，这恰恰是我的另一种机会，意义只对有这种方法论追求的人存在，对那些没有方法论追求的人来说，就觉得你第一个来，你说什么都是新鲜的、有价值的，今天我来，你所说的什么都是说过的，就没劲了。如果我重新在一个新的方法论上来做研究，甚至正因为你做了，我才能显示出我做的东西不一样，如果你没做过，我怎么显示我做的不一样呢？如果你都没做过，我怎么显示我所做的是在一个复杂的范式上所做的呢？正是因为你在这种背景下，《纳文》和《摩洛哥田野作业反思》的文体才会对你有真的帮助。这个时候，你才特别能接受这样的书。

二、非物质文化遗产研究的民族志意义

李：您的那个课题要研究、考察非物质文化遗产的文化生态。作为课题组成员之一，我去贵州安顺九溪村考察那里的国家级非物质文化遗产“地戏”。“地戏”是一个很重要的概念。不过，他们现在更关注“屯堡文化”这个概念。地戏在上个世纪 80 年代已经兴起，而“屯堡文化”的概念要晚一些，它是省级非物质文化遗产。现在，大家都在讨论“屯堡文化”。地戏被“封进”非物质文化遗产名录中，盖棺定论，大家就不大重视它了。

高：早先有些学者去，说地戏是“中国戏曲的活化石”，通过很专业的角度来看它的意义。但那是学者自己的东西，怎么跟他人的生活联系起来？是什么让它们联系起来？因为你作为知识分子是把特殊群体的东西转换成

你个人的，把个人的东西转换成集体的东西与他人的东西。我在《文艺研究》发表了篇文章《作为公共文化的非物质文化遗产》[1]，你琢磨一下，很有意思，很可以发挥的。文化本是私人持有的，它是你的，不是我的，怎么最后一个私人持有的东西就成大家的东西了，说这是我们屯堡的，这是我们贵州的，这是我们中国的。其实通过知识生产，文化的归属、认同就出来了，它的共同体就形成了。一碗稀饭，你吃了别人就吃不了，可文化是这样的：他说“是我的”，如果你们这么多人也都说它是你们的，那么，它的价值反而变高了，持有者也没吃亏！这东西本来不被你们意识到是你们的，但你们现在说是你们的，后果就是社会被这样构成了，知识在其间产生了作用。

李：在村子里，我遇到了一位“田野战友”。我俩在研究方法上不尽相同。《屯堡乡民社会》[2]把九溪村的人分为精英、大众、边缘三类，呈纺锤形。他们接触的主要是村内的精英。我第一次也住在精英家，是当地师专的老师引荐的。但后来发现，住在那里有一些问题。精英很忙，他所提供的信息很多在《屯堡乡民社会》中可以找到。第二次，我换到一个以做糖为业的老人家中住。这个老人对地戏戏谱倒背如流。从第二次开始，我与大众接触比较多，与他们相处很融洽。接触到更多的村民，为我的研究打开了新视野。我发现对于地戏来说，一个很重要的问题就是它的生态已经被打乱了。过去，它一年只跳两次，每次要跳完一个完整的本子，时间跨度很长。现在，跳的时间变得随意，跳的内容也只是截取最热闹的片断，成为旅游展演的一部分。我在那里时，村里来过好几拨人，有香港的、日本的。还有一次，是来拍广告片的，村民都被动员起来，在广场上协助表演。外面参与得越多，地戏越没落，这是我最初的印象。

高：我们去村落做民族志研究，归根结底是要理解他们。看了地戏，你理解它是一种本事。不看地戏，你能理解它也是一种本事。看地戏和看别的东西，结合起来能理解它也是一种本事。所有东西全只是媒介。这根本是一个随意、随机、无意、偶然的组合，并不要求研究者特别要做什么，绝对

① 高丙中：《作为公共文化的非物质文化遗产》，《文艺研究》2008 年第 2 期。

② 孙兆霞等：《屯堡乡民社会》，社会科学文献出版社 2005 年版。

不做什么。如何才算理解了？我说我理解你没有用，而是要把理解表述出来，表述出来后这个理解成为有意义的，有学术意义、社会意义的。学术就是这样，理解是第一步，我把理解表述出来，产生了学术的价值。比如你说一个社会是这样的，其他人没有说过，这便增加了社会的新知。社会意义方面，比如我们谈论一群人没有道理地被排斥的现象，我们说这是不公平的，或者说一群人因处在权力的某个层面而付出了什么代价，引起社会的某些后果，唤起社会要做什么、要放弃什么或改变什么的诉求，等等，这样就产生了社会意义。经验研究必须是与社会相"合"的，为什么强调理解？因为我已经是"合"的，我的知识才可信。为什么不像小说那样根据想象来编一个新的模式、范式呢？为什么要根据一群人来写呢？经验研究必须有经验支撑，是存在过的，是事实，所以一定要证明我是基于事实达成理解的。

刚才你讲到地戏，有些人看地戏表演，看演员们走来走去，面具五花八门，其实只看到了有一个仪式活动，一群专门跳这个的专业或准专业队伍，只看到一个文化模式。其实，单独看这些东西，你根本没办法理解老百姓的生活。它只是文化的一个环节，要放进整体中才能理解。关键问题是他们把它放在哪个位置呢？当然，经过界定，在很专业的领域，它是有价值的，比如在纯粹的戏曲领域，那是有学术价值的，被称作"戏曲活化石"，等等。但社会意义呢？你对老百姓说这是"活化石"，关老百姓什么事，老百姓有义务帮你保存"活化石"吗？你给他钱吗？你养不养他呀？这对他们就没有社会意义，就是为你们保留了一个学术价值。当然，这个话要看什么时候讲，为什么前些年要说这是有意义的？因为如果不这么说，就会被赶尽杀绝，就不会让它们存在。"活化石"对知识分子的学术有用，所以它应该保留，最起码不要赶尽杀绝，还要传承下去，间接地为村民提供了一个存在的正当性和保留的理由，间接地进行了这种认证。社会意义是衍生出来的，而不是直接论证的。你做一个转换的方式，让你的知识生产产生社会意义，就是说现在再来看，你还做这种研究，它的社会意义何在呢？如果要顺着这样回答，为什么？哦！现在国家要保护非物质文化遗产，它是非物质文化遗产，所以……当然这也可以说有意义，是学术意义，但这不是那种根子上的，不是大的关怀，不是能显示更复杂的智慧的意义。我们要在某个地方建立一种新的联结,而不是很随意的,不需要动脑子的。别人进一个村,你进另一个村,别人写萨满,你写地戏,这种学问做不做,多一个少一个,有什么区别?

李:您说的是不是这样三层意义?第一,它是经验研究,不同于小说虚构,必须要到那里。第二,涉及研究意义,学术上的,对学科的意义包括民族志的表述方法,等等。第三,那些人也有朴实之处,有时我也会反省,我研究完后走了,能带给他们什么?当然,我在那里也尽量帮助他们,拍照,帮他们洗照片,但他们真正需要的东西,很多我都不能做到,就是您所说的社会意义。

高:经验研究有很多微妙的方面,以前我们没有认真谈过。为什么要强调规范?是为了满足它的要求。社会意义有两个层次。你在那个地方,社会成员中增加了你,你给别人带来的是欢乐,还是美好的记忆,还是人生中视野的开阔?你是增加了他的东西还是限制了他的可能?这是最基本的。另外一个可能性,他知道在北京或昆明有一个自己说得上话的人,自己如果对他有什么请求,他会关照自己、帮助自己,最起码给自己提供一些信息,对他来说这是很实在的方面。

还有一个层次是知识生产中知识的社会意义,知识成果、呈现方式的社会意义,你要把这个考虑进去。为什么你关心这个问题,而不关心那个问题?为什么你从这个层面,而不从那个层面?因为你觉得你的这种知识呈现的社会意义不一样,你看重的是这个,而不是那个。前面你说的是日常生活、调查期间给别人、那个社区、那个社会、参与者带来的后果,这是一个学术伦理的问题,是道德不道德的问题。而后者是学术智慧的问题,是聪明不聪明的问题。田野中的伦理问题很复杂,有时候学者就是"剥削",他只是要资料,要攫取。

李:是啊!确实是一种"剥削",带有目的性。但其间也有真情实感。

高:你当然有目的,他跟你交往也有目的。拉比诺的《摩洛哥田野作业反思》中阿里跟拉比诺交往,要他带自己去哪里,也都是要用他,一样的。他用你时,你尊重他的"用",你要用他时,你尊重他的"用"。他不质疑你,是因为你是知识分子,他没有能力、没有武器质疑你,你质疑他,说:"你小子就想利用我，我看穿你了。”这就属于不讲道理。你利用别人可以，别人利用你就不行了。当然也可以谈判什么的。当别人利用到你时，你能够善意地理解，也能够在力所能及的情况下配合，就像你希望你做调查时别人配合你一样，这是对等的。

李：能不能再谈一下刚才您说的知识生产所呈现的社会意义？

高：你需要最后写出一个东西来，这个东西就是知识生产的最后呈现方式，是一个文本、一些图片、一部电影，是要给一定范围的受众看的，看完之后会产生社会后果。这个后果是你先知道，先有预期的，你就按预期来打造。人做事情就是因为你先知道有这个后果，尽管它的后果并不尽然如你的预期，但程序是假设你先知道后果，你才做这个事。当然，歪打正着的后果，经常也有这样的事，那就看你的判断能力。

李：您的这两个“社会意义”解除了我对自己工作意义的困惑。

三、民族志的知识生产

高：不同阶段的知识生产，结果是不一样的。博士生由于阅历、经验以及文本规范等各方面的局限，他主要考虑的还是怎样做一个中规中矩的东西。虽然他抱着做一个好东西的理想，最后的产品可能还是一个中规中矩的东西。这也不错了。过了这个阶段，就要考虑怎样做一个有超前的预见、立得住的精品。二者的欲求是不一样的。

李：我这次去的九溪村有一个特点，就是学界的介入比较多。它不是学术的处女地，已经被开垦、精耕细作过很多遍。围绕这个村落甚至可以勾勒出一个小小的“学术共同体”。这与我原来去的四川藏区那个村很不同，那里几乎没有学界的影响，这是二者最大的差异。我想，九溪村的这一特点，也代表了许多像它一样以非物质文化遗产或其他事象而闻名的村落共同体的文化生态。但我发现绝大多数研究者的目光关注的是对象如何，包括政府、村民、市场等等。在对这个村落研究时，我该不该把围绕它的知识生产作为重点来探讨？

高：你的这个例子、这个角度正好说明，人类学者现在要研究一个纯粹的对象是不可能了，根本就没有一个纯的东西了，所有的社会都被笼罩在现代、后现代所纠结的氛围、观念里面，被完全置入了被知识建构的层层累叠的社会、人心之中。在知识体系之外，不可能另有一个社会存在，在现代表述体系、媒介体系之外不可能另有一个社会存在，必须客观地去观照它、研究它。你原来去的那个藏族村子有没有这样的时代特点呢？这不是只看它后来有没有人继续去做调查，而是说它还是会以别的方式置入现代里面：他们的孩子也上学，他们也与外界有信息交流……只不过你不从这个角度去看待而已。当然，我们选择研究角度还是要考虑它的典型程度更偏向哪一方面。

但是好多人的做法却未能抓住每个村落的特质，例如一些人去九溪，可能也按你原来做藏族那个村落的方式去做，可是更能体现今天来做田野、做知识呈现的方式恰恰是我们后面谈到的那种角度。学者一遍遍地往这个地方跑，这个地方已被一遍遍地表述，这个表述当地人也会略有所知，后来的调查者也会看到前辈的文本、报告。所有的这些个人、社区都处在一种饱和、厚重的知识的包裹之下，这样一个观念在你那个藏族村落不能很好地体现，按照一些人做九溪的方式也不能体现这个特点。

我们现在讨论的这个角度，真正地体现了我们做的民族志恰恰是在一种很复杂的知识关系之中，这个地方的存在和呈现方式都处在一种复杂的知识交织之中。你作为一个知识生产的主体在活动，我作为一个知识生产的主体在活动，我们在互动，一起在与当地互动，是这样一种复杂的关系，这体现了当下时代整个知识生产的方式。以这样的角度和认识来做这个地方，才能做出很好的个案。那种假设还存在一种前现代的田野，或者现代是发生在别人那里，没在我这里的一种对时代的设定与现实相隔太遥远。他的假设就跟他对社会的判断不一样，他假设的就是一个很单纯的东西，把其他的可能性都堵死了，怎么可能做出一个复杂的东西？在人类学里，你作一个原始社会的假定和作一个现代生活的假定，看到的东西就不一样。虽然物、事、景你都看到了，但不会往脑子里去，基本上熟视无睹，就是这样。有这个观念你才会凝视它，没有这个观念你就不会凝视它。只有在这样的假定中做的民族志才真正是这个时代的民族志，是这个时代知识氛围中产生的东西。

李:是呀!以我的体会来讲,一方面,之前的人对村民的影响的痕迹我无法摆脱,他们的研究成果我也不能漠视,要么超越、要么吸取。总之,他们会对我造成一种影响。在我之后进入村子的研究者,他们的情况与我不会有太大的差异。

高:别的学者去过,你不能假设这些人没有去过,自己在一个纯粹的认知的起点上跟对象发生关系。实际上,他们原来已经建立过很多的支点。你必须梳理和这些支点的关系后,才能找到你的支点。他们和那些人打交道之后,你不能假设他们之间的访谈、构成的议题对他们没有影响,或影响可以忽略不计。恰恰是他们打交道后,有些人慢慢被筛选出来,因为他们的名字会出现在那儿,大家会自然把你引到他那儿,说因为他已经上过书、上过报了,这路径就形成了。以前的人问过这些人一些问题,他可能会揣摩怎样说可能更受你们的重视,对你们来说更有意义,他已经形成套路了。所有的这些恰恰说明现代甚至后现代的状态,今天我们已经没有办法再做一个纯粹主体与纯粹客体相互发生认知的这种知识生产关系。就像说当今没有一个物是纯粹物,它都包裹着各种各样既定的现成的观念,我们没有办法从一张白纸开始,所有的东西都已经在历史积累的尘埃当中了。就像今天的孩子,他一出生就已经吸着被汽车污染的空气,可我们还假设这孩子生下来面对的是一个清净无染的世界。

你做民族志研究,你要交代你知识生产的关系,这是中国人和中国学界特别需要在一个个案中呈现出的。这种观点在西文文献中已经有了,但是要让我们整个学界能够感受到,我们确实处在这个之中,需要你给我们这样的例子,让我们看到我们如何在此之中,把这个呈现出来。这样你整个的研究目的不仅是对一个特定领域有价值,还对整个中国学界的方法论的讨论和知识生产的复杂性提供了平台。我们是在认知到知识生产的复杂性情况下进行学术研究,还是在天真地假设天真的学者和单纯的对象这样的前提下做学术,这是完全不一样的起点和背景。如果你通过自己的专门研究把这一点也能包括进去,也是你整个研究的一部分,或者你在方法论上达到的新的高度,不管你的研究是否成功,这个意义是毫无疑问的。

李:我有一个担心,写知识生产者会不会触犯某些学术禁忌?那些作者与我私交很好。

高:追求新知、追求学问是没有禁区的。这个勇气都没有,那还做什么学问?当然,可以注意处理的技术性、技巧性。做笔记时是原始记录,正式写作时你不写他的名字就是了。再说,写他说过什么有何不妥?我们写村民谁和谁结婚、谁和谁有婚外情、谁和谁有矛盾,什么都可以,怎么到写学者在那里怎样活动就成禁忌了?

李:就知识生产层层累叠的新机制方面,这块田野应该是个不错的范本。

高:你最后的报告可以分两个问题来写。首先,应呈现这样一群人,他们是持有非物质文化遗产的村民,他们的日常生活、他们生活中文化的维度在哪些方面能够展现出来,这是基本的。其次,你呈现的方式以及你的反思,就是关于民族志知识生产的内容,将二者糅合在一起。你对知识生产的反思可能也就七八万字,前面的民族志采用一种古典的写法,但这种古典不是在你对知识生产复杂性和后现代的无知的情况下的古典,你是对它很清楚之后再写,那完全不一样。或者写成两个独立的文本,这要看你自己的选择。

我想应该化繁复为简约,那种简约才是高品。亿万富翁吃,小菜、咸菜就可以是高品。你根本不知道繁复,只知道简约,你穷人吃小菜,那太正常不过了,不就是小菜吗?所以说我知道复杂,我再做一个古典的做法,不懂行的人一看就是古典的做法。懂行的人发现,无一处不透着反思,带着复杂的思维在里面,只不过我没有几句话把它写出来,但全包含在里面。这合着一种自由度和可能性。这你得练出来。接着再做一个关于对民族志在当下的很复杂的知识生产过程的反思的东西,体现复杂的知识传递关系,复杂的观念交织,其中可能有冲突,也可能没有。表述时注意有所选择、侧重,该浓墨重彩时就浓墨重彩,该淡时就淡,最终会海天一色,相得益彰。

知识生产是相对于共同体的知识生产,如果没有共同体,没有共同体的知识需求,干吗养这些人,发工资给他们什么的?完全没有必要,我们中国有一个时期就有人是这么认为的。一帮人在那儿闲着,养这么些人没有用,都给我生产去，我们真正需要的是粮食。后来队伍慢慢庞大起来，形成了共同体，作用才产生的。怎样让文化构成社会，这是社会理论的基本问题。一个社会何以可能？靠文化可能。靠什么文化？怎么可能？不管什么研究，都是在回答这个问题，直接间接地在解决这个问题，要不然它没有必要是一个共同体。

李：您关于范庄龙牌会的研究对我很有启发。您提到"参与观察"，也可以"观察参与"，并说您的思路很想做更大、更有延续性的东西，那篇文章只是抛砖引玉①。龙牌会的范庄与我住的九溪村很类似，只是规模可能更大。

高：我从1996年以来持续跟踪河北范庄龙牌会的发展。龙牌会的符号本来是与社会的意识形态相冲突的，这群人与社会也是格格不入的，是被排挤与否定的，但是经过运作，全部的关系都理顺了，原来的二元对立全部被实践过程所超越了。其实，不管你做什么研究都是研究共同体。你看原来我们是区分的，农民是农民，知识分子是知识分子，政府是政府，各归各的。但现在，经过多年持续互动的过程，各方都深深地搅在一起了，让我们在细部看到了"当代社会"是如何发生的。当代社会的基本力量就是普通民众、知识分子专业队伍与政府，有时会视讨论的议题还要加上经济领域的机构（营利部门）。我们通过这个例子看社会如何可能，看当下的社会如何可能。其实其他研究也是一样，比如社会学做犯罪、越轨、自杀的研究，如果有人自杀，表明这个社会有环节缺失了，那么多人自杀就表明社会漏洞太多了，也是从反面来研究社会如何遇到了挑战、危机，都是在回答社会何以可能这个基本的问题。你也是用你的例子来回答这个问题，当然主要是从文化上来回答。

一个议题能够被大社会所注意当然是优点，但是过后呢？注意是短暂的，要想真正有长期的影响，还是需要学术的维度。其实，做学问就难在做什么和怎么做两个环节。

① 参见高丙中：《知识分子、民间与一个寺庙博物馆的诞生》，《民间文化论坛》2004年第3期。

李:我想把它集中在知识生产和主体与对象的互动上,主要是包括我在内的以往和现在的学者登场和村庄发生的关系。

高:这是一个辅助的和作为方法论支撑的研究,但同时你还是要研究一个具体的东西,比如地戏,比如屯堡文化,比如非物质文化遗产怎样被越来越多的人接受、欣赏,等等,并阐发它的意义。为什么要阐发意义,是因为要那些人主动地把它连起来,因为他们没有注意到那个东西,只有你阐发了它的意义,那些人才会因接受这个意义而接受那个东西,它起这样一个作用。

李:它是一个载体,靠它做载体来呈现您所说的知识生产的过程。我在那里除了和村民交流外,还和一些地方学者交往,发现他们之间存在各种分歧。

高:社会就是这样。知识生产是社会中的知识生产,而不是社会外的知识生产,把社会剥离开的知识生产。

李:如何找一些关键的术语来描述现在这种知识生产状态,这也是我苦恼的问题。

高:你有一个复杂的方法论的自我意识作为起点,接下来要讨论的问题就是具体研究什么,用什么概念来研究。这是下一步的问题,需要你自己反复琢磨。

附录三 读《在文明与乡野之间》[1]

《在文明与乡野之间——贵州屯堡礼俗生活与历史感的人类学考察》一书的作者张原先于我来到九溪村，从历史人类学的角度考察村落并撰写他的博士论文。以下是我读过该书后所写的文字。

对于中国这样具有发达历史传统的社会而言，“无时间”或“无历史”是不可想象的。所谓历史传统，不仅指书写历史的传统（史学经典），也指以不同于一般史学的方式保存历史的传统（历史记忆）。植根于西方语境的人类学，当它的对象从非洲大陆或大洋洲的岛屿切换到中国这样的复杂社会时，最初设计的研究方案迟早会暴露出它的局限，“无时间”即是该局限的表现之一。即便在人类学对象的发源地，对象世界也有自己不同于西方世界的时间刻度。已经有不少学者讨论过这一点，比如费边（Fabian）、萨林斯（Sahlins），甚至与马林诺夫斯基同代的里弗斯（Rivers）。在此背景下，对20世纪30年代以来视村落为封闭的研究单位的民族志做法加以质疑是正当的，或者说是一种呼之欲出的态度。

《在文明与乡野之间》是一部“历史民族志”。准确说，是一部采取历史人类学立场来思考和书写的民族志。它负载着强烈的使命感和厚重的问题意识，这种意识尤其来自、也针对着被许多研究者付之阙如的地方历史或历

① 参见张原：《在文明与乡野之间——贵州屯堡礼俗生活与历史感的人类学考察》，民族出版社2008年版。

史感。[1] 对问题的解答，则基于围绕一个村落展开的历时性"深描"和历史性叙事。

可以分两个层次来理解这部民族志：其一，它怀有什么样的学术抱负？如果把这种抱负初步归纳为历史人类学的诉求，那么，其二，它是怎样在民族志中被实现的？那些丰富的民族志材料是如何以历史人类学的方式被组织和解释，并最终支持历史人类学结论的？解读的顺序可能与作者思考、书写的顺序正好相反，因为作者的历史人类学立场来自在当地长期的民族志研究和体验，或者说是在理论反思与田野作业的持续互动中形成的。

选择屯堡村落进行历史人类学研究应该是比较恰当的，因为那里处于明代以降连接中原与边疆的文明通道上，不管屯堡的历史是否延续了600年，也无论屯堡的史料如何碎片化[2]，充满断裂、空白和改写，屯堡地区有其相对统一的文化面相乃至精神，有其曾经演绎并被正在进行的追忆所强化的历史记忆。当地人好古，也好讲古，研究屯堡的学界前辈也往往从历史的角度入手和收手。屯堡正是历史人类学可以开花结果之地。

无论文明、历史，抑或历史感，要结合进人类学、民族志，突破人类学与历史学既往形成的学科理论和方法边界，其关键在于使区域文明史与社区研究血脉相连，而不是史料与当下生活以"两张皮"的方式粘连在一起。

一、消解"乡村中心主义"，打通古今之"道"

开宗明义，张原指出长期以来中国人类学界村落研究的缺陷：缺乏对"文明"的关注、以村落为研究单位的"乡村中心主义"、悬搁"内外"关联和"上下"互动、"民间"的纯粹化[3]。由于上述缺陷恰恰是20世纪30年代以降中国人类学乡村研究的特征，这种特征的形成是基于经派克引入的社区

① 也许，在作者看来，地方历史这一说法并不准确，因为地方与国家的二元对立正是他力图消解的。

② 参见朱伟华等：《建构与生成——屯堡文化及地戏形态研究》，广西师范大学出版社2008年版，第222页。

③ 参见张原：《在文明与乡野之间》，"前言"，第1页。

概念和布朗提倡的以村落为中国研究的单位的理念，也以诸如《江村经济》、《云南三村》、《义序的宗族研究》、《金翼》、《芒市边民的摆》、《祖荫下》等民族志①为其标志性经典，所以张原的反思就直指社区研究、人类学的中国研究及它们的呈现物——民族志——因为民族志的研究单位往往就是封闭时空中的村落社区②。

张原赞同王铭铭的观点，"我们的研究似乎跳进了'乡村中心主义'的泥潭中无法自拔，最终沦为一种'抽象的东西方文化比较的村庄民族志表述'"③，希望以自己的民族志为个案将人类学的中国研究从"乡村中心主义"和过于简单化的"村庄民族志"的泥潭中挽救出来，或者最起码能证明另一种研究路径的存在与合法性，但也深知以民族志的方式来探究一个村落的"礼乐文明"有违通常民族志的构想，可能遭致的诟病之一是"政治不正确"，即鼓吹"帝国教化"、宣扬"封建礼教"、提倡"文化殖民"。之所以挺身涉险，实在出于对当地人"历史感"所显现出来的"历史"及其与他们的日常生活之关联有来自民族志经验的切身体察④。

---

① 像《金翼》这样的民族志并非没有丝毫"历史感"，但它的时间跨度尚不足以达到"历史"一词所指的层面。囿于功能主义的藩篱，金翼黄村的故事主要、也能够在村落内部获得呈现和解释。《江村经济》等民族志亦如此。

② 功能主义人类学之所以"去时间"、"非历史"有其深刻的思想根源。亚当斯指出，"人类学功能主义与早期的英国哲学传统的关联在于社会与个人关系上的功能主义观念，在这个关系中，彼此都有义务维系对方的存在。这种观念认为历史与此无关，因为社会形态（包括国家的结构）是由实用的和当前的需要所决定，而不是由传统的惯性所决定"（见亚当斯：《人类学的哲学之根》，黄剑波、李文建译，广西师范大学出版社 2006 年版，第 329 页）。这种英国哲学传统就是边沁等人的功利主义。功利主义对待历史的态度是什么？"功利主义哲学是完全反历史的。它没有提供人类过去发展的蓝本，而是单单关注于未来的希望。"（同前，第 325 页）20 世纪 30 年代进入中国的人类学，其主导是功能主义，而功能主义隐藏的功利主义立场正暗合当时知识界"批判传统、改造社会、创造未来、谋求福利"的迫切需要。从这样的角度，我们才能解释功能主义人类学之所以"非历史"和当时产生的功能主义民族志之所以"无时间"，也才能解释为什么同样是研究九溪村的《屯堡乡民社会》（孙兆霞等，社会科学文献出版社 2005 年版）会出现张原指出的缺陷，即关注村民自治和经济发展，忽视社会生活的文化内涵和历史脉络（张原：《在文明与乡野之间》，第 14—16 页）。

③ 张原：《在文明与乡野之间》，第 6 页。

④ 参见张原：《在文明与乡野之间》，第 4 页。

张原的疑问是，乡村没有文明吗？没有历史吗？近代中国知识分子对乡村动的“手术”是以“乡土”置换“文明”，以“风俗”置换“礼乐”，从而使其变得“不文明”、“无礼乐”，也就“无历史”可言，因为乡村的历史正是透过礼乐文明的教化来延续的。该手术留下的后遗症，恐怕就是至今尚存的“乡村中心主义”。还原出乡村的文明与礼乐，就能觅得其历史的轨迹；也只有沿着历史的轨迹，才能还原出乡村的礼乐文明。

总结起来，通常的民族志一方面将村落作为社区封闭起来，另一方面只谈“民间文化”，而讳言从古至今“礼乐”与“文明”在“草根社会”的在场。这一见地不可不谓切中要害、发人深省。两相比较，张原此次的民族志历险有望在空间范围（原本是封闭的）、时间跨度（原本是无历史的）和社会定位（原本是没有礼乐文明可言的）上将民族志对象（一个村落）开放出来，从而实现费孝通在《乡土中国》中未竟的事业——“认识社会、认识中国”、“透过乡村来把握中国社会之整体”。张原接着费孝通当年按下不表的问题“乡土之上有什么”前行，去探索那条既不扎在“土”里也不悬在“天”上，“贯通天地”、“上下与天地合流”之“道”。他认为，“乡土之上的生活是上下合流、文野相就的结果”，“任何一条乡土之路都是存在于天地之间的”。①

用什么工具（概念、术语、理论）来打通、开启或发掘这条“道”？在现实世界，过去的和正在进行的、从上至下的教化工程以“文明（化）”为主题词贯通上下、内外；在文本世界，作者凭借关于文明的想象和关怀（作者有时称之为“文明感”）所照亮的方向，以文明为命题，去打通历史（历史感）与社区，“中国的乡村社会中存在着一种‘文明性’。所以，中国基层社会的礼俗特征是值得重视的，这是我理解文明、社会、文化与历史的一个基点，从中可以发展出一套具有普遍意义的理论来”②。这是一个硬币之两面：用一种讨论“社会如何可能”的方式来探讨“文明如何可能”③，而基层村落之得以理解与透过村落理解中国社会之得以实现，全在于是否以“文明”之光去照亮

① 张原：《在文明与乡野之间》，第364—365页。
② 张原：《在文明与乡野之间》，第9—10页。
③ 张原：《在文明与乡野之间》，第18页。

那里——如同苏珊·朗格所言，概念如光，让我们看见未曾看见的东西①。与此同时，这道光芒也让我们看到曾经以为确定之物的虚妄。在“文明”之光照耀下，作为中国研究和民族志关键词的“民间”（连同与民间对应的“国家”）、“民间文化”、“民间宗教”、“大众文化”等都可能成为有问题的概念。

消解并打通内外、上下、文野、天地等二元对立是基于对这一系列二元对立有清晰的意识，所以包括社区研究与历史及文明（区域文明史）的想象在内的上述二元对立是张原不得不驾驭和调适的张力。如果没有二元对立，就没有二元对立的取消，在思维和实际行动中都是这样。比如文与野、文与质，如果没有区别，就不存在文野相就、文质彬彬或质文递变。“礼失求诸野”的前提是文野之别或相对于“文”的“野”的存在，否则，“礼”既无丢失之所在，亦无可求之处。教化或文明化（“文”）之所以存在，也以不文明、需要教化之地（“野”）的存在为前提。所以，一方面要看到“野”中之“文”，一方面也要承认在教化之时二者有别——教化从来没有停止过，那就意味着二者的区别一直存在。套用通俗的说法，“文”“野”关系中有辩证法。“野”中之“文”是历史的沉积物，是历史时差之物，这应该就是“质文递变”一语想要表达的准确含义。

二、处于概念张力中的历史民族志还原

在不能完全远离西方人类学理论的前提下，中国的问题及探讨礼乐文明不得不涉及的传统概念（中国语境）与西方人类学理论及概念（西方语境）之间的张力也是需要花费功夫加以化解的，“要理解中国社会的‘文明’，必然要有自己的一套思想作为观念支撑和知识基础”，②“应找到一些更符合中国情况的所谓‘本土’的概念与方法展开研究”③。在将“历史”还给“社区”、还原“乡土”中的“文明”与“风俗”中的“礼乐”的表述转换中，张

① Langer, Susanne K., *Philosophy in a New Key: A Study in the Symbolism of Reason, Rite and Art* (New York: New American Library), p. 8.

② 张原：《在文明与乡野之间》，第28页。

③ 张原：《在文明与乡野之间》，第30页。

原尝试创造性地使用本土传统语汇来言说西方术语难于言说的主题，其语汇取自古代典籍或据典籍而自创，比如“文野相就”、“质文递变”、“文质得益”或“文质得宜”。

在对中西方话语及其语境进行“互文”（intertextuality）、“格义”的辨析，使其相得益彰时，张原以敏锐的眼光、细腻入微的分析，梳理出西方关于“文明”的两种脉络，即涂尔干（Durkhiem）、莫斯（Mauss）所代表的“道德母题”传播论和福柯、埃利亚斯所代表的“社会行为”规范论；一种超越于前二者的新趋向，即罗兰（Michael Rowlands）代表的、关注物质性而非人类中心主义的视角；发现作为道德母题的文明观念、超越人类中心主义与中国传统文化最为核心的概念“道”存在着互有启发的相似性（互文）。同时指出福柯（Foucault）、埃利亚斯（Elias）所言的来自个人之外、以束缚身体、抑制人性为文明化代价的“规训”（discipline）、“礼仪”（civilité），与中国人通过“修身养性”来服膺的“礼”有很大差异（格义），后者内在于人，来自天命人性，而又复归于天命人性——天人合一，天命是内化在人性之中的①。

虽然《易经》中有“天下文明”、“文明以止”的卦辞，其他古文中可能也出现过“文明”一语（我未作广泛查证），但作为 civilization 的文明一词是源出于西方，近代才引入中国的概念②，因而很难依据古文对其加以像“道”、“礼”那样的语境化辨析。在我看来，“道”虽说是中国思想的核心范畴，但与“礼”相比，似乎有些远离作者想要探究的主题，或许会干扰该主题的清晰度。“文明”作为一个难以摆脱西方语境的概念，要与礼仪、礼乐相对接，其跨文化的难度可想而知，对任何人都一样。张原对此更是有所意识，“中国社会的‘礼仪’和‘礼教’与西方社会中的‘civilization’、‘civilité’存在着值得关注的差异”③，所以他处理这一跨越的技术是高明而精致的，确属不

① 参见张原：《在文明与乡野之间》，第 17—29 页。作者用弗洛伊德的“超我”诠释“天”，并说西方的礼仪止于“治国”，中国的礼仪止于“平天下”。此种说法尚需进一步慎思、明辨。

② “文明”一词的翻译引入，可参见方维规：《近现代中国“文明”、“文化”观——论价值转换及概念嬗变》，《史林》1999 年第 4 期。

③ 张原：《在文明与乡野之间》，第 23—24 页。

易。“文明”与“礼”大致存在这样的关联：礼是文明之社会表现，也是文明化的结果，礼乐教化就是文明化的进程。[①] 因此，对礼的讨论即是对文明的讨论。经过对 ritual、rite、ceremony、celebration 等词汇的辨析，结合布朗、葛兰言（Marcel Grant）、李安宅、费孝通、王铭铭等人的诠释，张原决定以“礼仪庆典”一词来综合前述各词的内涵，消解它们各自的局限，更为准确地表述自己的所指（既“和同”，又“别序”），尤其希望避开“仪式”一词带来的宗教色彩。通过特纳的“近阈限”这一概念，张原进一步向我们阐明自己的意图，“既有那种‘神圣/世俗’二分的仪式操作成分，同时也是一种‘开放的社会中的一种有更大选择余地的活动’”[②]。

除了“礼仪庆典”，“礼乐教化”和“礼俗生活”是另外两个关键词[③]。三者之间似乎存在这样的逻辑关系：礼乐教化是文明上下渗透、贯通的过程，是动态的历史；礼俗生活是弥散在日常生活的、“百姓日用而不知”的习俗化的礼；礼仪庆典则是从礼俗生活中相对凸现出来的节点。以此三个概念统领全文，线（历史的时间线）、面（生活的横切面）、点（规律性的节点）三位一体，既有节奏，又不偏颇，线索与结构都很清晰。大致而言，该书第一章以历史地理学的方式追溯区域文明史中“礼乐教化”，第二、三章呈现的是包括地理、生计、村落内部关系的“礼俗生活”，第四章极为翔实地描述以乡里为单位的抬神迎春、跳神闹春的“礼仪庆典”，第五章以一个乡村老妇人的生命史为线索，讲述村民在乡里之外（野外）“朝山”“过河”的仪式生活，体现礼仪庆典如何日常化为礼俗生活，最终内化为个人生命史中不断的需要，对其自在于天地之间有所安顿。第四、五章之间存在阴阳交错、乡野杂陈的结构关系，其标题分别是《“迎春盛会”：乡里的区分联合仪式》与《“过河朝山”：野外的区分联合仪式》，其叙述的对象分别是男性与女性，互为补充，由内（乡里）而外（野外），结成一体。

该书第三、四章是其最富理论含量和民族志创造力的部分。九溪村是

① 参见张原：《在文明与乡野之间》，第 29 页。

② 张原：《在文明与乡野之间》，第 33 页。

③ 参见张原：《在文明与乡野之间》，第 326 页。

一大自然村，由大堡、小堡和后街三片区域构成，三者之间有清晰的边界或边界记忆，包括地理空间、主体姓氏、寺庙山林、民间组织甚至为人处世的原则和性情等都有所区别，最明显的证据是三片区域之间拆了又修、修了又拆的隔墙，在村内各有各的供养、依托的寺庙，所跳地戏剧目各不相同，各有自己的地戏组织——用当地人的话说是“三老弈棋”，用张原的话说是“三足鼎立”。“三街”之间一直演绎着分分合合的“故事”，也一直发生着磕磕碰碰的“事故”。作者复原出与此有关的村落文化地图比如1790—1854年社区的格局①，还原了村落从明代崇祯年间“争地抢水”风波开始直至1997年来的内部区分与联合的叙事。其中，最有意思的是1929年正月十八这天“菩萨打架”的故事。汪公与五显在天上的争斗，代表的是两片街区之间随着势力消长而来的利益冲突与格局重构。凑巧的是，“抬菩萨”的终点成为“抬亭子”的起点，“这种巧合是耐人寻味的”②。“菩萨打架”将村落的区分强调到了顶点，换来的是以后街为主导的“抬亭子”迎春的新的整合。1949年后是长久的叙事空白，到1997年迎春会恢复，“抬亭子”的同时，菩萨再次被抬起来。此时的菩萨既不是汪公，也不是五显，而是众神之神玉皇。看起来，村落的叙事充满某种跌宕起伏的逻辑，并有了一个圆满的结局。张原画龙点睛地说，“历史上人们‘抬’了什么，以及如何‘抬’，则是一个值得追究的问题。因为‘抬’是一个众人参与的行动，所以关注当地的‘抬’，在一定程度上也就是关注‘社会如何可能’的问题”③。

在桑高仁(Sangren)的台湾汉人社区研究的启发下，张原的目光始终聚焦在作为体系的寺庙和地域崇拜上，结合梁永佳对大理喜洲地域崇拜以“等级”为核心概念的仪式空间研究，创造性地将桑高仁的“地域崇拜”和“超地域朝圣”转化为类似于喜洲“二元社会空间”的“祠庙”系统与“佛寺”系统，“屯堡地区也存在着两套在象征和仪式上互有区分，同时又有联系的

① 参见张原:《在文明与乡野之间》，第177页。
② 张原:《在文明与乡野之间》，第187—188页。
③ 张原:《在文明与乡野之间》，第183页。

地域崇拜体系"[1]。通过上下、内外、男女、荤素等二元对立的概念,编织出一幅纵横交错的结构主义图谱,村落内部与村落之外的城市、野外的寺与庙各就各位地分布在这图谱上,等级鲜明,秩序井然,以至作者自己都不由得认为这是一个"理想的结构体系"[2]。不过,他也颇为谨慎地说明除了作为例证的大堡寺庙体系外,小堡、后街的寺庙体系与自己的图谱有所出入,他认为这些出入恰恰证明历史在"结构转变"中的存在[3]。

我不得不指出,在这精彩纷呈的两章,作者所要化解的中西方语境张力最为集中和突出。如果我们不是简单地把它理解为中西合璧式的语义互文,来自桑高仁的"地域崇拜"及由此引申出的路易·杜蒙的"等级"概念,连同"区分""联合"这样带有结构—功能主义色彩的术语如何化入中国传统经典和当地人的语境[4]中?第四章的标题充分体现了这种张力的存在——"'迎春盛会':乡里的区分联合仪式",后一章的标题也是这样——"'过河朝山':野外的区分联合仪式"。尽管作者想避开仪式一词,此时还是不得不回到这个概念。

三、拯救历史,突破边界

随着中国人类学力量的壮大和海外人类学对时间、历史维度的强调,中国人类学有了自己的新命题:在中国拯救历史。号召这一命题的王铭铭认为历史在中国被现代民族国家所压抑,无论在现实社会还是学术视野中都是这样:"在中国,历史特别需要得到'拯救',而且,这显然不是因为中国缺乏历史过程,不是因为中国人缺乏历史意识,不是因为中国不存在历史的志书,而是因为大约在一百年前,我们突然获得了某种'时间观念',让近代中

① 张原:《在文明与乡野之间》,第142页。

② 张原:《在文明与乡野之间》,第151页。

③ 参见张原:《在文明与乡野之间》,第152页。

④ 前者比如"经天纬地"、"制礼作乐"(该书第三章小节标题),后者如"闲"、"抽起"(该书三、四章中一再出现的地方话语)。

国思想的启蒙者热切地企盼得到一种‘新史学’。”①也就是说，中国本来不是没有历史，而是现代国家或国家意识的兴起导致学科的“国家化”，主题词从“天下”转变为“国家”或“国族”，“历史的脉络”在“学术的脉络”中被切断。从“无时间”看“时间”，拯救历史是从“历史的垃圾箱”中收捡被“大历史”遗弃的“小传统”②，发现历史的结构与意义。从“冷”看“热”，希望学界从热烈的讨论中澄静下来，反思乡村研究的“视野缺损”，其中之一是缺乏对村庄史与文明史之间勾连的想象。“礼”的“历史”是“想象文明”的一个重要窗口，“我们能从‘冷社会’获得一种别具襟怀气度的启发，那就是以‘礼’为核心的‘天下’图式”③。

作为王铭铭教授的高足，张原对老师“当初颇费心血的设计”④定然是心领神会。他胸怀“天下”，背负“文明”，走在“乡土之上”的历史道路中观“礼”听“乐”，以自己的民族志实践去贴近“拯救历史”的使命。一代人有一代人的学术，一代人有一代人的使命，恐怕任何立志向学的研究者都是在某个或显或隐的学术语境、时代背景中去开展自己的探索。即便被弗里曼(Derek Freeman)所批判的米德(Margaret Mead)，她虽然肩负着导师以“文化决定论”挑战“生物决定论”的使命去萨摩亚研究，其结果也并非毫无意义。反过来，批判她的人也不可能完全从那无所不在的学术语境和时代氛围中超脱出来，说“我就是绝对中立和超然的”。“无理论则盲”，既然理论是无所逃避的，带着清醒的理论意识和问题意识去研究并不全然是一件坏事。何况，民族志现场的见证和对话，研究者自我的反思，循环往复于理论与实证之间，理论的预期自会得到调适、修正和新的发展。张原的民族志很好地表明了这一点。

“拯救历史”的过程也是一个“突破边界”的过程。这个“边界”有两层

---

① 王铭铭：《附录：“在历史的垃圾箱中”——人类学是什么样的历史学?》，《走在乡土上——历史人类学札记》，中国人民大学出版社2006年版，第321页。

② 王铭铭特别指出“小传统”不等于学术界所热衷的“民间文化”。

③ 杨清媚：《背负着历史的旅行——读〈走在乡土上——历史人类学札记〉》，载王铭铭主编：《中国人类学评论》第3辑，世界图书出版公司，第205页。

④ 张原：《在文明与乡野之间》，“前言”，第2页。

含义。其一,社区的边界。正如开头所言,历史维度的引入,使原先作为封闭单位的村落社区在时间线上流动起来,流向更大的区域,比如仪式圈、祭祀圈、通婚圈、市场交换圈等。其二,学科的边界。无论史学的人类学化,还是人类学的史学化,抑或历史人类学、历史民族志的产生与实践,标志的都是学科边界的突破。

这里想补充的是,边界的突破,除了可以选择“历史的方式”,还可以选择“反思的方式”。在研究与被研究的关系上,看到研究中“我们”与“他们”、“我”与“你”的对象化边界,正是由于这道边界的存在,“我们”与“他们”被分隔开来,“我们”与“他们”的互动被隐藏起来,从而“我们”对“他们”的研究变得客观而科学。历史人类学的突破讲求的是“合”,合天人、古今、上下、内外,反思人类学讲的也是“合”,合人我、心物。是否可以说,反思人类学也在拯救某种东西——它似乎可以归纳为“知识”。在此意义上,反思人类学是否可以进一步作为历史人类学的补充,以减少历史之维的强化可能带来的历史感对现实感的某种视野遮蔽呢?

参考文献

一、著作

1. 阿尔弗雷德·许茨:《社会实在问题》,霍桂桓、索昕译,华夏出版社2001年版。

2. 布迪厄、华康德:《实践与反思——反思社会学导引》,李猛、李康译,中央编译出版社1998年版。

3. 布迪厄:《科学之科学与反观性》,陈圣生、涂释文等译,广西师范大学出版社2006年版。

4. 布迪厄:《实践感》,蒋梓骅译,译林出版社2003年版。

5. 比彻、特罗勒尔:《学术部落及其领地:知识探索与学科文化》,唐跃勤、蒲茂华、陈洪捷译,北京大学出版社2008年版。

6. 保罗·拉比诺:《摩洛哥田野作业反思》,高丙中、康敏译,商务印书馆2008年版。

7. 贝特森:《纳文:围绕一个新几内亚部落的一项仪式所展开的民族志实验》,李霞译,商务印书馆2008年版。

8. 陈彤、刘春、晋永权:《最后的汉族》,中央编译出版社2001年版。

9. 邓正来:《研究与反思:中国社会科学自主性的思考》(增订版),中国政法大学出版社2004年版。

10. 弗里德曼:《文化认同与全球性过程》,郭建如译,商务印书馆2003年版。

11. 福柯:《词与物——人文科学考古学》,莫伟民译,上海三联书店2002年版。

12. 福柯:《知识考古学》,谢强、马月译,三联书店 1998 年版。

13. 范增如:《明清安顺风物诗文注评》,贵州民族出版社 1999 年版。

14. 贵州省民族研究所、贵州省民族研究学会:《贵州民族调查》卷十三(屯堡人专辑),内部资料,1995 年。

15. 戈夫曼:《日常生活中的自我表演》,徐江敏译,云南人民出版社 1988 年版。

16. 戈夫曼:《日常接触》,丁晖、徐江敏译,华夏出版社 1990 年版。

17. 高伦:《贵州地戏简史》,贵州人民出版社 1985 年版。

18. 怀特:《街角社会:一个意大利贫民区的社会结构》,黄育馥译,商务印书馆 2005 年版。

19. 华勒斯坦:《开放社会科学》,刘锋译,三联书店 1997 年版。

20. 黄树民:《林村的故事》,素兰、纳日碧力译,三联书店 2002 年版。

21. 黄才贵编著:《影印在老照片上的文化——鸟居龙藏博士的贵州人类学研究》,贵州民族出版社 2000 年版。

22. 科塞:《理念人:一项社会学的考察》,郭方等译,中央编译出版社 2001 年版。

23. 科菲:《人种学研究者剖析:实地研究与研究者身份》,任东升、王振平译,中国海洋大学出版社 2007 年版。

24. 克兰迪宁、康纳利:《叙事探究:质的研究中的经验和故事》,张园译,北京大学出版社 2008 年版。

25. 克洛德·列维-斯特劳斯:《忧郁的热带》,王志明译,三联书店 2000 年版。

26. 康保成:《傩戏艺术源流》,广东高等教育出版社 1999 年版。

27. 刘北成编著:《福柯思想肖像》,上海人民出版社 2001 年版。

28. 流心(刘新):《自我的他性——当代中国的自我系谱》,常姝译,上海人民出版社 2005 年版。

29. 李立:《寻找文化身份》,云南大学出版社 2007 年版。

30. 罗钢:《叙事学导论》,云南人民出版社 1994 年版。

31. 曼海姆:《意识形态与乌托邦》,黎鸣、李书崇译,商务印书馆 2000

年版。

32. 默顿:《科学社会学散忆》,鲁旭东译,商务印书馆 2004 年版。

33. 米德:《心灵、自我与社会》,赵月瑟译,上海译文出版社 1992 年版。

34. 马尔凯:《词语与世界——社会学分析形式的探索》,李永梅译,商务印书馆 2007 年版。

35. 马歇尔·萨林斯:《"土著"如何思考——以库克船长为例》,张宏明译,上海人民出版社 2003 年版。

36. 马歇尔·萨林斯:《历史之岛》,蓝达居、张宏明、黄向春、刘永华译,上海人民出版社 2003 年版。

37. 奈杰尔·巴利:《天真的人类学家——小泥屋笔记》,何颖怡译,上海人民出版社 2003 年版。

38. 青禾:《明王朝遗民部落:古屯堡游历记》,内蒙古人民出版社 2005 年版。

39. 沈福馨:《安顺地戏》,贵州人民出版社 1989 年版。

40. 沈福馨、帅学剑等编:《安顺地戏论文集》,文化艺术出版社 1990 年版。

41. 孙兆霞等:《屯堡乡民社会》,社会科学文献出版社 2005 年版。

42. 沈赤兵、陆青剑、赵俊涛:《天龙秘事》,作家出版社 2008 年版。

43. Tim Oakes、吴晓萍主编:《屯堡重塑——贵州省的文化旅游与社会变迁》,贵州民族出版社 2007 年版。

44. 韦伯:《学术与政治》,冯克利译,三联书店 1998 年版。

45. 王明珂:《羌在汉藏之间——川西羌族的历史人类学研究》,中华书局 2008 年版。

46. 吴毅:《小镇喧嚣:一个乡镇政治运作的演绎与阐释》,三联书店 2007 年版。

47. 王秋桂、沈福馨:《贵州安顺地戏调查报告集》,台北:施合郑民俗文化基金会,1994 年。

48. 吴羽等:《安顺屯堡史料类编》,2002 年贵州省哲学社会科学规划课题结题报告,2003 年。

49. 吴羽、龚文静、张定贵:《屯堡文化研究现状及趋势分析(初稿)》,安顺学院科研项目结题报告,2008 年。

50. 项飚:《跨越边界的社区——北京“浙江村”的生活史》,三联书店 2000 年版。

51. 杨友维:《特别采访》,内部资料,2005 年。

52. 应星:《大河移民上访的故事——从“讨个说法”到“摆平理顺”》,三联书店 2001 年版。

53. 兹纳涅茨基:《知识人的社会角色》,郏斌祥译,译林出版社 2000 年版。

54. 詹姆斯·斯科特:《农民的道义经济学:东南亚的反叛与生存》,程立显、刘建等译,译林出版社 2001 年版。

55. 詹姆斯·斯科特:《弱者的武器》,郑广怀、张敏、何江穗译,凤凰出版传媒集团、译林出版社 2007 年版。

56. 赵刚:《头目哈古》,三联书店 2006 年版。

57. 张原:《在文明与乡野之间——贵州屯堡礼俗生活与历史感的人类学考察》,民族出版社 2008 年版。

58 朱伟华等:《建构与生成——屯堡文化及地戏形态研究》,广西师范大学出版社 2008 年版。

二、论文

1. 陈训明:《安顺屯堡人主体由来新探》,《贵州社会科学》2002 年第 5 期。

2. 费孝通:《发展为少数民族服务的文艺工作》,《费孝通文集》(第六卷),群言出版社 1999 年版。

3. 高丙中:《作为公共文化的非物质文化遗产》,《文艺研究》2008 年第 2 期。

4. 高丙中:《知识分子、民间与一个寺庙博物馆的诞生——对民俗学的学术实践的新探索》,《民间文化论坛》2004 年第 3 期。

5. 高丙中:《民族志是怎样“磨”成的?(代译序)》,载贝特森:《纳文》,

李霞译，商务印书馆2008年版。

6. 何星亮:《非物质文化遗产的保护与民族文化现代化》,《中南民族大学学报(人文社会科学版)》2005年第3期。

7. 贺学君:《关于非物质文化遗产保护的理论思考》,《江西社会科学》2005年第2期。

8. 郝志东:《知识分子和农村发展:以山西省平州县为例》,黄宗智主编:《中国乡村研究》(第五辑),福建教育出版社2007年版。

9. 胡玉坤:《政治、身份认同与知识生产——嵌入权力之中的乡村田野研究》,《清华大学学报》(哲学社会科学版)2007年第3期。

10. 胡维汉:《奇特的屯堡文化》,《贵州文史天地》2001年第3期。

11. 何平:《贵州安顺地戏》,《戏剧艺术》1983年第3期。

12. 姜永兴:《保持明朝遗风的汉人——安顺屯堡人》,《贵州民族学院学报》1988年第3期。

13. 蒋立松:《略论贵州屯堡人的族群认同基础及其表达途径》,《西南民族大学学报》(人文社科版)2007年第8期。

14. 刘魁立:《关于非物质文化遗产保护的若干理论反思》,《民间文化论坛》2004年第4期。

15. 刘擎:《理论无意识与反思社会学》,《开放时代》2002年第1期。

16. 曲六乙:《建立傩戏学引言——在贵州傩戏学术讨论会上的发言》,《贵州民族学院学报》(哲学社会科学版)1987年第2期。

17. 岐从文:《安顺地戏面具》,《贵州文史丛刊》,1985年。

18. 任剑涛:《国家、机构与生产者:三边关系与知识生产》,《中国书评》第三辑,广西师范大学出版社2005年版。

19. 沈福馨:《安顺地戏和它的面具艺术》,载《安顺地戏面具》,台湾淑馨出版社1994年版。

20. 苏国贤:《台湾社会学者的隐形学群与知识生产》,台湾社会学会年会暨"迈向新世纪的公平社会——社群、风险与不平等"研讨会论文,2003年。

21. 孙兆霞:《屯堡乡民社会的特征》,《中央民族大学学报》2004年第

1 期。

22. 宋茨林:《是历史遗存还是现代包装——〈屯堡重塑〉中的“热点”与“冰点”》,《安顺学院学报》2008 年第 4 期。

23. 庹修明:《中国古代军旅祭祀遗韵——屯堡地戏》,载《学术视野下的屯堡文化》,未刊稿,2009 年。

24. 谭佛佑:《屯堡地戏非傩戏论——为屯堡地戏再“正名”》,2007 年沈万三暨天龙屯堡文化高峰论坛论文。

25. 吴葆璋:《巴黎的“中国大潮”》,《瞭望》1986 年第 45 期。

26. 吴羽、余莉:《传统村落社区的内部博弈与文化传承——以“屯堡第一村寨”九溪村为例》,《贵州民族学院学报》(哲学社会科学版)2007 年第 2 期。

27. 王金伟、韩宾娜:《线性文化遗产旅游发展潜力评价及实证研究》,《云南师范大学学报》(哲学社会科学版)2008 年第 5 期。

28. 赵宗福:《甘肃省泾川王母宫庙会及王母娘娘信仰调查报告》,《民俗曲艺》2002 年第 3 期。

29. 赵旭东:《龙牌与中华民族认同的乡村建构——以华北一村落庙会为例》,第七届中国人类学高级论坛(贵阳)论文,2008 年。

30. 张定贵:《乡村治理的社会变迁及其文化、制度分析——以 1978 年以来的九溪村为例》,《铜仁师范高等专科学校学报》2005 年第 5 期。

31. 张定贵:《文化传统内蕴的自组织机制与农村社区发展——对九溪村的个案研究》,《安顺师范高等专科学校学报》2005 年第 1 期。

32. 张定贵:《屯堡地戏的人类学解读》,第六届中国人类学高级论坛论文集,2007 年。

33. 张定贵:《安顺地戏的社会文化解读》,载张新民、李红毅主编:《中华传统文化与贵州地域文化研究论丛(二)》,巴蜀书社 2008 年版。

34. 张定贵:《仪式视野下的族群——从村际地戏仪式观屯堡人族群的稳定性》,第七届中国人类学高级论坛论文集,2008 年。

35. 周耀明:《族群岛:屯堡人的文化策略》,《广西民族学院学报》(哲学社会科学版)2002 年第 2 期。

36. 周青明:《安顺地戏扬名法国、西班牙的前前后后》,载《安顺文史资料》第二辑(屯堡文化专集),内部资料,2002 年。

37. 张晓松:《屯堡人——黔中高原上的戍边者后裔》,载一石文化主编:《凝固历史》,广西师范大学出版社 2004 年版。

38. 张金奎:《贵州安顺屯堡社会调查报告》,载万明主编:《晚明社会变迁问题与研究》,商务印书馆 2005 年版。

39. 朱苏力:《法律社会学调查中的权力资源——一个社会学调查过程的反思》,《社会学研究》1998 年第 6 期。

40. 塚田诚之:《贵州省西部民族关系的动态——关于"屯堡后裔"的调查研究》,黄才贵译,《贵州民族研究》1999 年第 3 期。

41. 塚田诚之:《对民族集团应该怎样研究——以贵州"屯堡人"为例》,黄才贵译,《贵州民族研究》2000 年第 1 期。

三、学位论文

1. 成皓:《贵州省安顺市九溪村地戏现状调查研究》,四川大学硕士学位论文,2007 年。

2. 陈瑶:《电视与屯堡社会:一个贵州汉族亚文化族群的受众民族志》,中国传媒大学硕士学位论文,2008 年。

3. 熊迅:《村落的仪式与变迁——一个屯堡村落中地戏的人类学考察》,广西民族大学硕士学位论文,2007 年。

4. 杨然:《穿青人问题研究》,中央民族大学博士学位论文,2006 年。

5. 阳贤:《面具下的教育——贵州省安顺地区屯堡人地戏仪式的教育人类学分析》,西南大学教育硕士学位论文,2006 年。

四、地方史志

1. 明嘉靖《贵州通志》,天一阁藏明代方志选刊续编。

2. 清道光《安平县志》,贵州省图书馆据上海图书馆复制油印本。

3. 清咸丰《安顺府志》,安顺市地方志编纂委员会点校,贵州人民出版社 2006 年版。

4. 民国《平坝县志》,1932 年贵阳文通书局铅印本。

5. 民国安顺府志局:《续修安顺府志》,1934 年。

6. 安顺市志编纂委员会:《续修安顺府志》,内部资料,1983 年。

7. 安顺市政协编:《安顺文史资料》第十五辑(安顺屯堡文化专辑),内部资料,1994 年。

8. 安顺市政协宣教文卫体委员会编:《安顺文史资料》第一辑,内部资料,2001 年。

9. 安顺市政协宣教文卫体委员会编:《安顺文史资料》第二辑(屯堡文化专辑),内部资料,2002 年。

10. 安顺地区民族事务委员会编:《安顺地区民族志》,贵州民族出版社 1996 年版。

11. 安顺市西秀区大西桥镇志编委会:《安顺市西秀区大西桥镇志》,贵州人民出版社 2006 年版。

12. 宋修文:《九溪村志》(第七稿),未刊稿,2000 年。

13. 王厚福:《屯堡第一村——九溪》,未刊稿,2003 年。

14. 张尔俊:《中所村志》,未刊稿,1998 年。

15. 雷国昌:《雷屯村志》,未刊稿,2003 年。

16. 鲍中全:《鲍屯村志》,未刊稿,2004 年。

五、报刊、博客文章

1.《从安顺地戏“交学费“中清醒过来》,《贵州日报》2007 年 8 月 27 日。

2.《草根志愿者》,《贵州日报》金黔在线,http://www. gog. com. cn, 2006 年 11 月 29 日。

3.《贵州安顺发现明朝皇家军队屯军遗址》,《贵州都市报》2008 年 5 月 23 日。

4.《三墓“汪田冯”》,《安顺晚报》2008 年 11 月 3 日。

5.《“抬汪公”抬回了“山花奖”金奖》,《安顺晚报》2008 年 10 月 27 日。

6.《血性热肠的屯堡汉子》,《安顺晚报》2008 年 10 月 7 日。

7. 唐莫尧:《穿明代古装的妇女》,《贵州日报》1983 年 5 月 2 日。

8. 杨十八:《吉昌访古》, http://blog. sina. com. cn/s/blog_4d4c348901008vg6. html,2008 年 3 月 9 日。

9. 朱文佚:《贵州傩戏:活着的传奇》,《三联生活周刊》总第 273 期, 2004 年 1 月 19 日。

10. 朱文佚:《三联三年,一次理想主义邂逅》,http://www. xici. net/b244699/d60450173. htm。

11. 周一:《被表演的岜沙》,《南方周末》2007 年 5 月 17 日。

六、网站

安顺学院安顺屯堡研究网,http://www. asu. edu. cn/tpweb/YJZX/YJRY-3. html。

策划编辑:陈光耀
责任编辑:易建鹏
版式设计:东昌文化

图书在版编目(CIP)数据

在学者与村民之间的文化遗产:村落知识生产的经验研究、话语分析与反思/
李 立 著. -北京:人民出版社,2010.6
ISBN 978-7-01-009020-7

Ⅰ.①在… Ⅱ.①李… Ⅲ.①村落-文化遗产-研究-安顺市
Ⅳ.①K928.5

中国版本图书馆 CIP 数据核字(2010)第 108534 号

在学者与村民之间的文化遗产:
村落知识生产的经验研究、话语分析与反思
ZAI XUEZHE YU CUNMIN ZHIJIAN DE WENHUA YICHAN:
CUNLUO ZHISHI SHENGCHAN DE JINGYAN YANJIU HUAYU FENXI YU FANSI

李 立 著

人民出版社 出版发行
(100706 北京朝阳门内大街 166 号)

北京瑞古冠中印刷厂印刷 新华书店经销

2010 年 6 月第 1 版 2010 年 6 月北京第 1 次印刷
开本:710 毫米×1000 毫米 1/16 印张:17.25
字数:260 千字

ISBN 978-7-01-009020-7 定价:38.00 元

邮购地址 100706 北京朝阳门内大街 166 号
人民东方图书销售中心 电话 (010)65250042 65289539